한국외국어대학교 EU연구소 신사회계약인문사회총서 03

대전환 시대 유럽의 새로운 길

위기와 갈등을 넘어

이 책은 2022년 대한민국 교육부와 한국연구재단의 지원을 받아 수행된 연구임
(NRF-2022S1A5C2A02091292)

한국외국어대학교 EU연구소 신사회계약인문사회총서

03

대전환 시대 유럽의 새로운 길

위기와 갈등을 넘어

김면회
김봉철
강유덕
김일곤
박상준
이영주
이하얀
신의찬

HU:iNE

일러두기

본 저서에 수록된 각 장들은 아래의 논문을 본서의 취지에 맞게 수정 및 보완한 것이다.

제1장 김일곤, 2023, "유럽연합(EU)의 새로운 사회계약: 전략과 방향성", 『EU연구』 제66호, pp. 13-43.

제2장 김봉철, 신의찬, 2023, "유럽연합(EU) 그린딜과 정의로운 전환 메커니즘 분석: 정의로운 전환 기금 규정 적용을 중심으로", 『한국사회과학연구』제42권 제3호, pp. 215-249.

제3장 김면회, 2023, "유럽연합(EU) 사회정책의 최근 동향 분석: EPSR, EGD, 실행 계획 및 포르투 선언을 중심으로", 『유럽연구』제41권 제3호, pp. 1-28.

제4장 박상준, 2023, "유럽사회권기둥(The European Pillar of Social Rights, EPSR)의 의미와 한계", 『유럽연구』 제41권 제2호, pp. 75-95.

제5장 이영주, 2023, "기후 위기와 금융안정, 그리고 신(新)사회계약: 유럽중앙은행(ECB)의 입장을 중심으로", 『EU연구』 제66호, pp. 75-100.

제6장 이하얀, 2024, "지속 가능한 생태환경을 향한 중동부 유럽의 녹색 전환 노력: ANRAV-CCUS 프로젝트의 역할과 전망", 『EU연구』제70호, pp. 201-220.

제7장 강유덕, 2023, " 코로나19 팬데믹은 경제적 불평등을 심화시켰는가?: 유럽 국가를 대상으로 한 미시테이터 실증연구", 『유럽연구』 제41권 제1호, pp. 155-190.

서문

대전환과 복합위기가 시대적 화두로 자리 잡아 가고 있다. 1990년대 초반, 냉전 시대를 뒤로하고 새로운 모습으로 질주하던 세계를 묘사했던 핵심어는 세계화와 정보화였다. 그 자리를 이전과는 사뭇 다른 흐름이 조성되고 있음을 알리는 대전환과 복수의 위기 징후가 동시적으로 엄습해 오고 있음을 뜻하는 복합위기가 대체하고 있다. 진행 중인 대전환이 복합위기의 원인이 되는 부분도 있고, 복합위기에 대한 대응 차원에서 주체적인 대전환이 필요한 시기이기도 하다. 기후 위기, 보건 위기, 인구 절벽, 4차 산업혁명, 고령화, 청년 실업, 디지털 전환, 그린뉴딜, 뉴노멀 시대 등이 이러한 흐름과 관련되어 빈번하게 오르내리는 어휘들이다. 30여 년 만에 재현되고 있는 시대적 화두의 전환 시기임이 분명하다.

복합적인 위기의 도래는 기존 질서의 정당성에 대한 의구심을 확산시킨다. 기존 질서의 문제 해결 능력에 대한 회의감이 커지기 때문이다. 하지만 급속하게 변화하는 상황에서 발생하는 부작용을 해결하기 위한 노력들은 역사적으로 언제나 있어 왔고, 때로는 상당 부분 성공적이었음도 확인된다. 최근에도 대전환 시대의 복합적인 위기 상태에서 벗어나고자 하는 움직임으로 분주하다. 신(新)사회계약(new social contract) 논의도 이러한 노력의 일환으로 여겨진다.

UN을 포함한 국제기구 수장들의 주요 연설 내용뿐만 아니라, 산업사회의 부작용을 앞장서 지적해 온 제도권 내·외의 정치적 좌파 세력 및 정치적 우파의 각종 선언에도 새로운 사회계약의 필요성은 공통적으로 등장한다. 새로운 사회계약에 대한 논의가 특정 정파에 의해 전유되지 않고 있기에 정책과 제도의 개선을 통한 노력에서부터 사회 및 경제 체제에 대한 근본적인 재구조화 작업에 이르기까지 광범위한 부문에서 이루어지고 있다. 적용 범위에 있어서도 일국적인 차원뿐만 아니라 범세계적인 차원으로까지 확장되어 구상되기도 한다. 신사회계약에 대한 연구의 연륜이 짧기에 구체적인 논의는 아직 충분하지 못하고, 논의된 내용의 심도 또한 깊지 못한 것이 현실이다. 때문에 신사회계약에 대한 체계적인 연구의 필요성은 오히려 크다.

지난 시기를 복기해 보면, 위기를 극복하기 위한 노력의 강도와 대응 속도가 모두에게서 동일한 내용과 방식으로 전개되지는 않았다. 최근의 복합위기를 극복하기 위한 대응 과정에서도 이러한 모습은 재현되고 있다. 복합위기의 문제 해결을 위한 대응 과정에서 유럽연합을 포함한 유럽의 모습이 남다르다. 대응 전략 수립 및 구체적 실행을 위한 체계적이고 일관된 노력에 있어서도 유럽의 움직임은 눈에 띈다. 유럽은 선도적으로 신사회계약을 통해 다음 세대를 위한 새로운 사회공동체 수립을 구상하고 있다. 당면한 복합위기로부터 회복을 넘어 다음 시대에 적합한 사회 모델로의 전환을 모색하는 데 유럽이 적극적이다. 유럽은 이전 시대가 남긴 상처들을 치유하고, 인간과 생태환경과 사회 모두의 공생적 온존을 내용으로 하는 신사회계약을 향한 긴 여정의 출발선을 이미 넘어섰다.

시대적 문제의식과 유럽의 최근 동향 파악을 바탕으로 한국외국어대학교 EU연구소는 한국연구재단의 지원(인문사회연구소 지원 사업, 2022-2028년)을 받아 6년에 걸친 연구 작업에 돌입했다. 대전환과 복합위기로 요약되는 변화하는 오늘을 읽어내고, 이에 대한 대응을 선도적으로 실행하고 있는 유럽의 움직임과 그 내용을 추적하며, 우리 사회의 내일을 설계하는 것과 관련하여 시사점을 도출해 보고자 연구 과제를 시작했다. 연구 과제명은 "'신(新)사회계약론' 탐구: 대전환시대 유럽의 응전과 한국"이다.

EU연구소 연구단 연구 과제의 학문적 의미는 무엇보다도 연구 주제의 시의

적절성에 있다고 자평한다. 주지하다시피, 복합위기에 대한 대처법을 찾아 전환을 요구하는 압력이 전세계적으로 고조되고 있다. 이런 상황에서 유럽이 앞장서 인간-사회-생태환경의 상생을 위한 전환 작업에 시동을 걸었고, 한국을 포함한 다른 국가들도 과거와 다른 삶의 방식과 사회 모델로의 전환이 필요하다는 요구에 직면해 있다. 이런 점에서 연구단의 연구 활동은 글로벌 및 국내적 요구에 부응하는 시의적절한 작업임이 분명하다. 이러한 학문적 의미를 한 단계 더 높이기 위해서는, 위기 이후의 회복 및 복원에만 매몰되어 있는 대다수의 나라와 달리 인간-사회-생태환경 간 상생을 향한 미래지향적인 모델로의 거대한 전환을 꾀하는 유럽이 지향하는 방향과 내용 파악 작업을 소홀히 해서는 안 된다. 연구단의 연구 작업이 앞으로 연구 성과물 간의 긴밀도를 유지하면서 체계적으로 채워나가야 할 부분이기도 하다.

다년 연구 작업 중 2년 차에 접어든 연구진은 2022년 이래 지속적인 연구 활동을 통해 다수의 학술논문을 발표했다. 일곱 개의 논문으로 구성되어 있는 본서는 연구진의 성과물을 기초로 하여 구성된 것이다. 일곱 편 모두 대전환과 복합위기의 시대 유럽이 선택한 새로운 길의 내용을 추적하고 분석하는 것이다.

제1장에 수록된 논문 "유럽연합(EU)의 신사회계약 로드맵: 유럽그린딜(EGD)"(김일곤)의 연구 목적은 유럽연합이 추진하는 신사회계약의 전략적 내용과 방향성을 파악하는 것이다. 이를 위해 저자는 유럽그린딜의 내용 분석을 통해 유럽연합의 신사회계약이 경제적, 환경적, 사회적 목표들 사이의 균형을 유지하려 하지만, 내용상 신자유주의의 경제적 합리성을 내포한 탓에 그 균형점에서 경제적 목표에 보다 우선순위가 두어져 있음을 주장한다. 그럼에도 불구하고 저자는 맺음말 부분에서 신사회계약을 향한 유럽의 전환 과정에서 상품, 서비스, 자본, 노

동과 같은 기존의 시장 요소에 앞으로 하나의 재화로서 환경 또한 그 구성요소로 포함되고, 유럽통합의 측면에서 환경 부문이 통합을 이끌어가는 또 다른 주요한 동력이 될 것이며, 그리고 생태적 시민권이 발현되고 실천되는 시민권의 확장 가능성을 내포하고 있음도 강조한다.

제2장에 수록된 논문 "유럽연합(EU)의 정의로운 전환 메커니즘: 정의로운 전환 기금 규정 적용을 중심으로"(김봉철, 신의찬)는 전 세계적으로 확대되는 기후변화 위기를 맞아 국제사회에서 추진하고 있는 탄소중립사회로의 전환 과정에 주목하고, 해당 분야를 선도하고 있는 유럽의 관련 정책을 분석하는 것을 연구 목적으로 제시한다. 저자는 유럽연합이 기후변화에 대한 규범과 정책을 통해 선도적인 역할을 수행해 왔고, 2019년 제시한 유럽그린딜을 바탕으로 기후중립 2050을 목표로 삼아 획기적인 정책 전환을 꾀하고 있다고 분석한다. 그 과정에서 정의로운 전환 기금(just transition fund)이 EU 회원국 및 특정 지역의 전환을 지원하는 핵심적인 역할을 담당하고 있고, 전환 과정에서 예상되는 갈등을 최소화하는 기능을 수행하고 있음을 강조한다. 저자들은 논문에서 정의로운 전환 기금 규정 분석을 통해 기금의 성격, 선정 기준, 재원 활용 등을 포함한 핵심 사항들을 살펴보고, 이를 바탕으로 독일, 스웨덴, 에스토니아에 적용되는 정의로운 전환 기금 사례를 중심으로 회원국들의 정의로운 전환 기금 도입 과정과 효과에 대해 추적한다.

제3장에 수록된 논문 "복합위기와 유럽연합 사회정책의 최근 동향"(김면회)의 목적은 유럽연합의 복합위기 대응 전략과 함께 추진되고 있는 사회정책의 최근 동향을 파악하고, 그 내용을 평가하는 것이다. 동향 파악을 위한 분석 대상 자료

는 2017년, 2019년 및 2021년에 각각 발표된 유럽사회권기둥, 유럽그린딜, 유럽사회권기둥 실행계획 및 포르투 선언이다. 이 문건들의 분석을 통해 저자는 기후 위기 대응책과 함께 추진되고 있는 유럽연합의 최근 사회정책을 기존의 사회정책과 비교하여 그 특징을 찾아보고자 한다. 유럽통합 과정에서 유럽연합 사회정책은 회원국 간에 합의가 가능한 부분을 중심으로 추진돼 왔음을 지적한 저자는 복합위기 대응 전략 차원에서 추진되고 있는 디지털 전환 및 녹색 전환과 관련된 최근 유럽연합의 사회정책도 이러한 틀 내에서 이루어지고 있음을 강조한다. 주로 경제정책과 조율되던 전통적인 모델과 달리 최근의 사회정책에서 보이는 특징은 기후변화 대응 및 환경정책과 밀접하게 연계되어 진행되고 있다는 점을 지적한 저자는 유럽연합 사회정책의 최근 흐름은 사회-생태적 목표를 제시하면서 그 지평을 넓히고 있다는 점에서 긍정적으로 평가하나, 여전히 경제 성장 전략에 기초하고 있다는 점에서 그간 지적되어 온 한계를 극복하기에는 미흡하다고 판단하고 있다.

제4장에 수록된 논문 "유럽사회권기둥(The European Pillar of Social Rights, EPSR)의 의미와 한계"(박상준)에서 저자는 유럽사회권기둥과 그 실행계획은 강력한 사회적 유럽을 향한 유럽위원회뿐만 아니라 유럽연합과 회원국의 약속이라는 점을 강조한다. 하지만 유럽연합과 회원국 정책에 대한 실행계획의 영향력을 감안할 때, 그 한계는 명확히 지적되어야 함을 핵심적으로 주장한다. 유럽사회권기둥과 그 실행계획은 노동 및 생활 조건의 전반적인 개선보다는 노동 시장에 대해서만 다루고 있으며, 사회적 점수판의 중요성을 강조함에도 불구하고 법적 구속력의 부재라는 문제를 안고 있기 때문이라는 판단에서이다. 예를 들어 실행계획은 여전히 유럽사회권기둥이 제시한 정책 목표들을 달성할 수 있는 혁신적인 구현 수

단을 부여받지 못하고 있다고 평가한다. 이러한 측면에서 유럽연합의 사회정책인 유럽사회권기둥과 그 실행계획은 '소극적 통합에 이바지하는 규제적 정책'이라고 평가한다.

제5장에 수록된 논문 "기후 위기와 금융안정에 대한 유럽중앙은행(ECB)의 입장: 신(新)사회계약적 접근과 함의"(이영주)에서 저자는 기후변화와 금융안정을 관리해야 하는 ECB의 역할을 살펴본 후, 기후변화로 인해 중앙은행의 확장된 역할을 시도하는 ECB의 활동을 신사회계약(New Social Contract)의 입장에서 해석하고 있다. 이러한 작업이 필요한 이유로 저자는 첫째, 기후 위기와 금융안정 사이의 관계가 잦은 기상 이변으로 인해 계속 문제가 제기될 것이고, 둘째, 금융안정에 대한 최종적 책임과 책무는 결과적으로 최종 대부자(lender of last resort)의 역할을 하게 되는 각국 중앙은행에 귀속될 가능성이 높으며, 셋째, 최근 중앙은행의 역할이 단순히 물가 및 금융안정에만 한정되지 않고, 사회적 후생 및 기후변화와 관련한 금융 위험의 대응까지 확대되고 있다는 점을 고려할 때, 이에 대한 전향적 입장을 가지고 있는 ECB를 살펴볼 필요가 있다는 점을 제시한다. 이와 관련해 저자는 이러한 ECB의 선도적인 입장 변화가 중앙은행이 관행적으로 행한 기존 역할을 넘어 보다 전향적으로 확대 및 변화하고 있다는 점을 암시한다고 강조한다.

제6장에 수록된 논문 "중동부 유럽의 녹색 전환 전략"(이하얀)은 복합위기에 대응한 중동부 유럽 국가들의 대응 노력을 다루고 있는 글이다. 논문에서 저자는 중동부 유럽의 지속가능한 생태환경을 향한 탈탄소화 노력과 그중 ANRAV CCUS 프로젝트의 기여에 대해 집중하고 있다. 저자는 우선 유럽연합 및 중동부

유럽 국가들의 기후변화 대응 전략과 탈탄소화 목표에 대한 개요를 정리하고, 목표 달성에 있어 ANRAV 프로젝트의 중요성을 분석하며, 프로젝트의 기술적, 경제적, 환경적 측면을 자세히 조명하고 있다. 그 과정에서 CO_2 포집, 활용 및 저장(CCUS) 기술의 발전을 심층적으로 분석하고 있다. 또한, 프로젝트가 직면한 도전과 지역사회 및 산업계에 미치는 영향을 평가하고, 중동부 유럽에서의 지속가능한 생태환경과 탈탄소화를 위한 전략적 방향성을 제시한다. 아울러 ANRAV 프로젝트의 사례를 통해 중동부 유럽 지역의 녹색전환과 관련한 정책적 제언도 담고 있다.

마지막 장인 7장의 논문 "유럽의 경제적 불평등과 코로나"(강유덕)은 코로나19 팬데믹에 따른 경제적 충격이 경제적 불평등에 미치는 영향을 유럽(39개국)을 대상으로 실증적으로 분석하는 내용이다. 많은 국가들이 2020년 팬데믹에 따라 역성장을 겪었지만, 개인이 체감한 경제적 피해는 기존의 불평등 정도에 따라 다르게 나타났다는 점에 주목한 저자는 미시데이터를 통한 실증분석을 통해 코로나19 팬데믹 기간 중 사회적으로 취약한 그룹이 경제 상황의 악화를 더 많이 체감하는 것으로 나타났다고 설파한다. 연령이 낮고, 교육 수준과 사회적 지위가 낮을수록 팬데믹에 따른 피해를 더 많이 체감했고, 이미 경제적인 어려움을 겪고 있는 사람들의 부담은 더 가중되었다는 점을 밝히고 있다. 아울러 실업자와 자영업에 종사하는 경우 경제적 피해를 더 크게 체감한 반면, 관리직 이상의 피고용인은 상대적으로 적게 느꼈던 것으로 나타났다는 점도 지적한다. 연구 결과와 관련하여 저자는 시사점으로 첫째, 불평등의 확산 경로에 따른 세밀한 정책과 아울러 일시적인 재정 지원을 넘어서 불평등의 구조적 원인을 해소하려는 노력이 필요하고, 둘째, 사회보장제도의 범위 확충과 효율성을 높임으로써 경기 침체가 있더라도 개인이 체감하는 경제적 피해를 줄여야 하며, 셋째, 디지털 전환의 가속화는 또 다른 불평등 확대의 원인이 될 수 있는바 개인의 역량과 고용가능성을 강화하는 새로운 정책 패러다임이 추구되어야 한다는 점을 강조한다.

신사회계약에 대한 다양한 논의가 동시적으로 진행되고 있는 만큼, 신사회계약이 추구하는 지향점 및 그와 관련된 주요 개념들은 아직 통일되어 있지 않은 혼돈 상태이다. 이는 새로운 패러다임이 만들어지는 초기 단계에서 흔하게 나타날 수 있는 현상이다. 논의가 현재진행형이기에 관련된 개념들의 정리 작업은 아직도 미완성 단계이다. 때문에 현 단계에서의 성과물에서는 개념적 통일성과 용어 통일이 이루어지지 않은 부분도 발견될 수 있을 것이다. 독자들의 너그러운 양해를 당부드릴 따름이다.

한국연구재단의 지원으로 수행되고 있는 연구 과제 "'신(新)사회계약론' 탐구: 대전환 시대 유럽의 응전과 한국"은 2028년도까지 진행된다. 연구 과제 수행 과정에서 연구 성과물은 주로 학술적인 논문 형식으로 출간된다. 앞으로도 연구 성과물들은 매년 세 권의 단행본 형태로 엮어 나갈 계획이다. 연구 주제와 후속 성과물에 대한 연구자 및 독자들의 애정 어린 관심과 성원을 바라는 바이다.

연구책임자 김면회

목차

제3장

복합위기와 유럽연합 사회정책의 최근 동향

| 김면회 |

제4장

유럽사회권기둥(The European Pillar of Social Rights)의 의미와 한계

| 박상준 |

제5장

기후 위기와 금융안정에 대한 유럽중앙은행(ECB)의 입장: 신(新)사회계약적 접근과 함의

| 이영주 |

제6장

중동부 유럽의 녹색 전환 전략

| 이하얀 |

제7장

유럽의 경제적 불평등과 코로나

| 강유덕 |

제1장 **유럽연합(EU)의 신사회계약 로드맵**
유럽그린딜(EGD)

김일곤

1. 머리말

위기는 다양하게 정의된다. 그것은 '정치 질서의 존재와 생존 가능성이 문제시되는 특별한 순간'으로 정의되거나 '시간적 압박과 매우 불확실한 상황에서 중대한 결정을 내려야 하는 시스템의 기본 구조 또는 근본 가치와 규범에 대한 심각한 위협'으로 정의되기도 한다. 이에 따르면 위기는 위협(threat), 긴급성(urgency), 불확실성(uncertainty)을 주요 속성으로 가지며, 근본 가치나 생존 유지 시스템을 위협하는 불확실한 상황에서 긴급한 대응이 요구될 때 위기가 발생했다고 말한다.[1] 이때 그 위기는 대응 여하에 따라 새로운 맥락 혹은 구조로 넘어가는 기회의 국면이 될 수가 있다. 그런 점에서 위기는 중대한 고비 혹은 결정적 순간

---

1 Marianne Riddervold, Jarle Trondal and Akasemi Newsome, "European Union Crisis: An Introduction", Marianne Riddervold, Jarle Trondal and Akasemi Newsome (eds.), *The Palgrave Handbook of EU Crises* (London: palgrave macmillan, 2021), p. 7.

으로 해석될 수 있다. 달리 말하면 위기는 그 순간의 전후 조건이 많은 다른 순간의 전후 조건과 확연히 구분되는 전환점에 해당한다는 뜻이다.[2]

그런 전환의 필요성을 키우는 위기가 현재 우리의 일상을 지배하고 있다. 성장이 임계점에 도달한 지는 이미 오래되었고, 그것이 남긴 빈부 격차와 사회적 양극화는 포퓰리즘 세력의 득세와 같은 정치적 위기로 확대되고 있다. 성장을 위해 남획된 자연 생태는 코로나 팬데믹이 증명하듯이 기후 및 환경 재앙까지 경고하고 있다.

이 위기를 두고 자본주의의 근원적 문제와 신자유주의에 원인을 돌리는 소리가 들린다. 또한 주로 이론적 차원에서 현재의 인류 사회 공동체에 근간이 된 기존 사회계약에서 그 원인을 찾는 시선도 날로 증가하고 있다. 이에 따르면 자본주의나 신자유주의 모두가 사실상 근대사회의 유산인 기존 사회계약에 의존해 있다고 보기 때문이다. 이에 힘입어 지구 타자를 객체화하고 인간마저 상품으로 물신화시킨 종래의 사회계약으로부터 새로운 사회계약으로 전환이 필요하다는 요구가 더욱 탄력을 받고 있다. 기후 위기, 코로나 팬데믹, 이에 따른 불가피한 경제적 여파는 그런 요구의 정당성을 더욱 높이고 있다.

그런 요구에 적극적으로 호응하고 있는 대표적인 곳이 유럽이다. 유럽은 근대적 사회계약의 출발지로서 다른 어느 국가나 지역에 앞서 '이전의 방향이나 상태와는 특성이 전혀 다르며 뚜렷이 구별되는' 새로운 사회구조로의 전환에 가장 적극적이다. 그리고 그 중심에 '유럽그린딜(European Green Deal, 이하 EGD)'이 자리하고 있다. 유럽연합이 EGD를 사실상 위기 탈출의 새로운 성장 전략이자 새로운 사회계약으로 표방하면서 '유럽사회권기둥(European Pillar of Social Rights, 이하

---

2 재레드 다이아몬드, 강주헌 옮김, 『대변동: 위기, 선택, 변화』 (서울: 김영사, 2019), p. 21.

EPSR)'과도 연계하여 그것의 사회적 차원 또한 강화하고자 하기 때문이다.

이에 따라 본 글은 EGD의 내용 분석을 통해 유럽연합이 추진하는 새로운 사회계약의 방향성을 가늠하는 것을 연구의 목적으로 삼는다. 그 과정에서 유럽연합이 내세우는 EGD가 경제적, 생태적, 사회적 차원에서 사회계약으로서 얼마나 새로운 것인지에도 주목한다.

이를 위해 본 글은 다음과 같이 구성된다. 우선, 새로운 사회계약의 필요성이 갈수록 지지를 얻게 된 배경, 그리고 새로운 사회계약의 내용 및 방향성을 둘러싼 다양한 논의를 검토한다. 다음으로 그 내용 및 방향성을 가늠하는 대표적인 사례로서 유럽연합이 제시한 EGD의 주요 내용을 검토하는 동시에 EPSR과의 접목 시도를 다룬다. 이어서 EGD에 대한 나름의 비판적 평가를 시도한다. 마지막으로 맺음말에서는 나름의 한계에도 불구하고 EGD가 '새로운' 사회계약으로 불릴 만한 요소를 그 함의와 함께 모색하면서 갈음한다.

2. 신사회계약의 논의 배경과 방향의 다양성

1) 논의 배경

정치철학에서 사회계약은 정부와 사회, 또는 사회 내의 개인과 집단의 상호 권리와 의무 등에 관한 자발적 약속 혹은 합의를 그 핵심으로 한다.[3] 그러한 합의에 따라 정부와 사회행위자 사이에 의무와 권리를 기초로 합법과 불법의 경계가 정해지며, 각자가 담당해야 할 역할과 책임이 배분된다. 따라서 사회계약은 이론

3 Erin McCandless, "Social Contracts: A Pathway for More Inclusive Societies", Research Paper, *Pathfinders* (August 2021), p. 5.

적으로는 정부와 사회행위자들이 맡게 된 역할과 책임 또한 의미한다. 이 사회계약은 사회 안전망, 사회적 보호, 교육체계, 고용 규칙, 임금 및 급여, 과세 등을 핵심 요소로 갖는데, 그것이 사회적 및 경제적 안정성의 제공과 함께 공동체 전체 구성원의 공동 번영에 공헌하기 때문이다.[4] 그런 점에서 사회계약은 그 시작부터 지금까지 더 건강하고 더 안전한 사회의 건설을 공통의 목적으로 가진다.

이 사회계약이 현재와 같은 형태를 갖추게 된 것은 대공황과 제2차 세계대전을 거치면서이다. 이 위기 이후에 만들어진 제도와 규범은 수십 년 동안 경제적 번영과 이동성을 가능하게 했다. 그 결과 인간 수명은 길어지고 교육 수준이 향상되어 전통적으로 배제되었던 사람들의 노동력 기회가 확대되었다. 노동자의 대표성도 강화되어 노동자가 사회적 대화(social dialogue)의 한 축으로 자리를 잡았고, 소득 불평등이 커짐에도 사회의 많은 부분에서 절대적인 삶의 질도 높아졌다. 그 과정에서 사회계약은 연금, 실업 수당, 건강 관리, 더 안전한 근무 조건, 기술 훈련, 휴가 및 가족 휴가를 포함한 중요한 보호 또한 제공했다.[5] 그에 비례해 사회계약에 대한 공동체 구성원의 만족과 정치·사회적 지지도 역시 높아졌다. 절정에 도달한 1970년대까지는 적어도 그러했다.

하지만 기존의 사회계약은 부정적 유산 또한 남겨놓았다. 1970년대 이래로 서구의 대다수 국가는 만약 시장경제가 잘 작동한다면, 사회의 모든 계층이 적어도 경향적으로는 의미 있게(노동 측면에서) 잘 살 수(소득 측면에서) 있을 것으로 생각했다. 그 결과 사회와 정부는 잘 작동하는 시장경제를 위해 복무해야 한다고 여겼고, 시장에 의한 조정을 더 좋고 더 효율적인 경제 모델로 너그럽게 받아들

4 BSR, "The Business Role in Creating a 21st-Century Social Contract", https://www.bsr.org /en/our-insights/report-view/business-role-creating-a-21st-century-social-contract. (2022년 9월 21일 검색)

5 *Ibid.*, p. 11.

였다. 그러나 이는 개인주의와 이기심, 물질주의, 사유화, 단기주의(short-termism), 이윤과 경제성장에 대한 맹신을 특징으로 하는 시장 기반 사회를 남겨놓았다. 그 과정에서 자연은 상당 부분 사회계약 이론가들에게 있어 본질적 가치가 거의 혹은 전혀 없는 것으로 여겨졌다. 이는 자연의 사회적, 생태적 가치를 감소시키면서, 그 자리에 생물다양성과 주요 생태계 기능의 손실, 환경파괴, 천연자원과 원자재의 과도한 생산과 소비 및 고갈이 들어서게 했다.[6] COVID-19 대유행이 생생하게 증언하듯 생태적 취약성이 경제 및 사회적 취약성과 안전 및 정의의 문제로 전이될 가능성이 있음은 일찌감치 무시되었다.

나아가 1980년대 이후 경쟁력 일변도의 신자유주의와 세계화의 파고는 기존 사회계약의 부정적 유산을 더욱 강화했다. 보호보다는 시장과 기업의 자유, 그리고 이윤 극대화가 그 전제에 깔린 신자유주의와 그것의 세계화는 국내외적으로 경쟁열위에 있는 기업과 산업 부문의 도태와 비용 절감의 경쟁을 촉발했다. 그 때문에 실업에 대한 공포와 결부된 노동의 유연화와 불완전 고용 형태가 일상화되면서 임금의 하향화와 더불어 중산층을 포함한 사회계층의 양극화 및 소득 불평등이 증가했다. 안전과 보호의 의무도 국가로부터 시장과 개인에게로 넘어오면서 기존 사회계약의 근간이 무력화되어갔다. 이같이 각자도생의 이기적 철학을 권장한 신자유주의 경제 논리는 사회적 양극화와 경제적 불확실성을 강화하면서 급기야 지구촌 곳곳에서 소외된 자들의 분노가 포퓰리즘 세력의 득세를 불러오는 정치적 위기로까지 확대되었다. 예를 들어 브렉시트의 이면에는 이민과 다문화주의에 대한 반감을 넘어 불평등과 승자와 패자를 양산하며 패자를 견고한 안전망도 없이 방치한 신자유주의적 세계화와 현재의 자본주의 형태에 그 근

---

6 Patrick Huntjens and René Kemp, "The Importance of a Natural Social Contract and Co-Evolutionary Governance for Sustainability Transitions", *Sustainability* Vol. 14, Issue 5 (March 2022), p. 10.

원이 있었다. 그리고 유럽 전역에서 포퓰리즘 정당과 인물에 대한 지지도 증가는 보호주의와 민족주의로 무장한 포퓰리즘 정당과 지도자들의 안전과 보호에 관한 약속이 힘을 얻은 결과이기도 했다. 다시 말해 적은 기회와 낮은 소득 상태에서 경제적 위기와 불확실성에 직면하여 보호받고 있지 못하다고 느끼는 시민들의 불안 의식이 포퓰리즘 정당과 인물에 대한 지지로 연결되었던 것이다.

따라서 안전, 위험에 대한 공유, 기회 제공의 필요성이 증가하는 가운데 더 이상 이를 약속하지 못하는 기존 사회계약에 대한 실망감도 커졌다. 실제로 지금 시대 수많은 사람은 기존 사회계약이 제공하는 삶에 좌절하고 있고, 사회시스템이 자신들을 위해 작동하지 않는다고 생각한다.[7] 그럴수록 낡은 사회구조를 변화시킬 새로운 사회계약에 대한 요구가 힘을 얻고 있다. 기후 재앙, COVID-19, 이후의 새로운 대유행 창궐에 대한 공포, 이에 따른 경제적, 사회적 충격이 그 같은 전환의 방아쇠 역할을 담당했다. 그리고 그 전환을 현재 유럽이 선두에서 실험하고 있다.

2) 방향의 다양성

새로운 사회계약에 관한 논의가 특히 유럽에서 쏟아져 나오며 새로운 르네상스를 맞고 있는 듯 보인다. 이는 상기와 같은 누적된 문제들뿐만 아니라 COVID-19 대유행 당시에 드러난 선진 복지국가로서의 유럽의 위상 실추가 큰 몫을 했을 것으로 생각된다. 이를 만회하기 위해 유럽은 다른 어느 국가 및 지역에 앞서 새로운 사회계약의 필요에 부응하려는 다양한 논의와 주장들이 제기되고 있다. 이를 종합해보면 크게 성장-우선론과 탈성장론, 지속 가능 복지론, 그리

7 미노슈 샤피크, 이주만 옮김, 『이기적 인간의 공존 플랜: 21세기를 위한 새로운 사회계약』 (서울: 까치, 2022), p. 21.

고 균형론 등으로 구분할 수 있다.

'성장-우선론(growth-first)'은 다분히 전통적인 성장론에 흡사한데, 본질적으로 시장 지향적이며, 지속적인 성장, 자유 시장 및 기술 혁신을 사회 발전의 핵심 요소로 본다. 그리고 성장이야말로 기후변화에 대처할 수 있는 필수적 수단을 미래 세대에게 제공한다고 여긴다. 그런 점에서 성장-우선론은 기본적으로 경제성장을 사회 및 환경 보호와 관련이 없거나 서로 간에 상충적인 것으로 바라본다. 나아가 성장-우선론은 기술주의 해법에 따라 오늘날 성장과 환경과의 조화가 가능해졌다고까지 주장한다. 요컨대 친환경 기술이 발달하면서 경제성장과 환경과의 접목이 가능해졌고, 그런 기술로의 조속한 전환이 성장은 물론이고 지구 생태계를 보전하며, 동시에 사회적 불균형과 빈곤 축소에도 기여할 것으로 주장한다.[8] 하지만 성장-우선론은 기존 성장론의 답습뿐만 아니라 여전히 신자유주의 경제 논리를 그 배경으로 깔고 있다는 비판을 받는다.

이런 성장-우선론의 정반대에 '탈성장론(de-growth model)'이 있다. 이는 생산과 소비의 공평한 축소로 이해될 수 있으며, 근본적으로 경제성장의 우월성뿐만 아니라 경제성장 자체에 대해서도 전반적으로 의문을 제기한다. 경제성장은 생태적 한계와 양립할 수 없고 불평등을 줄이는 데 효과가 없다고 보기 때문이다.[9] 따라서 탈성장론은 성장에 필요한 경제적 목표를 제외한 채 사회적 우선순위와 생

---

8 Robert Fletcher and Crelis Rammelt, "Decoupling: A Key Fantasy of the Post-2015 Sustainable Development Agenda", *Globalizations,* Vol. 14, No. 3 (December 2017), p. 450.; Sebastiano Sabato, Matto Mandelli and Bart Vanhercke, *The Socio-Ecological Dimension of the EU Recovery, From the European Green Deal to the Recovery and Resilience Facility* (Madrid: EUROsociAL, 2021), p. 18.

9 Viviana Asara, Iago Otero, Federico Demaria and Esteve Corbera, "Socially sustainable degrowth as a social-ecological transformation: reporting sustainability", *Sustainablity Science*, Vol. 10, No. 3 (July 2015), pp. 375-384.

태적 우선순위를 결합하여 사회 영역과 생태 영역 사이에 연계를 시도한다.[10] 그런 점에서 탈성장론은 전형적인 생태-사회적 접근법으로 볼 수 있다. 하지만 탈성장론은 성장 자체만을 문제의 원인으로 봄으로써 사실상 '성장 없는 자본주의를 추구하라'는 도덕적 호소 그 이상으로 나아가지 못하는 실천적 한계가 있다. 즉, 무한성장이 인간과 지구 타자의 존립을 위협하는 수준에 이르게 된 주요 원인이 자본주의에 있다면, 성장만을 비판하는 것은 자본주의와 성장을 분리할 뿐 아니라 자본주의의 틀 안에서 성장 없는 사회를 꿈꾸는 데 불과하다는 비판이 가능해진다.[11]

탈성장론에서 파생된 '지속 가능 복지론(sustainable welfare)'은 생태 위기와 사회적 불평등의 증가가 소비 집약적 자본주의 모델(consumption-intensive capitalist)에서 연유한다는 믿음에 기초해 있다. 이는 특히 부유한 국가에서 물질 및 에너지 처리량의 감소를 통해 생산과 소비 패턴을 지구 행성의 한계 내로 내재화하고,[12] 나아가 세대 간 및 전 지구적 관점에서 생태적 한계 내에서 인간의 필요를 충족시키는 것을 목표로 한다.[13] 지속 가능 복지론은 분배 원칙에 기반해 부유한 국가와 빈곤 국가, 국가 내부의 부유층과 빈곤층, 그리고 현재 세대와 미래 세대 사이에 균등한 복지의 분배를 촉구한다. 이러한 시각에서 환경적 차원이 근본적이고, 생태적 한계는 경제성장과 양립할 수 없을 뿐만 아니라 사회복지도 제약한다. 현

---

10 Milena Büchs and Max Koch, "Challenges for the degrowth transition: The debate about wellbeing, Futures", *Futures*, Vol. 105 (January 2019), pp. 155-165.; Ian Gough, *Heat, Greed and Human Need: Climate Change, Capitalism and Sustainability Wellbeing* (Cheltenham: Edward Elgar, 2017), pp. 19-37.

11 황정규, "탈성장, 자본주의를 넘어서지 못하는 담론", http://socialist.kr/degrowth-staying-within-capitalism/(2022년 10월 12일 검색).

12 Max Koch, "Sustainable welfare, degrowth and eco-social policies in Europe", Bart Vanhercke, Dalila Ghailani and Sebastiano Sabato (eds.), *Social policy in the EU, State of Play 2018* (Brussels: European Trade Union Institute and European Social Observatory, 2018), p. 36.

13 Tuuli Hirvilammi and Max Koch, "Sustainable Welfare beyond Growth", *Sustainability*, Vol. 12, No. 5 (February 2020), pp. 1-8.

재와 같은 서구식 소비 패턴은 환경 보호와 양립할 수 없는 것으로 간주되며, 만일 이를 환경적으로 지속 가능하게 만들려면, 일단 기본적 필요가 충족되었을 시, 물질적 복지 이외에 인간 복지와 관련된 다른 차원들이 우선순위를 차지해야 하는 것으로 여긴다.[14] 따라서 지속 가능 복지론은 성장의 실행 가능성만이 아니라 현대 복지시스템의 재정적 및 사회적 지속 가능성에도 의문을 제기한다.

마지막으로 '균형론(Balanced approaches)'을 들 수 있다. 이는 경제 번영, 환경 보호, 공평한 복지 사이에 상호 연계를 가정하면서, 이들 사이에 균형 유지를 중요하게 여긴다.[15] 하지만 이러한 균형론도 경제-환경-사회 영역의 각 목표에 따라, 그리고 통합과 균형에 관한 해결 방안에 따라 다시 세분될 수 있다. 구체적으로 '녹색 성장론(green growth)'은 주로 환경과 경제 사이의 관계에 중점을 둔다. 그에 따르면 경제에서 녹색 부문의 성장은 환경적 혜택만이 아니라 새로운 '녹색' 일자리 창출과 같은 고용 기회와 시민 복지를 전반적으로 증가시킬 것으로 바라본다. 더욱이 이에 의하면 녹색성장은 '생태적 현대화'를 촉진하여 혁신과 기술 진보를 통해 경제성장을 지속시키면서 경제성장과 성장의 생태적 영향을 서로 분리하는 탈동조화(decoupling)도 실현할 것으로 예측한다.[16] 그런 점에서 녹색 성장론은 '환경 또한 달성하는 경제성장'을 자신의 골자로 한다. 이러한 시각에서 볼 때 복지국가의 핵심 역할은 교육, 기술 발전, 적극적 노동 시장 정책에 대한 사회적 투자에 두어져야 한다. 노동자의 고용 가능성을 높이고, 녹색경제와 쇠락하는

---

14 Max Koch and Oksana Mont, "Introduction: research on sustainable welfare: state of art and outline of the volume", Max Koch and Oksana Mont (eds.), *Sustainability and the Political Economy of Welfare* (London: Routledge, 2016), pp. 1-12.

15 Prajal Pradhan, Luís Costa, Diego Rybski, Wolfgang Lucht and Jürgen P. Kropp, "A Systematic Study of Sustainable Development Goal(SDG) Interactions", *Earth' Futures*, Vol. 5, Issue 11 (November 2017), pp. 1169-1179.

16 Robert Fletcher and Crelis Rammelt, *op. cit.*, p. 450.

산업 부문에서 확장하는 산업 부문으로의 전환을 위해서는 그에 필요한 기술을 노동자에게 제공해야 하기 때문이다.

녹색 성장론과 달리 '정의로운 전환론(just transition)'은 사회 영역과 생태 영역과의 연관성에 좀 더 방점을 둔다. 즉, 이는 녹색 성장의 잠재력을 인정하면서도 경제의 녹색화가 초래할 부정적인 사회적 효과를 방지하고자 한다.[17] 이에 따르면 경제의 녹색화는 산업구조 조정의 경제적 및 사회적 비용(특히 실직) 또는 창출되는 새로운 일자리의 질과 관련된 중대한 문제를 가져올 수 있다. 요컨대 녹색 전환이 자동적으로 '정의'가 될 수 없으며, 이에 수반되는 기회와 위험을 공정하게 분배하려면, 지속 가능한 경제로의 전환을 효과적으로 달성할 수 있게 하는 일련의 원칙과 제도적 장치가 있어야 한다는 것이다. 그에 따라 사회정책은 녹색경제로의 참여에 필요한 기술과 역량을 노동자에게 제공해야 하며, 다른 한편으로 사회정책은 전환기 동안에 개인과 공동체를 보호해야 한다. 따라서 적극적 노동 시장 정책, 교육 및 훈련 정책과 함께 정의로운 전환은 의료, 소득 안전 및 사회 서비스를 보장하는 강력한 사회 보호 시스템을 요구하며, 또한 그러한 전환도 하향식 과정이 아닌 전략과 정책을 입안하고 결정하고 실행하는 모든 수준에서 이해관계자 간 사회적 대화에 기초한 사회적 합의가 보장되어야 한다고 주장한다.[18] 이상의 논의를 종합해볼 때, 그렇다면 유럽, 특히 유럽연합은 어떠한 방향성의 새로운 사회계약을 고려하고 있을까?

---

17 Béla Gargóczi, *Phasing out coal: a just transition approach* (Brussels: ETUI, 2019), pp. 5-43.

18 Sebastiano Sabato, Matto Mandelli and Bart Vanhercke, *op. cit.*, p. 19.

3. 유럽연합의 위기 대응과 신사회계약의 로드맵

1) 위기 탈출 및 새로운 성장 전략으로서 EGD

EGD는 유럽연합이 추진하고자 하는 새로운 사회계약의 내용과 방향성을 파악할 수 있는 대표적 사례에 해당한다. 이는 2가지를 궁극적 목표로 삼고 있는데, 하나는 온실가스의 제로 배출을 통해 유럽을 2050년까지 탄소중립 대륙으로 만들고자 한다. 그리고 다른 하나는 유럽의 자연자본을 보호하고 보존해서 환경 위험으로부터 유럽 시민의 건강과 복지를 보호하고자 한다. 그리고 이러한 거대 목표를 위해 EGD는 아래 〈그림 1〉에서 보듯이 구체적인 세부 전략도 상정하고 있다.

〈그림 1〉 EGD 개요도[19]

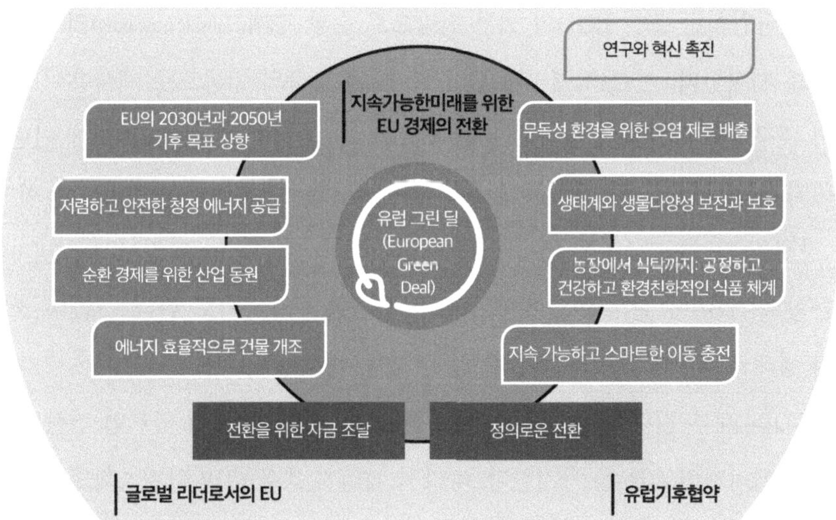

19 European Commission, "The European Green Deal, Communication, COM(2019) 640 final, 11 December 2019", https://eur-lex.europa.eu/resource.html?uri=cellar:b828d165-1c22-11 ea-8c1f-01aa75ed71a1.0002.02/DOC_1&1format=PDF. (2023년 3월 28일 검색)

기본적으로 EGD의 거대 목표 및 그 세부 전략을 실행하기 위해 유럽위원회는 규제, 표준화, 투자와 혁신, 국가 개혁, 사회적 파트너와의 대화, 국제 협력 등과 같은 모든 정책 수단을 동원하고자 한다. 특히 2050년까지 기후중립성 달성을 위해 유럽위원회는 '유럽기후법(European Climate Law)', '유럽 탄소배출권거래제(European Emission Trading System, 이하 EETS)'의 확대 시행, 효과적인 탄소 가격 책정을 예고한다.[20] 이를 통해 유럽위원회는 에너지 시스템의 탈탄소화를 위해 효율성이 우선시되어야 한다고 강조한다. 또한 재생에너지 부문을 개발하기 위해 유럽위원회는 에너지 시장이 완전히 통합되고 상호 연결되며 디지털화되는 것이 필수적이라고 주장한다. 그리고 그 과정에 소비자를 참여시켜야 하고, 가장 낮은 비용으로 탈탄소화를 달성하기 위해 전 부문에 걸쳐 에너지 효율적인 '스마트 통합(smart integration)'의 중요성도 역설한다.[21]

유럽위원회는 또한 EGD의 세부 전략으로 순환 경제(circular economy)의 실현도 목표로 제시한다. 이 전략에 따르면 탄소 배출 감축의 일환으로 재사용이 가능하고 내구성이 있으며 수리가 가능한 제품을 기업이 제공해야 하고 그에 기반해 소비자가 선택할 수 있어야 한다. 그런 점에서 이는 기본적으로 지속 가능한 제품 정책을 의미한다. 또한 이는 선택에 필수적인 신뢰할 만한 정보에 소비자가 접근할 수 있어야 한다는 점에서 소비자 정책에 해당하기도 한다. 그래야 소비자가 생태적 전환에 적극적 역할을 할 수 있기 때문이다.[22]

EGD의 세부 전략에 건물 부문도 포함된다. 유럽위원회에 따르면 건물은 소비되는 에너지의 40%를 차지한다. 따라서 에너지 효율성 및 탈탄소화와 경제성

---

20 *Ibid.*, pp. 4-5.
21 *Ibid.*, p. 6.
22 *Ibid.*, pp. 7-8.

의 문제를 해결하기 위해 건물의 개조를 독려하고, EETS의 적용 대상에 건물 부문도 포함하고자 한다. 그 이유는 유럽위원회에 따르면 서로 다른 에너지원의 상대 가격이 에너지 효율을 위한 올바른 신호를 제공하도록 하기 위한 데 있다.[23]

나아가 운송 부문은 온실가스 배출량의 25%를 차지하고 여전히 증가하고 있기에, 유럽위원회는 해당 부문에서의 탄소 배출 제로를 목표로 지속 가능하고 '스마트한 이동(smart mobility)'을 전략으로 제안한다. 이는 환경에 미치는 운송의 영향을 가격이 반영하기 위함이며, 이에 따라 화석 연료 보조금의 폐지와 항공 및 해상 부문으로까지 EETS의 확장을 유럽위원회는 주장한다.[24]

일상생활과 직결되어 있는 식품 부문도 EGD의 세부 전략으로 중요하게 다뤄진다. 유럽위원회에 따르면 해당 부문은 지속 가능하고 저렴한 식품 소비의 장려와 식품 가공의 환경적 피해를 줄이면서 생물다양성을 보존하기 위한 데 그 목적이 있다.[25] 이를 위해 비료와 항생제 및 화학 살충제 사용을 억제하고자 한다. 그것이 인간 건강은 물론이고 생태계 전체의 생존을 위협하기 때문이다. 특히 생태계의 보전과 관련해 유럽위원회는 새로운 산림 전략을 제시하고자 하는데, 이는 '효과적인 조림(effective afforestation)'을 통해 탄소 배출의 흡수를 증가시키고, 산림 보존 및 복원을 통해 바이오 경제를 촉진할 수 있다고 보기 때문이다.[26]

EGD의 야심을 실현하려면 막대한 투자가 필요하다. 유럽위원회는 친환경적 전환을 위한 자금 조달에서 민간 부문의 핵심적 역할을 강조하면서 새로이 지속 가능한 금융 전략을 제시하기로 한다. 유럽위원회에 따르면 이는 지속 가능한 투자 기반을 강화하며, 투자 기회를 투자자와 기업이 더 쉽게 파악할 수 있

---

23 *Ibid.*, p. 9.
24 *Ibid.*, pp. 10-11.
25 *Ibid.*, p. 12.
26 *Ibid.*, pp. 13-15.

게 하고, 기후 위험을 금융 시스템으로 통합시키는 기회가 될 것으로 여긴다. 또한 유럽위원회는 전환의 공정성과 포용성을 위해 '정의로운 전환 메커니즘(Just Transition Mechanism, 이하 JTM)'을 제안한다. 이를 위해 국가 예산의 녹색화와 함께 조세 개혁의 중요성을 강조한다. 이는 기후중립성을 향한 비용 효율적 전환을 위해 올바른 가격 신호가 필요하다는 점에서 유럽위원회에 의해 정당화된다. 그리고 이는 생산자, 사용자, 소비자가 지속 가능하게 행동하도록 그 유인을 제공하여 경제성장을 촉진하기 위한 데도 그 목적이 있다.[27]

새로운 기술과 혁신을 위한 연구역량의 강화도 EGD에서 중요한 세부 전략으로 제시된다. 이를 위해 유럽위원회는 (재)교육과 숙련향상을 위한 직업훈련의 활성화와 함께 학교를 보다 지속 가능하게 만들고자 한다.[28] 그리고 가장 효과적이고 최소한의 부담으로 이를 달성하기 위해 규제에 관한 개선책 또한 모색하기로 예정한다.[29]

상기와 같은 EGD의 역내 전략 못지않게 유럽위원회는 대외적으로도 그것의 역외 확산을 계획한다. 예를 들어 유럽위원회는 EGD를 외교적 수단으로 사용하여 글로벌 차원에서 환경과 기후 및 에너지 정책의 추진에 역외 국가 및 지역의 동참을 설득하고 지원하고자 한다.[30] 이를 위해 유럽위원회는 국제 탄소시장의 개발, 지속 가능 성장의 국제적 표준 설정, 그리고 글로벌 차원의 녹색 동맹(green alliances)을 결성하기 위해 국제 투자자를 동원하고 글로벌 차원에서 금융시스템을 구축하고자 한다.[31]

---

27 *Ibid.*, pp. 16-18.
28 *Ibid.*, p. 18.
29 *Ibid.*, p. 19.
30 *Ibid.*, p. 20.
31 *Ibid.*, pp. 20-22.

이러한 EGD의 세부 전략과 목표를 실현하는 데 있어 유럽위원회는 '유럽기후협약(European Climate Pact)'의 수립에 중요성을 부여한다. 무엇보다 전략의 실행과 목표의 달성에 있어 시민의 인식 변화와 지지가 절대적이기 때문이다. 따라서 이는 기후 행동에 시민들이 함께 참여하고 협력할 수 있는 플랫폼 구축에 그 목적이 있으며, 시민들이 생태적 전환의 원동력이 되어야 한다는 의미를 내포한다. 그 연장선에서 유럽위원회는 '사회적 대화 위원회(social dialogue committees)'의 설립을 제시한다. 전체적으로 유럽위원회는 유럽연합의 새로운 성장 전략으로서 EGD의 의의를 다음과 같이 재차 강조한다. 요컨대 EGD는 기후변화와 환경파괴로 인한 위기와 도전에 대응하고 현재와 미래 세대의 삶의 질을 개선하는 공정하고 번영하는 사회로의 전환을 지원하기 위한 것이다.[32]

2) EPSR과의 연계를 통한 사회적 차원 강화

상기에서 보듯 EGD는 기본적으로 성장 전략이며, 전략의 하나로 친환경적인 녹색 전환을 표방한다. 그리고 동시에 그 과정에서 '누구도 뒤처지지 않는' 모두에게 공정하고 포용적이며 정의로운 전환이 되도록 EGD를 위한 안내자로서 EPSR이 제 역할을 해야 한다고 이르고 있다.

EPSR은 2017년 11월 스웨덴 예테보리(Göteborg)에서 열린 '공정한 일자리와 성장을 위한 사회 정상회담(Social Summit for Fair Jobs and Growth)'에서 회원국의 고용과 사회적 성과를 조정하기 위한 준거 틀로 고안되고 선언되었다. 이는 아래 <표 1>에서 보듯이 '노동시장에 대한 평등한 기회와 접근, 공정한 노동 조건, 사회적 보호와 포용'이라는 3개 장을 중심으로 전체 20개 원칙을 내용으로 갖고 있다.

32 *Ibid.*, pp. 22-23.

〈표 1〉 EPSR 구조[33]

	장(Chapter)	원칙
I	노동 시장에 대한 평등한 기회와 접근	1. 교육, 훈련, 평생 학습
		2. 남녀평등
		3. 평등한 기회
		4. 적극적인 고용 지원
II	공정한 노동 조건	5. 안정적이고 적응성 있는 고용
		6. 임금
		7. 고용조건과 해고 시 보호에 관한 정보
		8. 사회적 대화와 노동자의 참여
		9. 일과 삶의 균형
		10. 건강하고, 안전하며, 적응성이 충분한 노동환경과 데이터 보호
III	사회적 보호와 포용	11. 보육과 아동 지원
		12. 사회적 보호
		13. 실업급여
		14. 최저 소득
		15. 고령자의 소득과 연금
		16. 의료
		17. 장애인 포용
		18. 장기 간호
		19. 주택과 홈리스(무주택자, 노숙인) 지원
		20. 기본적 서비스의 접근

33 European Commission, "European Pillar of Social Rights", https://op.europa.eu/en/publi cation-detail/-/publication/ce37482a-d0ca-11e7-a7df-01aa75ed71a1/language-en/format- PDF/source-62666461. (2023년 3월 20일 검색)

그런데 EGD가 교육, 훈련 및 적극적 노동시장정책과 같이 사회 투자 논리의 중요성을 강조한다면, EPSR은 기본적으로 권리에 기반을 두고 있다. EPSR이 사회보호정책과 공정한 노동 조건의 중요성을 강조하기 때문이다. 예를 들어 고용주가 경제 상황의 변화에 적응할 수 있도록 고용 관계에서 일정 정도 유연성이 필요하다는 점을 인정하면서도 EPSR은 불안정한 노동 조건을 가져올 수 있는 고용 관계를 예방하려고 한다(원칙 5). 마찬가지로 EPSR은 양질의 포용적인 교육, 훈련 및 평생 학습에 대한 노동자의 권리를 인정하며(원칙 1), 구직, 훈련 및 자격 갱신을 위한 지원을 받을 수 있는 노동자의 권리도 명확히 하고 있다(원칙 4). 품위 있는 생활 수준을 위한 공정한 임금(원칙 6)과 적절한 사회적 보호를 받아야 할 것(원칙 12)도 노동자의 권리로 EPSR은 명시하고 있다. 궁극적으로 EPSR은 시민과 노동자는 노동 시장으로의 신속한 재통합을 촉진하는 방안과 함께, 합리적인 시간 동안 적절한 소득 지원과 결합하여 실업 및 최저 소득 급여를 받을 권리를 가져야 한다(원칙 13과 14)고 이르고 있다.[34]

비록 '엄숙한 선언(solemn declaration)'에 불과해 구속력을 갖고 있지는 않지만, EPSR은 유럽연합의 사회-경제적 거버넌스 구축에 필수적 요소로 작용하여 관련 지침(Directive)의 채택이나 제안(Proposal)이 발의되는 성과를 거두기도 했다. 예컨대 (원칙 7과 관련해) 2019년 6월 채택된 '투명하고 예측할 수 있는 작업 조건에 관한 지침', 같은 해 7월 채택된 '부모와 보호자를 위한 일과 삶의 균형에 관한 지침(원칙 9)', '유럽연합의 적절한 최저 임금에 관한 지침을 위한 2020년 10월 유럽위원회 제안(원칙 14)', 그리고 '남녀 동일 노동 또는 동일 가치 노동에 대한 동일 임금 원칙의 적용을 강화하기 위한 임금 투명성 지침에 대한 2021년 3월 유

---

34 *Ibid.*

럽위원회 제안(원칙 2)' 등이 그에 해당한다.

하지만 그런 성과에도 불구하고 EPSR에는, 물, 위생, 에너지를 포함한 양질의 필수 서비스에 접근할 권리(원칙 20)를 예외로 하고, 사회와 생태와의 연관성이 결여되어 있었다. 특히 유럽위원회는 EPSR을 기후중립적인 전환이 사회적으로 공정하고 정의롭기 위한 사회 전략으로 간주하면서, 그것을 녹색 및 디지털 전환(소위 쌍둥이 전환)과 연계해야 한다고 주장한다. 이어서 유럽위원회는 사회-생태적 문제와 관련해 EPSR의 2가지 개입 영역을 강조한다. 즉, 사람들에게 녹색 전환을 위한 기술을 갖추게 하고, 에너지 빈곤과 에너지 전환의 분배 결과를 EPSR이 다뤄야 한다는 것이다.[35]

마침내 이러한 연계가 2021년 5월 포르투갈 포르투(Porto)에서 열린 사회 정상회담으로 사실상 확정된다. 이 회담에서 유럽연합 정상들은 EPSR 실행을 위한 유럽위원회 행동 계획과 유럽연합 차원에서 2030년까지 달성해야 할 3가지 주요 목표에 합의했다. 그에 의하면 2030년까지 20-64세 인구 가운데 최소 78%의 고용 목표를 달성하고, 모든 성인의 최소 60%가 매년 훈련에 참여할 수 있도록 하며, 빈곤이나 사회적 배제 위험에 처한 사람의 수를 최소 1,500만 명까지 축소하기로 했다.[36] 이와 관련해 우르줄라 폰 데어 라이엔 유럽위원회 위원장은 '유럽의 사회적 목표는 친환경 및 디지털 목표와 함께 진행되어야 하며, 포르투 공약은 우리 시대에 적합하고 모두에게 도움이 되는 사회적 유럽을 건설하기 위한 공동의 노력에 해당한다'[37]고 그 합의의 중요성을 강조했다. 이러한 합의에 따라

---

35 Sebastiano Sabato, Matto Mandelli and Bart Vanhercke, *op. cit.*, pp. 31-33.

36 European Commission, "Employment, Social Affairs & Inclusion, Porto Social Summit: all partners commit to 2030 social targets", https://ec.europa.eu/social/main.jsp?catId=89&newsId=10004&langId=en. (2023년 4월 24일 검색)

37 *Ibid.*

EGD는 EPSR과의 접목을 통한 사회적 차원의 강화를, 그리고 EPSR은 EGD와의 접목을 통해 녹색 전환과의 연계를 더욱 확실히 하게 되었다.

한편 사회 정상회담에서 합의된 EPSR의 실행 과정은 2011년 시작된 유럽예산회기(European Semester)[38] 과정을 이용해 유럽위원회가 감독하기로 했다. 이는 현재 COVID-19 대유행 이후 유럽연합 회복 전략의 국가별 성과를 평가하는 데도 사용되고 있다. 즉 COVID-19 대유행의 사회적 영향을 완화하고, 에너지 전환, 폐기물, 물 관리 및 운송 등의 분야에서 국가별로 지속 가능한 투자를 독려하기 위한 핵심 도구로 활용되고 있다.

4. 평가

유럽연합이 표방하는 신사회계약은 아직은 정확히 개념 정의가 내려지지 않은 신생 개념이고 미완의 개념이다. 그 결과 그것이 무엇을 의미하고 무엇을 의미해야 하는지와 관련해 유럽에서는 여전히 논쟁적이고 현재진행형에 속한다. 하지만 그것이 무엇을 내용으로 다뤄야 할 것인가에 대해서는 어렴풋하나마 의견이 모이고 있는 듯하다. 유럽에서는 적어도 앞으로의 사회계약이 경제와 환경

38 유럽예산회기제는 금융 및 경제 위기에 대한 대응책으로 2011년에 유럽연합에 의해 도입되었다. 이는 회원국 간의 경제 정책 조율을 강화하고 지속 가능한 경제성장과 재정 안정을 촉진하는 것을 목표로 한다. 이를 위해 연간 성장률 조사, 회원국별 국가개혁프로그램 제출, 국가별 권고, 회원국의 개혁 이행, 유럽위원회에 의한 중간 검토, 유럽위원회에 의한 종합 분석, 유럽 이사회에 의한 최종 논의와 유럽연합과 회원국에 대한 지침 제시 및 정책 우선순위의 채택에 이르는 과정을 거친다. 이는 유럽연합 기관과 회원국 정부의 공동참여로 이루어지는 일종의 동료검토 과정인 동시에 회원국의 재정건전성을 유도하기 위한 제도이다. European Commission, "The European Semester explained, An explanation of the EU's economic governance", https://commission.europa.eu/business- economy-euro/economic-and-fiscal-policy-coordination/european-semester/framework/european-semester-explained_en. (2023년 4월 25일 검색)

과 사회 영역까지 아우르는 포괄적인 내용으로 구성되어야 할 것으로 내다본다. 이는 EPSR과의 연계까지 시도하는 EGD에서 드러난다.

유럽위원회도 밝히고 있듯이 EGD는 성장에 중심을 두고 있다. 하지만 EGD는 경제와 생태와의 연계를 통해 친환경적인 성장을 목표로 한다. 그런 점에서 자연생태를 무한 착취와 개발의 대상으로 바라보던 종래의 성장주의 시각과는 거리를 두고자 한다.

이어서 EGD는 '정의로운 전환(just transition)' 개념을 준거 틀로 사회적 차원과도 연계를 시도한다. 정의로운 전환은 친환경적인 녹색 전환으로 영향을 받게 될 유럽의 특정 지역 및 산업 부문과 녹색 및 디지털 경제에 적합한 기술을 갖추도록 노동자를 지원해야 한다고 강조한다. 이러한 정의로운 전환은 바로 EPSR의 실행을 통해 보장된다. 따라서 현재 유럽연합에서 논의되는 신사회계약은 경제적, 환경적, 사회적 목표와 정책들 사이에 긴밀한 연계에 기반한 통합 및 균형을 그 방향으로 삼고 있는 듯하다.

하지만 그런 방향에도 불구하고, 3개 영역의 목표들 사이에는 균형에 편중이 있어 보인다. 무엇보다 EGD는 그 내용을 들여다보면 균형이 경제 영역으로 더 많이 기울어져 있고, 더욱이 신자유주의의 경제적 합리성이 여전히 그 기저에 흐르고 있음이 엿보인다. 유럽위원회가 시장, 경쟁, 비용 효율성, 무역, 금융자본, 선택의 자유 등에 많은 초점을 두고 있기 때문이다. 이는 유럽위원회가 EGD를 기본적으로 유럽연합의 새로운 성장 전략으로 정의하고, 이에 따라 경제성장이 우선순위를 차지하고 있는 점에서 비롯된 필연적인 결과일 것이다.

구체적으로 EETS는 기후 위기를 해결하는 데 시장이 가장 적합하다는 가정에 입각해 있다. 유럽위원회는 탄소를 상품화해 올바른 가격 신호를 보내는 것은 소비자와 기업이 행동을 바꾸게 하는 유인이 될 것이라고 가정한다. 더욱이 탄소 누출의 위험을 지적하면서 유럽위원회는 '국가들이 유럽연합과 동일한 야심을 공유하지 않는 한, 배출량 감소가 일어나지 않을 것'이라고 주장한다. 따라서 유럽위원회가 EETS를 가급적 모든 부문으로 확대하고 글로벌 탄소시장을 개발하려는 이유에는 경제적 합리성이 그 기저에 자리하고 있는 것으로 볼 수 있다. 그런 연장선에서 환경과 결합된 시장 통합의 증가는 유럽위원회에 의해 바람직한 것으로 간주된다. 그것이 국가 개입을 줄이면서 확대된 시장을 통해 배출량을 줄이는 것을 가능하게 하기 때문이다.

'경쟁'은 EGD 전체에 걸친 중심 개념이면서 신자유주의의 경제적 합리성을 가장 잘 표현하는 개념으로 이해될 수 있다. 유럽위원회는 유럽 시장 내에서 비즈니스, 무역, 혁신을 장려하기 위한 전략으로서만이 아니라 글로벌 시장에 접근하기 위한 전략으로서 경쟁력을 반복적으로 강조한다. 유럽위원회는 EGD에서 새로운 기술과 혁신을 강조하면서 그것을 유럽연합의 경쟁 우위를 보장하기 위한 전략으로 내세운다. 경쟁은 시장이 효율적이라는 가정을 기반으로 한다. 그런 점에서 유럽위원회는 자원 효율적인 경제, 에너지 효율성, 건물 효율성, 운송 시스템의 효율성, 에너지 효율적인 주택, 그리고 가능한 한 최저 가격으로 전환을 실현하려는 목표 측면에서 비용 효율성을 강조하는 등 효율성을 반복해서 언급한다. 이는 효율성의 달성을 위해 시장의 자기 조절 결과를 방해해서는 안 된다는 것을 의미한다. 더욱이 이는 탄소 배출량의 감축을 위해 가급적 적은 국가 개입을 통한 새로운 환경시장의 창출과 작동을 바람직하게 보고 있음을 암시한다.

그런 환경시장의 창출에 있어 유럽위원회는 민간투자와 금융 시스템의 중요성을 강조한다. 유럽위원회는 EGD에서 전환을 위한 자금 동원에서 민간 부문이 핵심이라고 주장한다. 그 결과 유럽위원회는 지속 가능한 투자를 분별하기 위해 투자자와 기업에 대한 지원을 제안한다. 게다가 유럽위원회는 '유럽을 지속 가능하고 포용적인 성장의 새로운 길에 확고하게 놓을 수 있는 기회'로 투자를 촉진하는 국제 금융 시스템들의 조정을 요구한다. 이는 투자자들이 기후변화를 수익성 있는 사업 모델로 파악할 수 있게 하려는 점에서 신자유주의의 경제적 합리성을 반영하는 것으로 볼 수 있다.

EGD는 사회적 상호작용을 통한 사람들의 행동 방식이 가져올 효과에 대해서는 말하지 않는다. 다만 소비와 관련해 EGD는 선택의 자유를 강조한다. 특히 유럽위원회는 각 개인을 소비자로 지칭하는 가운데, 가격 신호를 소비자의 지속 가능한 행동을 유인하는 해법으로 간주한다. 그 결과 유럽위원회는 EGD의 순환경제 실행계획에서 소비자가 정보에 따라 선택하고 생태적 전환에서 적극적 역할을 할 수 있도록 그에게 권한을 부여하기를 원한다. 소비자의 선택과 행동에 대한 유럽위원회의 강조와 '시민이 전환의 동력이며 계속해서 동력이 되어야 한다'는 그 주장은 기후 위기에 대처하는 우선적 책임이 시민 개개인에게 돌려지고 있음을 암시한다. 그 결과 이는 복지의 자기 책임성을 강조하는 신자유주의 경제 논리가 그 저류에 여전히 흐르고 있는 것으로 보인다.

나아가 EGD를 새로운 성장 전략으로 제시하며 소비자와 생산자를 위한 경제적 유인이 지속 가능한 행동을 가져올 것이라는 유럽위원회의 주장은 환경적 목표와 기업 이익 사이에 갈등의 가능성을 외면하는 것으로 비칠 수 있다. 유럽위원회처럼 가격 신호를 경제적 유인책으로만 바라보면 가격 신호에 내포된 기후 위기의 대처를 둘러싼 이해관계의 상충 가능성을 놓치게 된다. 그와 더불어 탄소중립성을 달성하는 데 있어 호의적으로 행동하면서도 정부가 요구하는 규제와 행동 방침을 회피하려는 기업의 전략 문제를 간과하게 된다.

또한 EGD 전반에 걸쳐 유럽위원회는 경제성장에 초점을 두고 2050년까지 기후중립성을 달성하려고 하면서 경제성장과 자원 사용을 분리하고자 한다. 하지만 이는 유럽연합 역외에서 생산된 상품에 대한 유럽 시민의 소비를 언급하지 않는다. 소비에 기반한 유럽연합의 역내 배출량은 1990년과 2016년 사이에 수입 공산품으로 인해 역외 배출량에 비해 지속적으로 증가해 왔다. 더욱이 유럽위원회가 1990년과 2018년 사이에 온실가스 배출량을 30% 줄였음을 보여주었지만, 소비에 기반한 배출량은 언급되고 있지 않다. 따라서 배출량 목표를 소비가 아닌 생산 측면에서만 설정하는 것은 에너지 사용과 경제성장 사이의 관계는 물론이고 생태 발자국의 비대칭성을 모호하게 할 수 있다는 지적도 받는다.[39]

한편 유럽위원회는 공정하고 포용적인 전환을 강조하면서 EPSR을 EGD에 접목 및 연계하려고 한다. 하지만 그것이 EPSR과 EGD가 동등한 반열에 있게 됨을 반드시 의미하지는 않는다. 오히려 EPSR은 그 역할이 보충적인 것으로 한정되고 있는 듯하다. EGD는 배출권거래제의 확대 시행과 국제 탄소시장의 개발과 같이 시장의 인위적 형성을 주장한다.[40] 유럽위원회가 가정하는 바와 같이 그러한 시장에서 탄소를 상품화해 올바른 가격 신호를 보내는 것이 소비자와 기업이 행동을 바꾸는 유인이 될 수 있기 때문이다. 그러나 가격 신호가 제대로 작동하려면, 유럽위원회도 인정하듯이 기업은 물론이고 소비자도 정보에 접근할 수 있어야 하고, 이를 기반으로 경쟁하고 자유롭게 선택할 수 있어야 한다. 그렇지만 선택에는 책임이 따른다. 그런 점에서 새로운 녹색 전환에서 '시민이 전환의 동력이고 계속해서 동력이 되어야 한다'는 유럽위원회의 주장은 자유로운 선택에 따라 기후 위기에 대처하는 전환의 책임 또한 우선적으로 시민 개개인에 있

---

39 Linn Brolin, "The (im)possible and (un)desirable climate politics: A critical governmentality study of a neoliberal rationality in the European Green Deal", https://lup.lub.lu.se/luur/download?func=downloadFile&recordOId=9033751&fileOId=9036069. (2023년 4월 20일 검색)

40 Martin Dahl, "The European Green Deal and the Social Market Economy", *SPRAWY MIĘDZYNARODOWE*, Vol. 74, No. 3 (October 2021), pp. 137-140.

음을 의미한다. 이는 전환 과정에서 자구(self-help)의 원칙이 국가의 적극적 지원에 앞서 선행적으로 적용되는 것으로 논리상 이어진다. 스스로의 자유로운 선택에 따라 그 구제의 책임도 스스로가 짊어져야 하기 때문이다. 따라서 이는 그 자구의 책임을 짊어지기 힘든 주로 경제적으로 취약하고 뒤처진 계층이나 지역에 한해서 EPSR에 따라 적극적 지원이 모색될 수 있음을 의미하는 것으로 귀결된다. 한마디로 EPSR은 EGD에 따라 녹색경제라는 새로운 친환경적 시장의 창출 과정에서 초래될 수 있는 부정적 효과를 최소화하고 누구도 뒤처지지 않도록 사회정책 차원에서 완충하고 EGD를 보완하여 그 정당성을 강화하는 것을 목표로 한다는 점이다.

게다가 EPSR의 역할이 EGD에 대한 보완은 고사하고 오히려 위축될 가능성도 있다. EPSR의 실행 과정에 유럽예산회기제가 준용되기 때문이다. 이는 그 실행에 필요한 비용이 사실상 예산 회기의 과정에서 단계별로 감독 대상이 될 수 있음을 의미한다. 그 결과 예산회기제도의 일환으로 EPSR의 실행 과정에서 재정 규율과 구조 개혁(주로 노동시장 개혁)이 강조되면서 경제적 취약층과 지역에 불균등한 사회적 효과를 가져올 수 있다.[41]

나아가 유럽연합에서 아무리 EPSR을 강조해도 회원국이 적극적으로 협력하지 않으면 그 실효성을 확보하기도 쉽지 않다. 유럽연합의 사회정책을 국내적으로 수용해서 실시할 수 있는 현실 여건이 회원국별로 다르기 때문이다. 따라서 EPSR이 정치적 구호나 선언에 그치지 않고 법적 구속력을 지닌 사회정책의 근간으로 EGD에 버금가는 자리를 차지할 것인지는 결국 회원국의 적극적인 협력

41 Marcel Muraille, "A revised European Semester under centralised management: the risk of overlooking social policy", *European Policy Brief*, No. 72 (September 2021), pp. 2-4.

여부에 달려 있다는 점에서 그 한계 또한 뚜렷하다.[42]

그 외에도 유럽위원회가 공정하고 포용적인 전환에 주목하면서 불평등 문제를 다루지만, 글로벌 차원의 구조적 불평등은 문제로 다루지 않는 한계가 있다. 1990년에 인구의 25%에 불과한 북반구는 전 세계 온실가스 배출량의 70%를 차지한 주범이었다. 그런 점에서 유럽위원회가 EGD를 통해 유럽연합을 기후 위기 대처의 역할 모델로 내세우려는 시도는 유럽 국가와 기업이 기후 위기의 취약 국가와 시민에 끼친 영향을 희석하려는 것으로 보이게 한다. 더욱이 유럽위원회는 기후 위기에 대처하는 데 있어 국가 간 불평등한 능력의 문제도 다루지 않는다. 그 결과 모든 행위자가 시장에서 정보와 권력에 동등하게 접근할 수 있다는 유럽위원회의 주장은 그 설득력을 반감시킨다. 그리고 고소득 국가와 저소득 국가 사이에서 사회적 비대칭을 낳는 시장의 문제까지 모호하게 만든다. 나아가 기후 위기 대처를 위한 국제적인 표준 설정을 언급하면서 '자신의 몫을 다하도록 다른 이들을 설득하고 지원하겠다'는 유럽위원회의 주장은 EGD가 유럽연합의 현대적인 제국주의 프로젝트일 수 있다는 의심까지 받게 만든다.[43]

5. 맺음말

이상의 논의를 정리하면 EGD로 대표되는 유럽연합의 신사회계약은 경제적, 환경적, 사회적 목표들 사이에 균형을 그 내용과 방향으로 한다고 볼 수 있다. 그

42 채형복, "리스본 조약상 유럽사회권기둥의 법적 의미", 『인하대 법학연구』, 제22편, 제3호 (September 2019), pp. 482-483.

43 Linn Brolin, *op. cit.*, p. 25.

러나 앞서 보았듯이 그 균형과 관련해 경제적 목표에 보다 우선순위가 두어져 있는 것으로 보인다. 사회적 목표의 실현을 위해 EPSR을 EGD에 연계해 전환의 과정을 정의롭게 하고자 하지만, EPSR은 현재로서는 전환 과정에 따른 부정적 결과를 최소화하고 EGD를 사회적 차원에서 보완하여 그 정당성을 강화하는 데 주된 역할이 있는 것으로 여겨진다. 그렇지만, 경제적 우선성에 두어진 그런 한계에도 불구하고 EGD의 함의는 결코 가볍지 않아 보인다.

우선, EGD는 상품, 서비스, 자본, 노동과 같은 종래의 시장 요소에 앞으로 환경도 그 구성요소로 포함될 것임을 시사한다. 다시 말해 유럽의 탄소배출권거래제, 국제 탄소시장의 개발이 의미하듯 환경적 요소 또한 시장에서 거래되는 '재화'로 간주될 것이라는 점이다.[44] 따라서 그런 환경적 재화를 유럽연합이 혹은 회원국이 얼마나 확보하고 얼마나 '상품성' 있게 만드느냐는 앞으로 유럽연합 내외적으로 '경쟁력'을 가늠하는 중요한 척도가 될 것이다.

또한 경제적 목표에 더하여 EGD로 인한 환경적 목표의 부각은 유럽통합의 측면에서 환경 부문이 통합을 이끌어가는 또 다른 주요한 동력이 될 것임을 시사한다. EGD에서 밝히고 있듯이 오염에 대한 통제, 폐기물 처리, 자원 추출, 산업 시설과 에너지 및 교통 인프라의 건설과 운영, 생물다양성 및 서식지 보호 조치 등 모든 수준에서 유럽연합 지침이 시행될 것이다. 그런 환경 관련 지침은 개인과 집단, 그리고 국가까지 포함해 환경에 영향을 미치는 모든 행동을 관리하기 위한 유럽연합 차원의 개입과 규제의 확대를 의미한다.[45] 이는 유럽연합 차원의 환경시장이 창설되고 작동하며 사실상 상품으로서의 환경적 재화가 거래되

44 Andreas Duit, Peter H. Feindt and James Meadowcroft, "Green Leviathan: the rise of the environmental state?", *Environmental Politics*, Vol. 25, No. 1 (March 2016), p. 6.

45 *Ibid.*, p. 7.

기 위한 데 필수적인 단일화된 표준화를 위해서도 특히나 중요할 것이다

유럽위원회는 EGD의 목표를 실현하기 위해 앞서 보았듯 '유럽기후협약'을 수립하고자 한다. 이는 생태적 전환에 시민들의 협력을 유도하기 위한 시민 참여형 플랫폼에 해당한다. 이는 그러한 전환에서 시민들이 원동력이자 주체가 되어야 함을 의미할 뿐 아니라 전환에 따른 비용(의무)과 미래 편익을 공유 및 분배하기 위한 '녹색 사회계약(Green social contract)'의 과정을 내포하기도 한다. 하지만 이는 EPSR과 같이 보호와 지원에 방점을 둔 사회권 차원의 근대적 사회계약과는 결을 달리한다. 오히려 이는 보호와 지원을 넘어 시민으로서의 개인과 지역 공동체의 참여를 통해 시민들이 환경적 권리와 책임과 지속 가능성을 인식하도록 만드는 과정이다. 그런 점에서 EGD는 '생태적 시민권(ecological citizenship)'의 발현과 실천을 시사한다고 볼 수 있다.

이러한 EGD의 함의는 유럽연합이 시도하는 사회계약이 그 한계에도 불구하고 충분히 새로울 수 있음을 시사한다. 하지만 '새로움'이 그 자체로 반드시 '좋음'을 보장하지는 않는다. 그리고 앞서 말했듯 그 사회계약은 유럽에서 실험 과정에 있고 여전히 현재진행형에 속한다. 따라서 선후의 분명한 대소를 동반하는 패러다임 변환(paradigm shift)으로까지 이어질지는 현재로서는 예측이 불가하다. 그럼에도 불구하고 상설한 비판적 평가의 극복과 함께 새로운 전환 사회를 꿈꾸며 그 내용을 채우며 구성해 가는 유럽연합의 행보는 나름의 새로운 사회계약을 모색하는 후행 국가들이 주목해야 할 좋은 선례에 해당할 것이다.

참고문헌

미노슈 샤피크, 이주만 옮김. 『이기적 인간의 공존 플랜: 21세기를 위한 새로운 사회계약』. 서울: 까치, 2022.

재레드 다이아몬드, 강주헌 옮김. 『대변동: 위기, 선택, 변화』. 서울: 김영사, 2019.

채형복. "리스본 조약상 유럽사회권기둥의 법적 의미". 『인하대 법학연구』. 제22편. 제3호 (September 2019), pp. 461-491.

황정규. "탈성장, 자본주의를 넘어서지 못하는 담론". http://socialist.kr/degrowth-staying- within-capitalism/. (2022년 10월 12일 검색)

Asara, Viviana, Otero, Iago, Demaria, Federico and Corbera, Esteve. "Socially sustainable degrowth as a social-ecological transformation: reporting sustainability". *Sustainability Science*. Vol. 10. No. 3 (July 2015), pp. 375-384.

Büchs, Milena and Koch, Max. "Challenges for the degrowth transition: The debate about wellbeing, Futures". *Futures*. Vol. 105 (January 2019), pp. 155-165.

Dahl, Martin. "The European Green Deal and the Social Market Economy". *SPRAWY MIĘDZYNARODOWE*. Vol. 74. No. 3 (October 2021), pp. 131-146.

Duit, Andrea, Feindt, Peter H. and Meadowcroft, James. "Green Leviathan: the rise of the environmental state?". *Environmental Politics*. Vol. 25. No. 1 (March 2016), pp. 1-23.

Fletcher, Robert and Rammelt, Crelis. "Decoupling: A Key Fantasy of the Post-2015 Sustainable Development Agenda". *Globalizations*. Vol. 14. No. 3 (December 2017), pp. 450-467.

Galgóczi, Béla. *Phasing out coal: a just transition approach*. Brussels: ETUI, 2019.

Hirvilammi, Tuuli and Koch, Max. "Sustainable Welfare beyond Growth". *Sustainability* Vol. 12. No. 5 (February 2020), pp. 1-8.

Gough, Ian. *Heat, Greed and Human Need: Climate Change, Capitalism and Sustainable Wellbeing*. Cheltenham: Edward Elgar, 2017.

Huntjens, Patrick, Kemp, René. "The Importance of a Natural Social Contract and Co-Evolutionary Governance for Sustainability Transitions". *Sustainability*. Vol. 14. Issue 5 (March 2022), pp. 1-26.

Koch, Max and Mont, Oksana. "Introduction: research on sustainable welfare: state of art and outline of the volume". Koch, Max and Mont Oksana. (eds.). *Sustainability and the Political Economy of Welfare*. London: Routledge, 2016, pp. 1-12.

Koch, Max. "Sustainable welfare, degrowth and eco-social policies in Europe". Vanhercke, Bart, Ghailani, Dalia, and Sabato, Sebastiano. (eds.). *Social policy in the EU, State of Play 2018*. Brussels: European Trade Union Institute and European Social Observatory, 2018, pp. 33-48.

McCandless, Erin. "Social Contracts: A Pathway for More Inclusive Societies". Research Paper. *Pathfinders* (August 2021), pp. 1-32.

Muraille, Marcel. "A revised European Semester under centralised management: the risk of overlooking social policy". *European Policy Brief*. No. 72 (September 2021), pp. 1-6.

Pradhan, Prajal, Costa, Luís, Rybski, Diego, Lucht, Wolfgang and Kropp, Jürgen P. "A Systematic Study of Sustainable Development Goal(SDG) Interactions". *Earth' Futures*. Vol. 5. Issue 11 (November 2017), pp. 1169-1179.

Riddervold, Marianne, Trondal, Jarle and Newsome, Akasemi. "European Union Crisis: An Introduction". Riddervold, Marianne, Trondal, Jarle and Newsome, Akasemi. (eds.). *The Palgrave Handbook of EU Crises*. London: palgrave macmillan, 2021, pp. 3-47.

Sabato, Sebastiano, Mandelli, Matto, and Vanhercke, Bart. *The Socio-Ecological Dimension of the EU Recovery, From the European Green Deal to the Recovery and Resilience Facility*. Madrid: EUROsociAL, 2021.

BSR. "The Business Role in Creating a 21st-Century Social Contract". https://www.bsr.org/en/our-insights/report-view/business-role-creating-a-21st-century-social-contract. (2022년 9월 21일 검색)

Brolin, Linn. "The (im)possible and (un)desirable climate politics: A critical governmentality study of a neoliberal rationality in the European Green Deal". https://lup.lub.lu.se/luur/download?func=downloadFile&recordOId=9033751&fileOId=9036069. (2023년 4월 20일 검색)

European Commission. "European Pillar of Social Rights". https://*op*.europa.eu/en/publi cation-detail/-/publication/ce37482a-d0ca-11e7-a7df-01aa75ed71a1/language-en/format- PDF/source-62666461. (2023년 3월 20일 검색)

European Commission. "The European Green Deal, Communication, COM(2019) 640 final, 11 December 2019". https://eur-lex.europa.eu/resource.html?uri=cellar:b828d165-1c
22-11ea-8c1f-01aa75ed71a1.0002.02/DOC_1&1format=PDF. (2023년 3월 28일 검색)

European Commission. "Employment, Social Affairs & Inclusion, Porto Social Summit: all partners commit to 2030 social targets". https://ec.europa.eu/social/main.jsp?catId=89&newsId=10004&langId=en. (2023년 4월 24일 검색)

European Commission. "The European Semester explained, An explanation of the EU's economic governance". https://commission.europa.eu/business-economy-euro/economic- and-fiscal-policy-coordination/european-semester/framework/european-semester-explained_en. (2023년 4월 25일 검색)

제2장 **유럽연합(EU)의 정의로운 전환 메커니즘**

정의로운 전환 기금 규정 적용을 중심으로

김봉철·신의찬

1. 머리말

세계화 이후 급속도로 증가하고 있는 기후변화 문제를 해결하기 위해 전 세계 각국들은 탄소 배출을 줄이고, 나아가 탄소중립을 통한 기후중립사회(climate neutral society)로의 전환을 위한 다양한 정책들을 시행하고 있다. 특히 탄소중립을 통한 기후중립사회의 실현은 에너지 전환에 따른 기회뿐만 아니라 사회적 · 경제적 전환의 위기도 함께 수반된다는 인식이 확산되고 있다.

이러한 가운데 유럽연합(EU)은 기후변화 대응과 관련한 규범 및 정책을 선도적으로 제시하고, 시행하는 대표적인 행위자이다. EU는 환경, 인권, 문화 등 비정치적 성격의 규범 권력(normative power)을 통해 국제사회에서 영향력을 높이고 있으며 1992년 국제연합(UN)의 기후변화협약(UNFCCC), 1997년 교토의정서(Kyoto Protocol), 그리고 2015년 글로벌 차원에서 최초의 구속력 있는 기후변화 대

응 조치인 파리기후변화협약(Paris Agreement) 체결에 결정적으로 기여하였다.[1]

그리고 이러한 기후변화 정책과 연계되어 그 중요성이 커지고 있는 개념이 바로 '정의로운 전환(Just Transition)'이다. 유엔개발계획(UNDP)에 따르면 본래 정의로운 전환이라는 개념은 1970-80년대 노동조합이 물과 대기오염과 관련한 새로운 규제로 인해 피해를 입은 노동자들을 보호하기 위한 운동에 사용되기 시작하였다. 이후 전 세계적으로 급격한 기후변화와 그에 따른 위기에 대응하는 환경규제의 강화로 기존 산업구조의 전환 과정에서 발생할 수 있는 부담을 사회 전체가 공유하고, 국제사회가 규정하는 기후 목표를 달성하는 데 필수적인 개념으로 활용되고 있다.[2]

물론 이러한 정의로운 전환 개념에 대한 인식 및 관련 정책의 입법 과정은 국가와 지역에 따라 상이하나 중요한 것은 각국이 영향을 받는 노동자, 지역사회 및 기업에 대해 정의로운 전환이 무엇을 의미하는지에 대한 공통된 비전을 개발하기 위해 지속적인 대화를 추진한다는 것이다.

이러한 가운데 EU는 앞서 언급했듯이 전 세계에서 기후변화와 관련하여 가장 적극적인 행보를 보이고 있는 지역으로 기후변화 정책과 정의로운 전환의 개념을 연결하여 보다 효과적인 정책을 사회경제 및 산업 전반에 적용하기 위한 작업을 진행하고 있다. 먼저 EU 기후변화 정책의 가장 큰 목표는 저탄소 경제(low carbon economy)[3]를 달성하여 궁극적으로 지속 가능한 사회경제적 발전을 추구

---

1 김민주, "파리협정 NDC의 이해와 국내이행의 문제-정의로운 전환과 EU의 정의로운 전환 메커니즘의 문제를 중심으로", 『국제법평론』, 통권 제57호 (October 2020), pp. 53-54.

2 UNDP, "What is just transition? And why is it important?" https://climatepromise.undp.org/news-and-stories/what-just-transition-and-why-it-important. (2023년 10월 22일 검색)

3 일상생활 및 산업 분야에서 발생하는 이산화탄소 배출 감축을 통해 온실가스 효과를 최소화한 경제활동 혹은 녹색생태 경제 시스템을 의미함.

하는 데 있다.[4]

특히 2019년 12월 1일부로 우르슬라 폰 데어 라이엔(Ursula von der Leyen) 유럽위원회 위원장을 중심으로 하는 새로운 유럽위원회와 정상회의 지도부가 출범함에 따라 기후변화 정책과 디지털 정책을 핵심 가치로 설정한 바 있다. 이에 따라, EU는 2030년까지 온실가스 배출량을 1990년 대비 최소 55% 감축하고 2050년까지 탄소중립이 실현되는 목표를 세우고, 이를 실현하기 위한 정책 방안으로 유럽그린딜(European Green Deal)을 제시하였다.[5]

이를 바탕으로 EU는 유럽그린딜의 목표를 사회 · 경제적으로 실현하기 위해 유럽기후법(European Climate Law)을 제정하는 등 정책화 과정을 통한 목표 실현을 위해 지속적인 입법화를 진행중이다. 또한 기후중립사회 구축을 위한 기후 목표를 달성하는 과정에서 사회경제적 소외 지역을 포함한 유럽 지역의 혼란을 줄이기 위해 유럽그린딜 투자 계획(European Green Deal Investment Plan)과 더불어 정의로운 전환 메커니즘(Just Transition Mechanism)을 시행하고 있다. 정의로운 전환 메커니즘은 세부적으로 회원국에 대한 정의로운 전환 계획(Territorial Just Transition Plans)을 통한 정의로운 전환 기금(Just Transition Fund) 및 기타 재원 확보를 통해 정의로운 전환 플랫폼(Just Transition Platform) 구축과 연계되어 있다.

본 연구는 기후변화 대응 정책의 일환이자 전 세계 사회경제적 변화와 밀접하게 맞물려 있는 정의로운 전환과 관련하여 정의로운 전환 기금 및 관련 규정을 분석하며 아울러 EU 회원국을 선정하여 적용 사례를 검토한다.

---

4 European Parliament, "Environment Committee backs "roadmap" to low carbon economy". https://www.europarl.europa.eu/news/en/headlines/society/ 20120126 STO36324/environment-committee-backs-roadmap-to-low-carbon-economy. (2023년 10월 22일 검색)

5 European Commission, "COM/2019/640 final, The European Green Deal", https://eur-lex.europa.eu/legal-content/EN/TXT/?uri=COM%3A2019%3A640%3AFIN. (2023년 10월 12일 검색)

이에 따라 본 연구의 구성은 다음과 같다. 첫째, EU가 추구하고 진행하고 있는 그린딜 정책과 정의로운 전환 메커니즘에 대해 분석한다. 그린딜과 정의로운 전환 정책이 밀접하게 연계되어 있음을 고려할 때, 정의로운 전환에 앞서 그린딜 정책의 발전 과정을 우선적으로 살펴본다. 다음으로 EU의 정의로운 전환 메커니즘을 검토한다. 이를 통해 본 연구에서 중점적으로 다루는 전환 기금을 포함한 정책의 전반적인 구조에 대해 검토하고, 그린딜 정책과의 연계성에 대해 다룬다.

둘째, 2021년 6월 공식 설립된 정의로운 전환 기금에 관한 규정(Regulation 2021/1056 - Just Transition Fund)을 분석한다. 특히 EU의 정의로운 전환 메커니즘의 핵심 기금인 정의로운 전환 기금의 주요 특징을 살펴보고, 이를 바탕으로 정의로운 전환 기금 규정의 세부 내용과 특징에 대해 분석한다.

셋째, EU 정의로운 전환 기금의 회원국별 적용 사례에 대해 검토한다. 정의로운 전환 기금의 지원 및 운용에 대해서 EU 회원국들 간 다양한 논의가 오가는 가운데 본 연구에서는 EU 회원국 중 독일, 스웨덴, 에스토니아의 사례를 선정하여 정의로운 전환 기금 적용 사례에 대해 살펴본다.

이후 맺음말에서는 이러한 EU 기후변화 정책 및 정의로운 전환과 관련된 정책과 기금의 연결성이 가지는 의미와 더불어 이것이 한국 사회에 주는 함의에 대해서 제시한다.

2. 유럽그린딜과 정의로운 전환

1) 유럽그린딜

1990년대 초반부터 탄소배출에 관한 감축 논의가 활발해짐에 따라 EU와 유럽 국가들은 국제사회에서 환경 분야에서의 선도국 지위를 강화하기 위한 국제 협력에 적극적인 자세를 취해왔다. EU는 192개 국가가 참여하여 체결하고, 2005년 발효된 교토의정서를 주도하였으며 2020년 만료된 교토의정서를 대체하는 새로운 국제적 환경 협정인 파리기후변화협약(Paris Agreement)을 이끌었다. 파리기후변화협약은 전 세계 기온 상승을 2℃ 이하로 줄여 2050년까지 온실가스 배출량 제로화를 목표로 하였으며 선진국의 선도적 역할을 강조하는 가운데 개발도상국의 배출량 감축 이행을 권장하고, 기후변화 취약국에게 경제적 지원을 강구하였다.[6]

이러한 국제적 협력과 동시에 EU는 유럽 내부적으로도 기후변화에 대응하기 위한 노력을 지속해왔다. EU는 2000년 1차 유럽기후변화프로그램(ECCP I)을 통해 탄소배출권거래제도(Emission Trading System) 도입을 위한 기반을 마련하였으며 2003년 탄소배출권거래지침(Directive 2003/87/EC)을 제정하여 2005년부터 세계 최초로 탄소배출권거래제도를 실행하였다. 또한 2005년부터 2차 유럽기후변화프로그램(ECCP II)을 통해 1차 프로그램을 검토하고, 2000년 제정된 리스본전략(Lisbon Strategy)[7]의 일환으로 운송 분야를 포함한 산업 전반의 친환경 기술 개발을

---

6 UN, "Paris Agreement", https://www.un.org/en/climatechange/paris-agreement. (2023년 10월 22일 검색)

7 역동성 있는 경쟁력을 갖춘 지식기반경제 구축을 통한 경제성장과 양질의 일자리를 창출하겠다는 계획을 담은 경제사회발전 전략으로 2000-2010년까지 고용률 70% 달성, GDP 3%까지 R&D 비용 확대, 연평균 3% GDP 성장 등을 목표로 하였음.

통해 경제성장 및 고용 창출과 연계된 기후변화 대응 조치들을 실행하였다.

2009년 EU는 2020년까지 온실가스 배출량을 1990년 수준에서 20% 감소시키고, 재생에너지로 인한 에너지를 20%, 에너지 효율을 20% 증가시키는 것을 목표로 하는 2020 기후와 에너지 패키지(Climate & Energy Package)를 발표하였다.[8] 2010년 유럽 2020 전략(Europe 2020 Strategy)에도 해당 내용에 대해 강조하였고, 이를 통해 기후변화와 에너지 정책을 연계하는 관련 입법을 제정하였다.[9]

2016년에는 이를 발전시켜 2030년까지 온실가스 배출량을 1990년 수준에서 40-55% 감소시키고, 재생에너지 점유율을 32-42.5%까지 증가시켜 2050 기후중립사회로의 전환을 위한 초석을 다지는 2030 기후와 에너지 프레임워크(2030 Climate & Energy Framework)를 발표하였다. 또한 2018년 EU는 파리기후변화협약의 실행과 탄소 배출 제로를 목표로 하는 2050 장기전략(2050 Long-term Strategy)을 채택하고, 7개의 핵심 분야에서 장기적인 실행 방안을 제시하였다.[10]

그리고 2019년 12월 새롭게 출범한 유럽위원회는 EU가 안정성, 신뢰성, 접근성, 비용 효율성을 기반으로 통합된 범유럽 에너지 시스템을 개발하기로 결정하였고, 이를 바탕으로 기후와 환경변화에 대응해 소모적 자원의 활용을 억제하는 가운데 지속 가능한 경제성장 전략으로 유럽그린딜을 채택하였다.[11]

---

8 Franklin Dehousse and Tanja Zgajewski, "The EU Climate Policy After the Climate Package and Copenhagen- Promises and Limits", *Royal Institute for International Relations Egmont Paper* 38 (September 2010), https://www.egmontinstitute.be/app/uploads/2013/09/ep38.pdf?type=pdf. (2023년 10월 25일 검색)

9 탄소배출권거래제도 지침(개정본 Directive 2009/29/EC), 탄소배출권거래제도 미적용 부분에 대한 온실가스 저감 지침(Decision No. 406/2009/EC), 신재생에너지 지침(Directive 2009/28/EC), 이산화탄소 저감 지침(Directive 2009/31/EC).

10 에너지 효율성, 재생에너지, 청정하고 안전한 운송, 산업 경쟁력과 재활용 경제, 인프라와 네트워크, 바이오 경제와 탄소 저감, 탄소 포집과 저장.

11 송병준 · 신의찬, "The Institutional Development of EU Climate Change Policy and its Expansion: from ETS to European Green Deal", 『EU연구』, 제59호 (August 2021), pp. 114-115.

유럽그린딜은 2050년까지 유럽의 기후를 중립적으로 만들고, 녹색 기술을 통해 경제를 활성화하고, 지속 가능한 산업과 운송을 만들고, 오염을 줄이는 것을 목표로 하며 기후와 환경 문제를 새로운 기회로 바꾸는 정의로운 전환을 포괄적으로 담고 있다. 특히 유럽그린딜은 생물다양성, 지속 가능한 농업 및 청정에너지와 에너지 효율성 향상 등을 포함하여 전 산업 분야에 적용된다는 점에서 이전 관련 정책들에 비해 진일보한 모습을 보인다.

〈표 1〉 지속 가능한 미래를 위한 유럽그린딜의 주요 내용(2019)

영역	내용
1	2030-2050년까지의 EU의 기후 목표 달성 역량 강화
2	청정하고, 경제적이며 안전한 에너지 공급
3	청정한 순환 경제 구축을 위한 산업구조 확립
4	에너지 및 자원의 효율적인 활용
5	지속 가능한 스마트 모빌리티(smart mobility)로의 전환 가속
6	농장에서 식탁까지(Farm to Fork): 공정하고 건강한, 친환경적인 식품 시스템 구축
7	생태계 및 생물다양성 보선 및 복원
8	탄소중립(net-zero)을 통한 친환경 사회 구축

출처: European Commission, COM(2019) 640 final.

또한 유럽그린딜은 기후중립 2050(Climate-neutral 2050)의 핵심적인 목표를 바탕으로 2020년 3월 제정하였고, 2021년 7월 발효된 유럽기후법(Climate Law)을 통해 2050년까지 기후중립 목표를 설정하고 이를 달성하기 위한 제도적 틀을 설정하였다. 더불어 EU는 보다 구체적인 탄소 배출 감축 계획안인 핏 포 55 패키지(Fit for 55 package)를 발표하면서 유럽그린딜과 기후법이 EU 경제의 모든 부문에서 충족될 수 있도록 설정하였다. 그리고 여기에는 EU 탄소배출권거래제도(ETS), 사회기후기금(Social Climate Fund), 탄소국경조정제도(Carbon Border Adjustment Mechanism) 도입, 운송 분야(육로, 항공, 해상)에서의 탈탄소화 등이 포함된다.[12]

2) 정의로운 전환 메커니즘

EU가 강조하는 정의로운 전환(Just Transition)은 유럽그린딜과 밀접하게 연결되어 있다. 2020년 1월 유럽위원회는 기후변화 대응 정책의 목표를 달성하기 위한 재원 조달 및 운영에 관하여 지속 가능한 유럽 투자 계획(Sustainable European Investment Plan)으로도 불리는 유럽그린딜 투자 계획(European Green Deal Investment Plan)을 발표하였다. 본 계획은 2030년까지 최소 1조 유로의 지속 가능한 자금 지원 및 투자를 통해 친환경적인 지속 가능한 경제로의 전환을 위해 다음과 같은 목표를 설정하였다.[13]

- 첫째, 전환을 위한 자금을 증가시키고, EU 예산과 InvestEU 등을 기반으로 향후 10년 동안 지속 가능한 투자를 지원하기 위해 최소 1조 유로를 동원할 것
- 둘째, 민간투자 및 공공 부문에서 지속 가능한 투자를 촉진할 수 있는 기반을 조성할 것
- 셋째, 공공 행정과 프로젝트 추진자들이 지속 가능한 프로젝트를 확인하고 구조화하고 실행할 수 있도록 지원할 것

---

12 European Commission, "The European Green Deal - Delibering the EU's 2030 Climate Targets", https://ec.europa.eu/commission/presscorner/detail/en/FS_23_4813. (2023년 10월 25일 검색)

13 European Commission, "The European Green Deal Investment Plan and Just Transition Mechanism explained", https://ec.europa.eu/commission/presscorner/detail/en/qanda_20_24. (2023년 10월 22일 검색)

또한 이러한 목표를 실행하기 위한 5가지 재원 방안을 설정하였다.[14]

- EU 예산: 기후 및 환경 지출에 할당된 EU 예산의 비율을 20%에서 25%로 상향 조정함으로써 향후 10년간 5,030억 유로를 동원
- InvestEU: 향후 7년간 2,790억 유로를 동원, 이 중 30%는 기후 프로젝트에 투자
- 회원국 공동자금 조달: 향후 10년간 기후 및 환경 프로젝트에 약 1,140억 유로의 회원국 공동자금 동원
- 탄소배출권거래제도: 향후 10년간 EU 탄소배출권거래제도 수익의 20% 추정치인 250억 유로 동원
- 정의로운 전환 메커니즘: 향후 10년간 약 1,430억 유로를 동원[15]

이 중에서도 정의로운 전환 메커니즘은 기후중립 경제로의 전환 과정에서 특정 회원국이 불공정한 피해를 받지 않고, 공정한 방식으로 이루어지도록 하는 핵심 도구이다. 정의로운 전환 메커니즘은 EU 회원국들이 녹색 전환을 지지하고, 유럽그린딜의 목표 달성에 기여하는 정책을 설계하고 실행할 수 있도록 지원한다. 특히 이러한 목표를 달성하기 위해 중앙 및 지방 행정에서 필요한 절차를 설계하고, 녹색 정책을 실행하는 데 필요한 조정 구조를 수립하도록 지원한다는 측면에서 중요성이 크다.

정의로운 전환 메커니즘은 다양한 산업들이 위기에 처한 가운데 화석연료에 의존하고 온실가스가 집중적인 지역을 우선 대상으로 초점을 맞추고 있으며 기

14 Grégory Claeys and Simone Tagliapietra, "A trillion reasons to scrutinise the Green Deal Investment Plan", https://www.bruegel.org/blog-post/trillion-reasons-scrutinise-green-deal-investment-plan. (2023년 10월 12일 검색)

15 InvestEU와의 재원 마련 구조의 중복 등으로 인해 일부 지원은 감소하였으며 최종적으로 2021-2027년 EU 다년예산 중 정의로운 전환 기금은 약 190억 유로가 책정됨.

후중립의 목표와 전환의 부정적인 영향을 완화하기 위한 장소 기반 접근 방식을 결합하는 혁신적인 접근 방식을 가지고 있다.[16]

이러한 정의로운 전환 메커니즘은 재원 운용 및 정책 실행을 위해 크게 정의로운 전환 기금(Just Transition Fund), InvestEU, 유럽투자은행(EIB)의 공공대출로 구분된다.

〈표 2〉 정의로운 전환 메커니즘의 구조(2021-2027)

영역	내용
정의로운 전환 기금 Regulation(EU) 2021/1056	EU 예산과 회복 기금, 회원국 공동자금 조달 포함 (DR 190억 유로)
InvestEU Regulation(EU) 2021/1078	정의로운 전환 계획을 통한 민간투자 유치 (약 100-150억 유로)
유럽투자은행 공공대출 Regulation(EU) 2021/1229	유럽투자은행을 통한 공공대출 및 공적투자 유치 (약 185억 유로)

출처: Bankwatch Network, The second and third pillars of the Just Transition Mechanism, (2023)

첫째, 정의로운 전환 기금은 기후중립으로의 전환에 따른 경제적, 환경적, 사회적 비용을 완화하는 것을 목표로 하며 전환으로 인해 가장 부정적인 영향을 받는 지역의 이익을 위해 그리고 2050년까지 효과적이고 공정한 방식으로 EU 기후중립을 달성하는 것을 목표로 한다.[17]

16 European Commission, "Industrial transition: no regions left behind", https://ec. europa.eu/regional_policy/sources/brochure/Industrial_transition_no_region_left_behind_en.pdf. (2023년 10월 25일 검색)

17 Claudio Strambo, "Just transition and the geopolitics of decarbonization in the EU", *SEI Policy Brief Stockholm* (2020), https://www.sei.org/wp-content/uploads/2020/10/mistra-geopolitics-policy-brief-claudia-strambo.pdf. (2023년 11월 2일 검색)

또한 화석연료 또는 온실가스 집약적 산업에 크게 의존하는 지역은 특정 활동을 단계적으로 중단하고 산업을 구조 조정하는 동시에 환경을 보호하고 근로자와 그 가족에게 일자리와 재숙련 기회를 제공한다. 기금 지원은 경제적 전환 조치, 영향을 받은 근로자 및 구직자의 재기술, 구직 지원 및 필요한 경우 적극적인 포용 조치에 초점을 맞추고 있다. 특히 정의로운 전환 기금은 EU 결속정책(Cohesion Policy)의 집행하에 유럽지역개발기금(ERDF), 결속 기금(CF) 및 유럽 사회 기금 플러스(ESF+)와 같이 전환과 직접 관련된 모든 수단을 통해 연계된다.

둘째, InvestEU는 정의로운 전환 메커니즘의 일환으로, 동원된 투자의 최소 30%를 기후 및 환경 관련 프로젝트에 할애하며 전환 과제에 가장 큰 영향을 받는 지역에 지속가 능한 투자를 동원하기 위한 프로그램이다. InvestEU는 기후 관련 투자를 추적하기 위한 기준을 설정하고 프로젝트의 환경 및 사회적 영향을 평가함으로써 공공 및 민간 금융가와 프로젝트 추진자 사이의 지속 가능성 실천을 촉진하는 데 중요한 역할을 담당한다.[18] InvestEU 프로그램은 InvestEU 자문 허브(Advisory Hub)를 통해 기술 지원 및 자문 지원을 제공하며 이와 동시에 InvestEU 포털을 통해 EU 비즈니스 및 프로젝트 참여자에게 전 세계 투자자들과의 네트워크를 지원한다.

셋째, 유럽투자은행 공공대출은 기후 목표로의 전환에서 파생되는 사회, 환경 및 경제적 과제를 해결하는 프로젝트를 지원하며 유럽 기후, 인프라 및 환경 집행청(CINEA)이 공공투자 및 대출 부문을 관리한다. 특히 유럽투자은행 공공대출은 재생에너지와 녹색 및 지속 가능한 이동성, 효율적인 지역 난방 네트워크, 공공 연구, 디

18 European Parliament, "EU Legislation in Progress 2021-2027 MFF Just Transition Fund", https://www.europarl.europa.eu/RegData/etudes/BRIE/2020/646180/EPRS_BRI(2020)646180_EN.pdf. (2023년 10월 25일 검색)

지털화, 스마트 폐기물 및 물 관리를 위한 환경 인프라에 대한 투자 이외에도 지속 가능한 에너지, 에너지 효율성 및 통합 조치를 지원하는 데 활용된다.[19]

3. 정의로운 전환 기금의 특징 및 관련 규정

1) 정의로운 전환 기금의 주요 특징

정의로운 전환 기금(JTF)은 정의로운 전환 메커니즘의 첫 번째 축이자 핵심 내용으로써 EU 결속정책의 프레임워크(framework of cohesion policy) 내에 포함된다. 2021년에 설립된 정의로운 전환 기금은 2030년까지 탄소 배출량을 55% 이상 줄이고, 2050년까지 기후중립으로의 전환을 지원하는 것을 목표로 전환 과정에서 특정 회원국이 심각한 사회경제적 타격을 받지 않도록 지원하는 역할을 한다.[20]

특히 화석연료 또는 탄소 집약적 산업에 크게 의존하는 지역은 특정 활동을 단계적으로 중단하고 산업을 구조 조정하는 동시에 환경을 보호하고 근로자와 가족에게 일자리를 제공하고 재숙련의 기회를 제공해야 한다. 그렇기 때문에 EU의 정의로운 전환 기금을 통한 효과적인 정책 활용이 필수적이다.

정의로운 전환 기금 적용 대상 지역의 판단 기준은 탄소 집약도가 높은 산업인 석탄 및 갈탄, 이탄 및 셰일 오일(shale oil) 산업 등이 밀집된 지역을 중심으로

---

19 Adrian Neacsa, Diana Joița, Alin Dinita and Panait Mirela, "The social implications of the energy transition - European perspective of energy poverty", *Proceedings of the 8th International Conference ESPERA 2021* (2021), p. 402.

20 Government of Ireland, "Territorial Just Transition Plan EU Just Transition Fund", https://assets.gov.ie/242759/5e5abd6d-c125-4b11-9f76-53f213470446.pdf. (2023년 10월 20일 검색)

하며 기후변화로 인한 영향을 받는 지역 및 업종을 정확하게 식별하고 그들에게 지원을 제공하는 데 있어서 공정하고 효율적인 방식을 확보하기 위해 다음과 같이 다양한 요소를 고려한다.

- 기후 영향 및 산업구조: 적용 대상 지역의 기후 영향 및 산업구조를 평가하여 기후변화의 영향을 받을 가능성이 큰 지역과 업종을 식별
- 경제 및 사회적 요인: 경제적으로 어려운 지역이나 사회적으로 취약한 집단이 편중된 지역을 우선적으로 고려
- 직업 및 고용 영향력: 적용 대상 지역 내에서 직업 및 일자리에 대한 영향을 분석하여 전환 과정에서 실업률을 고려
- 기타 지역적 특성: 지역별로 고유한 특성을 고려하여 판단(지역의 산업 다변화 가능성 등)

나아가 EU는 정의로운 전환 기금의 활용을 보다 효과적으로 시행하기 위해 정의로운 전환 플랫폼(Just Transition Platform)을 구축하여 회원국 및 지역의 전환 과정을 지원하고 있다. 2020년 설립된 정의로운 전환 플랫폼은 유럽의 지속 가능한 기후중립 경제로의 전환에 대한 지원과 지식을 제공한다. 또한 전환의 영향을 가장 많이 받는 EU 회원국 및 지역에 대한 정보를 제공하여 화석연료 또는 탄소 집약적 산업에 의존하는 지역의 광범위한 이해관계자에게 지식 공유와 모범 사례를 교환하는 데도 기여한다. 특히 정의로운 전환 플랫폼은 대표적으로 철강, 시멘트, 화학 등 부문에서 워킹 그룹(working group)을 운영하며 관련 산업 및 정책의 이해당사자들이 효과적인 전략을 제공하도록 돕고 있다.[21]

---

21 European Commission, "Commission Staff Working Document on the territorial just transition plans SWD(2021) 275 final", https://ec.europa.eu/regional_policy/sources/ funding/just-transition-fund/swd_territ_just_trans_plan_en.pdf. (2023년 10월 12일 검색)

다음으로 EU의 정의로운 전환 기금의 재원 배분을 위해 핵심적인 회원국에 대한 정의로운 전환 계획(Territorial Just Transition Plans)을 살펴볼 필요가 있다. 2021년 6월부로 정의로운 전환 기금 규정(Directive (EU) 2021/1056) 시행 이전인 2020년 2월부터 EU 회원국들은 유럽위원회의 분기별 국가 보고서를 기반으로 회원국에 대한 정의로운 전환 계획과 관련 지역 개발정책을 준비해 왔다. EU는 본 계획을 통해 기금이 사용될 회원국 및 지역을 정의하고 2030년까지 충족되어야 할 개발 요구와 목표뿐만 아니라 각 지역에 대한 과제 및 목표를 제시하였다.

특히 회원국에 대한 정의로운 전환 계획은 주로 경제정책과 대기업 및 중소기업(SMEs) 탈탄소화, 환경정책에 초점을 맞추고 있고, 2030년과 2050년까지의 전환 과정에서 부정적인 영향을 받을 것으로 예상되는 국가 및 지역에 대해 식별한다.[22]

이를 통해 선정된 국가 및 지역은 화석연료와 관련된 활동의 단계적 중단 또는 온실가스 집약적인 산업 및 제품의 사회적, 경제적, 환경적 과제를 해결해야 하며 국가별 에너지 및 기후 계획과 일치하는지 확인하기 위해 관련 기관 및 EU 기구들과 지속적인 소통을 요구한다.

2) 정의로운 전환 기금 규정

EU 정의로운 전환 기금 규정(Directive (EU) 2021/1056)은 2021년 6월 24일 유럽의회와 유럽이사회로부터 채택되어 2021년 6월 30일에 공표되었으며, 2021년 7월 1일부로 공식적으로 발효되었다. 기후 목표 달성을 위한 그린딜 정책의 일환으로 제정된 본 규정은 기후 목표에 관한 기후법 및 기타 법률들과의 충돌

22 *ibid.*

을 방지하기 위해 전환의 이행 및 재원 구조 등에 대해 구체적으로 명시하고 있다. 정의로운 전환 기금 규정의 입법은 아래 〈표 3〉과 같이 유럽연합 기능조약(Treaty on the Functioning of the European Union, TFEU) 제174조, 제175조 제3항, 제322조 제1항을 법적 근거로 한다.[23]

〈표 3〉 정의로운 전환 기금의 법적 근거

TFEU 제174조
유럽의 선반적인 소화로운 발선을 촉신하기 위해 연합은 경제적, 사회적, 영토적 결속력을 강화하기 위한 행동을 발전시키고 추진해야 한다. 연합은 다양한 지역의 발전 수준과 낙후된 지역의 후진성을 고려하여 차이를 줄이는 것을 목표로 한다. 특히 인구밀도가 매우 낮은 최북단 지역과 도서·국경·산간 지역 등 심각하고 영구적인 자연·인구학적 문제를 겪는 지역, 산업 변화에 영향을 받는 지역을 고려해야한다.
TFEU 제175조 제3항
기금 외부, 그리고 연합의 다른 정책 틀 내에서 결정된 조치를 침해하지 않는 선에서 특정 조치가 필요하다고 입증될 경우, 그러한 조치는 유럽의회와 이사회가 일반 입법 절차에 따라 유럽경제사회위원회와 지역위원회의 자문을 거쳐 채택할 수 있다.
TFEU 제322조 제1항
유럽의회와 이사회는 통상적인 입법 절차에 따라 행동하며 감사원과 협의한 후 규정에 따라 다음을 채택한다. (a) 예산의 수립과 집행, 회계 구성 및 감사 절차를 결정하는 재정 규칙 (b) 금융 및 재정 관련 담당자들의 책임을 관리하는 규칙

출처: Consolidated version of the Treaty on the Functioning of the European Union (2012).

23 European Commission, "Commission Staff Working Document on the territorial just transition plans SWD(2021) 275 final", https://ec.europa.eu/regional_policy/sources/ funding/just-transition-fund/swd_territ_just_trans_plan_en.pdf. (2023년 10월 12일 검색)

이와 같은 법적 근거를 바탕으로 EU는 결속정책의 프레임워크 내에서 정의로운 전환 기금을 제정하였다. 2020년 정의로운 전환 기금에 대한 제안 발표 후 EU는 다양한 이해관계자들의 의견을 수렴하고 고려하였으며 EU 및 회원국 간의 협의를 통해 추가적인 수정이 이루어졌다.

특히 정의로운 전환 기금은 지속 가능한 경제로의 전환 과정에서 공정성을 확보하기 위한 목표와 원칙을 제시하고 있고, 기후변화로 인한 심각한 영향을 받는 지역 및 업종에 지원을 제공하고, 사회적 포용과 일자리 보호를 강화하는 것

〈표 4〉 정의로운 전환 기금 규정 세부 조항

조항	내용
설명조항	기금에 대한 배경 및 성격 (1-23개)
제1조	주제 및 범위
제2조	세부 목표
제3조	일자리 창출 및 성장 목표에 따른 지리적 적용 범위 및 자원
제4조	유럽연합 회복 기구의 재원
제5조	친환경 보상 체계
제6조	최외곽 지역 및 도서 지역에 대한 특정 할당
제7조	재원에 대한 조건부 접근
제8조	지원 범위
제9조	지원 배제 범위
제10조	정의로운 전환 기금 재원 계획
제11조	회원국에 대한 정의로운 전환 계획
제12조	결과 지표
제13조	재정 경정
제14조	검토
제15조	발효
부속서	부속서 I (회원국별 할당) 부속서 II (회원국에 대한 정의로운 전환 계획 탬플릿) 부속서 III (기금에 대한 공동 산출 및 결과 지표)

출처: REGULATION (EU) 2021/1056, Just Transition Fund.

을 명시하였다. 특히 본 규정의 구체적인 내용은 예산 할당, 자격 기준, 신청 절차 및 거버넌스 구조, EU 기관과의 협력 등을 정의하고 있으며 23개의 설명 조항과 더불어 15개 조항, 3개의 부속서로 구성되어 있다.

이러한 정의로운 전환 기금 규정의 내용 중에서도 가장 중요하게 살펴볼 것이 바로 기금의 지원 대상에 대한 범위 설정에 관한 조항이다. 먼저 전환 기금의 지원 대상 판단 기준[24]은 본 규정의 설명 조항 2, 5, 8, 11번 항목과 제2조, 제6조, 제11조, 부속서 Ⅱ의 1섹션에 명시되어 있다.[25]

〈표 5〉 정의로운 전환 기금의 판단 기준

제2조
규정 (EU) 2021/1060 제5조 제1항 두 번째 하위 단락에 따라, JTF는 파리협정에 근거한 유럽연합의 2030 에너지 및 기후 목표와 2050년까지 유럽연합 기후중립 경제로의 전환으로 인한 사회적, 고용, 경제적, 환경적 충격에 대해 지역 및 주민이 문제를 제기할 수 있도록 하는 단일 특정 목적에 제공된다.
제6조
제11조 제1항에 따라 해당 지역의 정의로운 전환 계획을 준비할 때, 유럽연합기능조약 제174조 및 349조에 명시된 구체적인 필요성을 고려하여 회원국은 유럽연합의 에너지 및 기후에 대한 2030 목표와 2050년까지의 유럽연합의 기후중립 경제를 향한 전환 과정에서 파생된 심각한 사회 및 경제적 문제에 직면한 도서 지역 및 최외곽 지역의 상황을 특히 고려해야 한다. 그러한 지역을 지역적 정의로운 전환 계획에 포함시킬 때, 회원국은 이들 지역의 구체적 난제들을 고려하여 해당 지역에 배당된 구체적 금액을 이에 상응하는 정당성과 함께 명시해야 한다.

24 설명조항 2, 5, 8, 11번 항목과 부속서 Ⅱ의 1섹션은 Regulation (EU) 2021/1056 of the European Parliament and of the Council of 24 June 2021 establishing the Just Transition Fund 참조.

25 European Commission, "Commission Staff Working Document on the territorial just transition plans SWD(2021) 275 final", https://ec.europa.eu/regional_policy/sources/ funding/just-transition-fund/swd_territ_just_trans_plan_en.pdf. (2023년 10월 12일 검색)

제11조

1. 회원국은 해당 지역의 관련 지방 및 지역 당국과 함께 부속서 2장에 명시된 양식에 따라 NUTS 레벨 3 지역 또는 그 일부에 해당하는 하나 이상의 영향을 받는 영토를 포함하는 하나 이상의 지역적 정의로운 전환 계획을 작성한다. 해당 지역은 전환으로 인한 경제적, 사회적 영향, 특히 화석연료 생산 및 사용에서 예상되는 근로자의 적응 또는 일자리 손실과 온실가스 집약도가 가장 높은 산업60 시설의 생산 공정의 전환 필요성을 기준으로 가장 부정적인 영향을 받는 지역으로 한다.

2. 지역적 정의로운 전환 계획에는 다음 요소가 포함된다.

(a) 통합된 국가 에너지 및 기후 계획 최신안과 일치하는 2030년 유럽연합 에너지 및 기후 목표와 2050년까지의 유럽연합 기후중립 경제를 향한 주요 전환 단계의 일정표를 포함하여 기후중립 경제를 향한 국가 차원의 전환 과정에 대한 설명

(b) (a)에 언급된 전환 과정에서 가장 부정적인 영향을 받는 지역을 식별하고 제1항에 따라 JTF에 의해 뒷받침될 영역을 식별하기 위한 정당성

(c) 2050년까지의 유럽연합 기후중립 경제로의 전환이 사회, 경제 및 환경에 미치는 영향을 포함하여 가장 부정적인 영향을 받는 것으로 확인된 지역이 직면한 전환 과제에 대한 평가, 영향을 받는 일자리 및 일자리 손실의 잠재적 수, 인구 감소 위험, 2030년까지 달성해야 하는 개발 필요 및 목표를 식별하고 해당 지역에서의 온실가스 집약적 활동의 전환 또는 폐쇄와 연계

(d) 일자리 창출 및 보존 측면에서 예상되는 기여를 포함하여 2050년까지의 유럽연합 기후중립 경제로의 전환에 따른 사회적, 인구통계적, 경제적, 보건 및 환경적 영향을 해결하는 데 쓰일 JTF 지원의 예상되는 기여에 대한 설명

(e) 다른 관련 국가, 지방 또는 지역적 전략 및 계획과의 일관성에 대한 평가

(f) 협력 협정, 계획된 감시 및 평가 수단, 책임 기관으로 구성된 지배 구조에 대한 설명

(g) 예상되는 운영 유형과 전환 영향 완화의 기대 기여도에 대한 설명

(h) 중소기업 이외의 기업에 대한 생산적 투자에 대한 지원이 제공되는 경우, 지원 대상 사업 및 기업의 목록과 예상되는 일자리 손실이 해당 투자가 없을 경우 창출될 것으로 예상되는 일자리 수를 초과한다는 것을 입증하는 격차 분석을 통해 그러한 지원의 필요성에 대한 정당성

(i) 지침 2003/87/EC 부속서 1장에 열거된 활동에서 온실가스 배출량 감축을 달성하기 위한 투자에 대한 지원이 제공되는 경우, 지원 대상 사업 목록과 해당 사업이 상당수의 일자리 보호에 필요하다는 것을 전제로 해당 사업이 기후중립 경제로의 전환에 기여하고 지침 2003/87/EC에 따라 무상 할당을 위해 설정된 관련 기준을 크게 밑도는 온실가스 배출량의 실질적인 감축으로 이어질 것이라는 정당성

(j) 식별된 개발 요구에 대한 문제를 다루기 위해 다른 관련 유럽연합 프로그램과의 시너지 효과 및 보완성

(k) 정의로운 전환 구조의 다른 기둥에서 계획된 지원과의 시너지 효과 및 상호 보완성

3. 지역적 정의로운 전환 계획의 준비 및 이행에 있어 규정 (EU) 2021/1060 제8조에 따른 관련 파트너에 해당되는 경우, 유럽투자은행 및 유럽투자기금을 참여시킬 수 있다.

4. 지역적 정의로운 전환 계획은 규정(EU) 2021/1060 제29조의 관련 영토 전략 및 관련 스마트특성화 전략, 통합된 국가 에너지 및 기후 계획, 유럽사회권 기둥과 일관성을 유지해야 한다.

규정 (EU) 2018/1999 제14조에 따른 통합된 국가 에너지 및 기후 계획의 갱신으로 인해 지역적 정의로운 전환 계획의 수정이 필요한 경우, 해당 수정은 규정 (EU) 2021/1060 제18조에 따른 중간 검토의 일부로 수행됨

5. 회원국이 정의로운 전환 구조의 다른 기둥에 따라 지원을 받을 수 있는 가능성을 활용하려는 경우, 지역적 정의로운 전환 계획은 해당 기둥에 따라 지원될 것으로 예상되는 부문과 주제별 영역을 명시해야 한다.

출처: REGULATION (EU) 2021/1056, Just Transition Fund.

정의로운 전환 기금의 재원은 전환으로 인해 경제 및 사회적 영향이 가장 부정적인 영향을 받는 지역(제11조 제1항)을 기준으로, 해당 지역은 경제적 및 사회적 영향에 따라 가장 부정적으로 영향을 받는 지역이어야 자격 요건을 충족한다.

특히 기후중립 경제로의 전환에 대한 주요 도전을 극복하기 위해 특히 경제와 고용 문제에 관한 재정 자원은 이러한 영향이 가장 부정적인 지역에 집중되어야

하며 유럽지역개발기금(ERDF) 및 유럽 사회기금플러스(ESF+)와는 달리, 정의로운 전환 기금은 제한된 수의 유럽 표준지역분류(NUTS)-3 지역 또는 해당 지역의 일부에 집중되어 있다.[26]

그러므로 전환 기금의 지원을 받기 위해서는 지역이 화석연료(특히 석탄, 석유 및 디젤 등) 또는 탄소 집약도가 높은 산업에 대한 의존성을 증빙해야 하며 또한 해당 특정 지역이 경제 및 사회적 영향에 따라 전환으로 인해 가장 부정적으로 영향을 받는 것을 입증해야 한다.

또한 정의로운 전환 기금은 연구 및 혁신, 에너지 효율 및 재생에너지에 대한 투자, 스마트하고 지속 가능한 지역 이동성, 디지털화, 토양 재생, 아동 및 노인 돌봄 시설 및 지역사회 서비스를 포함한 순환 경제 및 사회 인프라 구축을 포함한다.[27]

이렇듯 정의로운 전환 기금 규정은 정의로운 전환을 지속적이고 안정적으로 실현하기 위하여 재원의 구조와 자격 요건에 대해 구체적으로 명시하고 있다. 또한 본 규정과 더불어 공통 기금 규정(Common Provisions Regulation)들 통해 EU의 기타 정책 분야와 연계를 통해 효율성을 강화하고 있다.[28]

26 European Commission, "Regulation (EU) 2021/1056 of the European Parliament and of the Council of 24 June 2021 establishing the Just Transition Fund", https://eur-lex.europa.eu/eli/reg/2021/1056/oj. (2023년 11월 2일 검색)

27 European Commission, "Just Transition Fund to ensure a smoother road to carbon-neutral regions", https://ec.europa.eu/regional_policy/whats-new/panorama/2023/04/19- 04-2023-just-transition-fund-to-ensure-a-smoother-road-to-carbon-neutral-regions_en. (2023년 11월 2일 검색)

28 탄소배출권거래제도 지침(Directive 2009/29/EC), 혁신기금 규정(Regulation(EU)2019/856), 현대화기금 규정(Regulation (EU)2020/11), 사회기후기금 규정(Regulation(EU)2023/955).

4. 정의로운 전환 기금 적용 사례: 독일, 스웨덴, 에스토니아

1) 독일

EU 회원국 중 독일은 2030년까지 이산화탄소 배출량을 65% 줄이고 2045년까지 기후중립을 달성하기 위해 선도적인 역할을 하는 국가이다. 앞서 독일은 2018년 성장 · 구조 변화 · 고용위원회(Commission on Growth, Structural Change and Employment) 또는 석탄위원회(Coal Commission)을 설립하면서 2038년까지 독일에서 석탄화력발전을 단계적으로 중단하기 위한 포괄적인 로드맵을 제시하였고, 2020년 탈석탄법(Coal Phase-Out Act), 2021년 기후보호법(Federal Climate Protection Act) 등을 차례로 입법하였다. 특히 독일은 석탄 광산 및 발전소가 폐쇄되는 지역에 기반 시설을 건설하고, 신규 산업을 육성하기 위해 2038년까지 400억 유로 규모의 기금을 지원하고 있으며 지역사회 전환 역량 강화를 위한 관련 프로그램들을 발표하고 있다.[29]

2023년을 기준으로 독일은 정의로운 전환 기금 규정 및 회원국에 대한 정의로운 전환 계획 기준에 따라 4개의 지역에 대해 25억 유로의 전환 기금을 지원받고 있다.[30] 이들 지역은 화석연료의 전기 의존도, 화석연료의 정제, 광산 활동 등이 높은 지역으로 일부 지역에서는 2030년 이전에 저탄소 경제로의 전환이 달성될 것이며 다른 지역에서는 더 많은 시간이 필요하다. 독일은 기후변화 대응과 전환 과정에서 광업 분야 내 최소 31,335개의 일자리가 사라질 것으로 예

29 제주의 소리, “구조변화 불가피하지만 ‘정의로운 전환’ 필수…해외는 어떤가?” https://www.jejusori.net/news/articleView.html?idxno=415977. (2023년 10월 20일 검색)

30 노르트라인베스트팔렌주(North Rhine-Westphalia), 브란덴부르그주(Brandenburg), 작센주(Saxony), 작센안할트주(Saxony-Anhalt)

축하며 이에 따라 전환 기금 예산의 약 45%를 경제정책에 투입하고 있다.[31]

EU 정의로운 전환 기금에 따른 독일의 목표 중 하나는 저탄소 경제에 초점을 맞춰 경제를 다각화하는 것이다. 이에 따라 중소기업의 연구와 혁신 활동을 지원하기 위해 총예산의 9%가 중소기업에, 15%가 창업(incubator)에 직접적으로 투자될 예정이다. 한편, 대기업들은 연구와 혁신 활동을 위해 관련 예산의 6%를 지원받으며 환경정책의 일환으로 전환 기금은 각각 재생에너지 인프라 투자(3%), 에너지 효율성 증대(3%), 오염 제거, 홍수 및 열 대책, 생물다양성 투자(7%)에 투입될 예정이다.[32]

이외에도 전환 기금의 26%가 사회정책에 투입되며 이러한 투자의 대부분은 광대역 인터넷 개발에 초점이 맞춰져 있고, 해당 지역의 인터넷 통신망을 강화하는 데 활용된다. 또한 예산의 9%가 소외된 지역의 직업 훈련과 교육에 사용되어 기후중립성에 대한 교육 프로그램 개발에 투입될 예정이다.

지역별로 살펴보면, 노르트라인베스트팔렌주는 EU로부터 6억 8,000만 유로의 지원을 통해 전환을 위한 투자를 진행하고 있다. 대표적으로 유럽의 석탄 단지(coal-pot)로 불리던 공업지대인 루르(Ruhr) 지역은 석탄을 기반으로 하는 산업에서 재생에너지를 기반으로 하는 산업으로 변모할 예정이다. 또한 자원 효율성, 순환 경제, 바이오 기반 대체 원료뿐만 아니라 토지 회생 등 녹색 분야에서 새로운 중소기업과 스타트업(start-up)을 유치하는 데 투자를 집중하고 있다.[33]

---

31 에너지, 교통, 석유, 화학, 보건, 직물, 농업, 금속, 첨단 기술, ICT, 관광, 미디어, 크리에이티브, 금속, 광산, 건설, 기계, 플라스틱 등.

32 특히 재생 에너지원은 태양열, 열, 바이오매스 및 풍력 에너지가 포함됨.

33 European Commission, "European Semester: Overview of Investment Guidance on the Just Transition Fund 2021-2027 per Member State (Annext D)", https://commission.europa.eu/publications/2020-european-semester-overview-inves tment-guidance-just-transition-fund-2021-2027-member-state_en. (2023년 11월 2일 검색)

브란덴부르크주는 EU로부터 7억 8,500만 유로를 지원받아 갈탄 및 석유 기반 경제에서 벗어나 다각화 작업을 진행 중이며 특히 라우지처(Lausitzer) 석탄 광구를 중심으로 바이오 기반 소재, 자원 효율성 및 순환 경제와 같은 녹색 분야의 혁신적인 중소기업을 지원하고 현지 갈탄 기반 생산의 대안으로 수소 공장의 설립을 계획하고 있다. 또한 독일에서 네 번째로 큰 정유 공장이 위치한 슈베트(Schwedt)에서는 재생 가능한 지역난방, 혁신 캠퍼스 및 직무 교육에 관한 분야에 전환 기금이 투입될 예정이다.[34]

작센주는 EU로부터 6억 4,500만 유로를 지원받으며 이를 통해 갈탄 채굴을 기반으로 하는 에너지 생산에 대한 의존성을 줄이기 위해 노력하고 있다. 특히 전환 기금은 신재생에너지와 순환 경제를 중심으로 혁신과 기술 도입을 지원하고 석탄화력발전소에서 추출한 석고 등의 원료를 수소 기반 녹색 솔루션(green solution)으로 대체하고 녹색에너지와 순환 경제에 특화된 중소기업에 투자해 신규 일자리를 창출하는 데 초점을 맞추고 있다.[35]

작센안할트주는 EU로부터 3억 6,400만 유로를 지원받아 미텔도이체(Mitteldeutsches) 석탄 광구로 대표되는 갈탄 기반 산업의 단계적 폐쇄와 함께 친환경 및 녹색 전환을 추진 중이다. 또한 EU의 정의로운 전환 기금은 수소 인프라 및 녹색 스타트업과 중소기업의 조성을 지원하며 갈탄 산업 종사자의 고용 유지가 가능한 인력 양성에도 기금을 배정할 예정이다.

---

34 Andrea Furnaro, Philipp Herpich, Hanna Brauers, Pao-Yu Oei, Claudia Kemfert, and Wesley Look, "German Just Transition: A Review of Public Policies to Assist German Coal Communities in Transition", *Resources for the Future and Environmental Defense Fund Report 21-13* (November 2021), https://media.rff.org/documents/21-13-Nov-22.pdf. (2023년 11월 2일 검색)

35 European Commission, "EU Cohesion Policy: €2.5 billion for a just climate transition in Germany", https://ec.europa.eu/regional_policy/whats-new/newsroom/21-10-20 22-eu-cohesion-policy-eur2-5-billion-for-a-just-climate-transition-in-germany_en. (2023년 11월 2일 검색).

2) 스웨덴

북유럽 지역의 전통으로 인해 스웨덴은 EU가 추구하는 기후변화 대응 정책과 관련한 감축 목표보다 전반적으로 높은 기준을 설정해 왔다. 2015년 파리기후변화협약 이후 스웨덴은 2030년까지 온실가스 배출량을 70%까지 감소시키기 위한 목표와 함께 2040년에는 모든 화석연료를 단계적으로 폐기하고, 재생에너지 비율 100%를 달성하도록 설정하였다. 또한 장기적인 목표로 늦어도 2045년까지는 온실가스 순배출 제로를 달성하고 그 이후에는 순배출 마이너스를 달성하는 것을 목표로 삼았다.[36]

한편, 스웨덴의 산업 중 탄소 집약적인 산업에는 금속, 광물, 시멘트, 화학물질을 생산하고 가공하는 산업이 대표적이며 전환 과정에서 해당 산업들을 중심으로 약 12,800개의 일자리가 사라질 것으로 우려하고 있다. 특히 해당 산업에서 발생하는 온실가스 배출량은 스웨덴 전체 배출량의 32%를 차지하고 있어 철강, 광물, 야금 산업의 전환이 필수적이다.[37]

이에 따라 회원국에 대한 정의로운 전환 계획을 기반으로 스웨덴은 사회경제적으로 정의로운 전환을 달성하기 위해 해당 산업에서 발생하는 탄소를 제거하고 에너지 수요를 충족시킬 수 있는 청정에너지를 생산할 수 있는 기술적 해결책을 찾는 데 초점을 맞추고 있다.

2023년을 기준으로 스웨덴은 정의로운 전환 기금 규정 및 회원국에 대한 정의로운 전환 계획 기준에 따라 3개의 지역에 대해 3억 1,150만 유로의 전환 기

---

36 Government Offices of Sweden, "Sweden's climate policy framework", https://www.government.se/articles/2021/03/swedens-climate-policy-framework/. (2023년 11월 2일 검색)

37 Michiel Stapper, "The Road to a Just Transition: A Comparative Analysis Terrotirial Just Transition Plans", *FEPS Policy Brief 2023* (April 2023), https://feps-europe.eu/wp-content/uploads/2023/04/PB_The-Road-to-a-Just-Transition.pdf. (2023년 11월 2일 검색)

금을 지원받고 있다.[38] 이를 바탕으로 스웨덴은 2045년까지 기후중립을 달성하고 기후변화의 영향을 완화하기 위한 정책을 추진하고 있다.[39]

스웨덴은 정의로운 전환 기금을 통해 기후중립으로 전환을 달성하는 동시에 노르보텐주, 베스터보텐, 고틀란드주 경쟁력을 유지하고 경제 및 고용 수준을 유지하도록 기금을 활용할 예정이다. EU 정의로운 전환 기금에 따라 스웨덴은 순환 경제, 원자재, 수소 경제 산업에 관한 연구를 적극적으로 진행하고 있으며 기금의 약 94%를 경제 전략에 투입하고 있다.

이 중 83%가 산업 전환을 위한 기술적 해결책으로 제시되고 있는 청정에너지 기술, 에너지 저장, 연료 절감 프로세스, 탄소 포집 기술 개발을 위한 투자에 활용된다. 특히 녹색 수소는 지역 산업의 높은 에너지 수요를 충족시키는 데 중요한 역할을 할 수 있을 것으로 기대되며 기금의 11%는 금속 산업 인력의 기술 향상을 위해 투입될 예정이다. 또한 전환 기금 중 900만 유로는 고틀랜드의 전력망 용량 증가를 위해 사용하고, 청소년들을 지역으로 유치하고 양성평등을 높이고, 스마트 에너지 시스템에 대해 6% 이상의 투자를 계획중이다.[40]

3) 에스토니아

에스토니아는 2019년 유럽그린딜이 발표된 이후 기후중립이라는 EU 전반의 목표를 달성하기 위해 국가 정책을 마련해 왔으며 발트 3국 중 가장 높은 수준의 전환 과정을 시행하고 있는 국가이다. 그럼에도 불구하고 에스토니아는 기

38 노르보텐주(Norbotten), 베스터보텐주(Västerbotten), 고틀란드주(Gotland).

39 European Commission, "The Just Transition Dimension of Industrial Decarbonisation Plans across the EU", https://ec.europa.eu/regional_policy/sources/ funding/just-transition-fund /jtp_industr_decarbonisation_plans_en.pdf. (2023년 11월 3일 검색)

40 European Commission, "EU Cohesion Policy: €155.7 million for a just climate transition in Sweden", https://ec.europa.eu/commission/presscorner/detail/en/ip_22_5316. (2023년 11월 2일 검색)

본적으로 에너지 생산을 위해 이탄과 셰일 오일에 의존하는 경제구조에 의존하고 있다는 취약성이 존재한다. 에스토니아는 전체 에너지 생산의 75%를 차지하는 석유 셰일 부문에 상당한 의존을 하고 있으며 2020년 기준 직간접적으로 약 14,000명 이상의 노동자가 해당 산업에 종사하고 있다. 에스토니아 정부는 정의로운 전환 과정에서 해당 분야 내 3,700개 이상의 일자리가 사라질 것으로 추정하고 있다.[41]

또한 EU 회원국에 대한 정의로운 전환 계획에 따르면, 에스토니아는 인구 고령화, 건강 및 사회 보장 문제, 일자리 기회 부족을 정의로운 전환을 달성하기 위한 가장 큰 장벽으로 제시되고 있으며 수도 탈린(Talin)을 제외하면 청년층이 지역을 떠나는 추세이다.

한편, EU를 비롯한 전 세계의 기후변화 대응 정책 및 규범의 강화와 더불어 유럽그린딜이 발표되면서 에스토니아는 EU 정의로운 전환 기금 및 관련 지원을 통해 해당 문제를 해결하려는 모습을 보이고 있다. 에스토니아는 2023년 3월 에너지와 기후 계획(National Energy and Climate Plan)을 발표하면서 특정 부문의 온실가스 배출량을 2005년 수준에 비해 2030년까지 13% 감축하고, 1990년 수준에 비해 2050년까지 총 80% 감축한다는 목표를 명시하였고, 이를 통해 장기적으로 발트 3국의 기후변화 정책 및 산업 전반을 선도하기 위한 기반을 마련하고 있다.[42]

2023년을 기준으로, 에스토니아는 정의로운 전환 기금 규정 및 회원국에 대한 정의로운 전환 계획 기준에 따라 이다-비루마(Ida-Virumaa)주에 대해 1억 8,700만 유

41 Michiel Stapper, *op. cit.*, https://feps-europe.eu/wp-content/uploads/2023/04/PB_The-Road-to-a-Just-Transition.pdf.

42 Lilo Bärbel Rösch and Daniele Epifanio, "Just transition in 7 central and eastern European countries - What works and What does not", *CEE Bankwatch Network* (April 2022), https://euagenda.eu/upload/publications/2022-04-just-transition-in-7-ceecs.pdf. (2023년 10월 12일 검색)

로의 전환 기금을 지원받고 있다. 이다-비루마 지역은 에스토니아 전체 온실가스 생산량의 50% 이상을 차지하며 EU를 중심으로 한 전환 과정 속에서 에스토니아 전체 실업률 5.2%의 두 배가 넘는 10% 이상의 실업률을 기록하고 있다.[43]

이에 따라 에스토니아는 회원국에 대한 정의로운 전환 계획을 기반으로 1,000개 이상의 일자리를 창출하고 전환 과정에서 노동자들의 재교육을 포함한 프로그램을 지원할 예정이다. 특히 이다-비루마 지역의 나르바(Narva)에 희토류 금속계 자석 공장의 건설을 위한 투자를 진행 중이며 이를 통해 유럽의 에너지 전환과 관련하여 풍력 터빈과 하이브리드 및 전기 자동차에 활용할 수 있도록 준비 중이다.

세부적으로 에스토니아는 이다-비루마 지역을 중심으로 EU 정의로운 전환 기금의 약 69%를 경제 정책에 투입할 예정이며 세부적으로 중소기업(31%), 대기업(22%)의 연구개발 분야에 대한 투자에 사용할 계획이다. 이러한 투자를 통해 에스토니아는 국가 내 신기술 개발, 응용 연구 및 연구 인력 채용에 활용할 예정이며 약 10%를 스타트업, 첨단산업, ICT 생태계를 조성하는 데 투입한다.

이외에도 에스토니아는 전환 기금 예산의 7%는 공공 연구에 대한 투자에 사용하고, 6%는 지역교육 개선을 위해 투입할 계획이다. 또한 에스토니아는 사회 정책에도 기존 전환 기금과 연계된 유럽 사회기금플러스(ESF+) 등을 활용하여 장기적인 보건 및 사회 복지 서비스에 초점을 맞추고 있다.[44]

---

43 Interreg Europe, "Just Transition Fund in Estonia", https://projects2014-2020. interregeurope.eu/resindustry/news/news-article/10925/just-transition-fund-in-estonia/. (2023년 11월 2일 검색)

44 Energy Cities, "Towards a Just Transition in the European Union – Funding Streams and Lessons Learnt", https://energy-cities.eu/wp-content/uploads/2023/04/JTF.pdf. (2023년 10월 25일 검색)

5. 맺음말

전 세계적으로 기후변화 위기가 확산함에 따라 탄소중립은 국제사회의 전반적인 흐름으로 자리 잡았고, 각국들은 탄소중립과 기후변화 해결을 사회적, 국가적 비전으로 제시하고 있다. 그리고 탄소중립과 기후변화 이슈와 더불어 우리 사회에 정의로운 전환에 대한 개념이 확산되고 있다. 정의로운 전환은 기후중립 사회의 실현을 위해 필수적인 개념으로 EU는 이러한 정의로운 전환을 규범화하고 입법화하여 정책을 통해 구현하고 있는 대표적인 행위자이다.

1992년 브라질 리우에서 맺어진 UNFCC와 1997년 교토의정서 이후 기후변화 문제에 대한 국제적 협력이 본격화된 시기부터 EU는 기후변화에 관한 규범과 정책을 바탕으로 해당 분야를 선도해왔다. 2000년대 이후 EU는 ETS를 출범시키고, 기후변화 정책 분야에서 다양한 전략들을 발표하기 시작하였으며 2019년 유럽그린딜을 채택하고 기후중립 2050을 목표로 설정하여 정책의 획기적 전환점을 마련하였다.

EU는 유럽그린딜과 더불어 유럽기후법과 탄소국경세 제정 등 정책 실행 방식의 획기적 변화를 가져왔다. 유럽그린딜은 목표 달성을 위한 규제 부과와 회원국의 자발적 참여 방식을 탈피하여 유럽그린딜 투자 계획을 기반으로 정의로운 전환 기금, InvestEU, 유럽투자은행 공공대출이라는 3개의 축으로 이루어진 정의로운 전환 메커니즘을 도입하였다.

그러나 EU가 기후변화와 전환에 있어 선도적인 역할을 담당하고 있음에도 불구하고, 모든 회원국, 지역 및 도시가 동일한 시점에서 전환을 시작할 역량을 확보하고 있는 것은 아니다. 특히 일부 회원국은 기후중립 경제로의 전환 과정에서 경제적, 사회적 변화에 적극적으로 대처하는 데 어려움을 겪고 있다.

이러한 측면에서 2021년부터 본격적으로 시행된 정의로운 전환 메커니즘은 기후중립 경제를 달성해 가는 과정에서 특정 EU 회원국 및 지역이 받을 수 있는 심각한 피해를 최소화하고, 회원국 및 지역 간 갈등을 줄이는 데 기여하고 있다. 특히 복잡한 전환 과정을 지원하기 위한 기술적 지원 뿐 아니라 관리의 측면에서 전환과 관련한 프레임워크를 형성한다는 점에서 중요한 함의를 지닌다.

정의로운 전환 메커니즘 중에서도 정의로운 전환 기금은 회원국 간 격차를 줄이고, 사회경제적인 통합에 대한 지원을 보장하는 것을 목표로 하는 EU 결속정책의 프레임워크 내에 포함되어 있다. 정의로운 전환 기금은 기타 사회 및 지역 기금과도 밀접하게 연계되어 있으며, 이에 따라 EU 예산뿐 아니라 회원국 및 지역의 다양한 이해당사자들로부터 기금의 재원을 확보하고 있다.

그리고 이러한 비전 및 방향성을 제시하고 효과적으로 운영하기 위한 기반으로 EU는 정의로운 전환 기금 규정(Directive (EU) 2021/1056)과 회원국에 대한 정의로운 전환 계획을 통해 기금의 배경 및 성격, 기금의 지원 대상을 판단하는 적격 기준, 재원의 활용 등에 대해 법률적으로 명시하고 있다. 이를 바탕으로 EU는 기후변화 및 탄소중립을 위한 전환 과정에서 부정적인 영향을 받을 수 있는 지역들을 선성하고, 정의로운 전환 기금을 통해 회원국 및 지역에 대해 지원을 실시하고 있다.

이에 따라, 본 연구는 그중에서도 EU 회원국들의 지역적 고려를 기반으로 독일(서유럽), 스웨덴(북유럽), 에스토니아(동유럽)의 정의로운 전환 기금 도입 사례를 분석하였다. 전반적으로 독일, 스웨덴, 에스토니아 모두 화석연료를 포함하여 탄소집약적 산업이 편중되어 있는 지역에서 효과적인 전환이 이루어질 수 있는 방향으로 정의로운 전환 기금이 투입되고 있다. 또한 경제정책을 통한 재생에너지 산업이나 친환경 산업에 대한 개발 및 투자뿐 아니라 사회정책을 기반으로 한 기술 훈련, 지역 교육 등이 함께 이루어지고 있다는 점이 주목할 만하다.

이러한 EU의 정의로운 전환의 법제화와 전환 기금을 활용한 정책은 한국 사회에 대한 함의를 제공한다. 한국의 경우, 2020년 '2050 탄소중립 추진 전략'을 마련하고, 2021년 '기후위기 대응을 위한 탄소중립 · 녹색성장기본법'을 제정하였다. 이렇듯 국내법적으로 기후변화 및 정의로운 전환에 관한 법제화 및 정책 시행의 기반은 마련되었으나 관련 정책을 시행하기 위한 세부 전략이 부재하며 해당 분야와 관련한 국제사회의 규범에 적극적으로 대응하는 데 한계점을 노출하고 있다.

이에 따라 향후 정의로운 전환의 개념을 국내적으로 적용하는 과정에서 경제정책뿐 아니라 지역 및 사회정책의 틀 안에서 개념을 확산하고, 세부 전략을 마련하는 것이 핵심적인 과제가 될 것이다. 또한 EU가 OECD 회원국을 포함하여 중국, 인도, 브라질, ASEAN 등과 다양한 방식으로 기후변화 대응 및 전환 부문에서의 협력을 지속하고 있음을 고려할 때, 한국 역시도 국제사회의 전환 관련 정책 및 규정에 신속하게 대응할 수 있는 역량을 강화해야 할 것이다.

참고문헌

김민주. "파리협정 NDC의 이해와 국내이행의 문제-정의로운 전환과 EU의 정의로운 전환 메커니즘의 문제를 중심으로". 『국제법평론』. 통권 제57호 (October 2020), pp. 51-90.

송병준·신의찬. "The Institutional Development of EU Climate Change Policy and its Expansion: from ETS to European Green Deal". 『EU연구』. 제59호 (August 2021), pp. 91-128.

제주의 소리. "구조변화 불가피하지만 '정의로운 전환' 필수…해외는 어떤가?" https://www.jejusori.net/news/articleView.html?idxno=415977. (2023년 10월 20일 검색)

Neacsa, Adrian, Joița, Diana, Dinita, Alin and Mirela, Panait. "The social implications of the energy transition - European perspective of energy poverty". *Proceedings of the 8th International Conference ESPERA 2021* (2021), pp. 396-411.

Bankwatch Network. "The second and third pillars of the Just Transition Mechanism". https://bankwatch.org/wp-content/ uploads/2023/03/ 2023_03_ The-second-and-third-pillars-of-the-Just-Transition-Mechanism_final.pdf. (2023년 10월 22일 검색)

Rösch, L. Bärbel, Epifanio, Daniele. "Just transition in 7 central and eastern European countries – What works and What does not". https://euagenda.eu/upload/publications/2022-04-just-transition–in-7-ceecs.pdf. (2023년 10월 12일 검색)

Claeys, Grégory and Tagliapietra, Simone. "A trillion reasons to scrutinise the Green Deal Investment Plan". https://www.bruegel.org/blog-post/trillion-reasons-scrutinise-green-deal-investment-plan. (2023년 10월 12일 검색)

Dehousse, Franklin and Zgajewski, Tanja. "The EU Climate Policy After the Climate Package and Copenhagen-romiss and Limits". *Royal Institute for International Relations Egmont Paper 38* (September 2010), https://www.egmontinstitute.be/app/uploads/2013/09/ep38.pdf?type=pdf. (2023년 10월 25일 검색)

Energy Cities. "Towards a Just Transition in the European Union – Funding Streams and Lessons Learnt". https://energy-cities.eu/wp-content/uploads/2023 /04/JTF.pdf. (2023년 10월 25일 검색)

European Commission. "Consolidated version of the Treaty on the Functioning of the European Union". https://eur-lex.europa.eu/legal-content/EN/TXT/?uri=celex%3A12012E % 2FTXT. (2023년 10월 12일 검색)

European Commission. "Regulation (EU) 2021/1056 of the European Parliament and of the Council of 24 June 2021 establishing the Just Transition Fund". https://eur-lex.europa.eu/eli/reg/2021/1056/oj. (2023년 11월

2일 검색)
European Commission. “COM/2019/640 final, The European Green Deal”. https://eur-lex.europa.eu/legal-content/EN/TXT/?uri=COM%3A2019%3A640%3AFIN. (2023년 10월 12일 검색)
European Commission. “Industrial transition: no regions left behind”. https://ec. europa.eu/regional_policy/sources/brochure/Industrial_transition_no_region_left_behind_en.pdf. (2023년 10월 25일 검색)
European Commission. “European Semester: Overview of Investment Guidance on the Just Transition Fund 2021-2027 per Member State (Annext D)”. https://commission.europa.eu/publications/2020-european-semester-overview-inves tment-guidance-just-transition-fund-2021-2027-member-state_en. (2023년 11월 2일 검색)
European Commission. “The European Green Deal Investment Plan and Just Transition Mechanism explained”. https://ec.europa.eu/commission/presscorner/detail/en/qanda_20_24. (2023년 10월 22일 검색)
European Commission. “The Just Transition Platform”. https://ec.europa.eu/regional_ policy/funding/just-transition-fund/just-transition-platform/about_en. (2023년 10월 25일 검색)
European Commission. “Commission Staff Working Document on the territorial just transition plans SWD(2021) 275 final”. https://ec.europa.eu/regional_policy/sources/ funding/just-transition-fund/swd_territ_just_trans_plan_en.pdf. (2023년 10월 12일 검색)
European Commission. “EU Cohesion Policy: €2.5 billion for a just climate transition in Germany”. https://ec.europa.eu/regional_policy/whats-new/newsroom/21-10-20 22-eu-cohesion-policy-eur2-5-billion-for-a-just-climate-transition-in-germany_en. (2023년 11월 2일 검색).
European Commission. “EU Cohesion Policy: €155.7 million for a just climate transition in Sweden”. https://ec.europa.eu/commission/presscorner/detail/en/ip_22_5316. (2023년 11월 2일 검색)
European Commission. “The Just Transition Dimension of Industrial Decarbonisation Plans across the EU”. https://ec.europa.eu/regional_policy/sources/ funding/just-transition-fund /jtp_industr_decarbonisation_plans_en.pdf. (2023년 11월 2일 검색).
European Commission. “Just Transition Fund to ensure a smoother road to carbon-neutral regions”. https://ec.europa.eu/regional_policy/whats-new/panorama/2023/04/19- 04-2023-just-transition-fund-to-ensure-a-smoother-road-to-carbon-neutral-regions_en. (2023년 11월 2일 검색)
European Commission. “The European Green Deal – Delibering the EU's 2030 Climate Targets”. https://ec.europa.eu/commission/presscorner/detail/en/FS_23_4813. (2023년 10월 25일 검색)
European Parliament. “Environment Committee backs "roadmap" to low carbon economy”. https://www.europarl.europa.eu/news/en/headlines/society/ 20120126 STO36324/environment-committee-backs-roadmap-to-low-carbon-economy. (2023년 10월 22일 검색)
European Parliament. “EU Legislation in Progress 2021-2027 MFF Just Transition Fund”. https://www.europarl.europa.eu/RegData/etudes/BRIE/2020/646180/EPRS_BRI(2020)646180_EN.pdf. (2023년 11월 2일

검색).
Furnaro, Andrea, Herpich, Philipp, Brauers, Hanna, Oei, Pao-Yu, Kemfert, Claudia and Look, Wesley "German Just Transition: A Review of Public Policies to Assist German Coal Communities in Transition". *Resources for the Future and Environmental Defense Fund Report 21-13* (November 2021), https://media.rff.org/documents/21-13-Nov-22.pdf. (2023년 11월 2일 검색)
Government of Ireland. "Territorial Just Transition Plan EU Just Transition Fund". https://assets.gov.ie/242759/5e5abd6d-c125-4b11-9f76-53f213470446.pdf. (2023년 10월 20일 검색)
Government Offices of Sweden. "Sweden's climate policy framework". https://www.government.se/articles/2021/03/swedens-climate-policy-framework/. (2023년 11월 2일 검색)
Interreg Europe. "Just Transition Fund in Estonia". https://projects2014-2020.interregeurope.eu/resindustry/news/news-article/10925/just-transition-fund-in-estonia/. (2023년 11월 2일 검색)
Stapper, Michiel. "The Road to a Just Transition: A Comparative Analysis Terrotirial Just Transition Plans". *FEPS Policy Brief 2023* (April 2023), https://feps-europe.eu/wp-content/uploads/2023/04/PB_The-Road-to-a-Just-Transition.pdf. (2023년 11월 2일 검색)
Strambo, Claudio. "Just transition and the geopolitics of decarbonization in the EU". *SEI Policy Brief Stockholm* (2020), https://euagenda.eu/upload/publications/mistra-geopolitics- policy-brief-claudia-strambo.pdf.pdf. (2023년 11월 2일 검색)
UN. "Paris Agreement". https://www.un.org/en/climatechange/paris-agreement. (2023년 10월 22일 검색)
UNDP. "What is just transition? And why is it important?" https://climatepromise.undp.org/news-and-stories/what-just-transition-and-why-it-important. (2023년 10월 22일 검색)

제3장 복합위기와 유럽연합 사회정책의 최근 동향

김면회

1. 머리말

본 글의 목적은 유럽연합(EU)의 복합위기 대응 전략과 함께 추진되고 있는 사회정책의 동향을 파악하고, 그 내용을 평가하기 위한 것이다. 동향 파악을 위한 분석 대상은 2017년, 2019년 및 2021년에 각각 공표된 유럽사회권기둥(European Pillar of Social Rights, EPSR), 유럽그린딜(European Green Deal, EGD), 유럽사회권기둥 실행계획(The European Pillar of Social Rights Action Plan) 및 포르투 선언(Porto Declaration)이다. 이 문건들은 COVID-19의 확산과 상당 부분 겹치는 시기에 집중적으로 발표된 것으로 유럽연합의 최근 사회정책의 흐름을 파악하는 데 있어 결정적인 시리즈물이다. 문헌 분석을 통해 새로운 환경에 맞서 추진되고 있는 유럽연합의 최근 사회정책을 기존 사회정책과 비교하여 연속성과 비연속성을 찾아보고자 한다.

전 세계가 복합위기에 직면해 있다. 부정적인 묘사로 가득한 디스토피아(dystopia)에 대한 논의도 활발하다. 암울한 미래와 관련하여, 세계경제포럼(WEF)은 다섯 가지 위험, 즉 국가 간 분쟁, 극단적 기상 이변, 사이버 테러, 국가 거버넌스 실패 그리고 구조적 실업과 불완전 고용을 지적하고 있다.[1] 복합위기는 기존 질서의 정당성(legitimacy)에 대한 강한 의구심을 확산시킨다. 신사회계약론(new social contract)이나 사회-생태적 전환모델(socio-ecological transition model)의 구상과 당위성이 힘을 얻고 있는 것은 바로 이러한 흐름과 맥을 같이 하기 때문이다.

급변하는 사회에서 파생되는 부작용을 제어하기 위한 시도들은 언제나 있어왔다. 최근 들어 빈번하게 거론되고 있는 '사회적 유럽'도 그러한 노력의 일환이다.[2] 정파에 따라 상이한 방향과 내용이 제시되고 있지만, '사회적 유럽'을 강조하고 있는 점에서는 공통적이다. 그러나 위기 극복 노력의 속도와 강도가 모든 행위자에게 동일하게 나타나는 것은 아니다. 복합위기를 맞아 유럽연합의 대응 방식과 내용 및 규모와 속도가 남다르다. 아울러 대응 전략 수립 및 내용에 더해 실행을 위한 체계적이고 일관된 노력도 눈에 띈다. 이런 상황에서 유럽연합의 위기 극복을 위한 대응책과 연계되어 추진되는 유럽연합 사회정책의 내용과 변화의 흐름을 파악하는 것은 필요한 작업이다.

이를 위해 본 글은 다음과 같이 구성된다. 우선 유럽연합 차원에서 진행된 지금까지의 사회정책을 시기별 및 조약별로 정리하고, 그 특징을 파악한다. 다음으로 초국가성과 국가성의 긴장 관계를 중심으로 일국적 차원을 넘어 진행되는 유럽연합 사회정책의 현주소 및 그 특징을 정리하고자 한다. 이어 근래 추진되고 있는 유럽연합 사회정책의 내용과 특징을 유럽사회권기둥과 실행계획, 그리고 유럽그린딜 및 포르투 선언의 내용을 중심으로 분석한다. 마지막 장은 내용을 요약하고, 유럽연합 사회정책의 최근 동향을 평가하는 데 할애하고자 한다.

---

1 https://dic.hankyung.com/economy/view/?seq=14929 (검색일: 2023. 7. 1).

2 콜린 크라우치(Colin Crouch), 박상준 역, 『사회적 유럽 선언』 (서울: 페이퍼로드, 2020), p. 11; 129; 133.

2. 유럽연합(EU) 사회정책의 발전 과정과 현주소

1) 사회정책의 범위

사회학자 슈미트(Schmidt)가 정리하듯, 일반적으로 사회정책(Sozialpolitik)의 목적은 궁핍(Not)으로부터 시민을 보호하고, 삶의 부침 과정(Wechselfälle)에 맞선 대응책을 마련하며, 사회적 불평등을 완화하고 예방하는 데에 있다.[3] 하지만 사회정책의 목적과 범위가 정치적 입장에 따라 다르기에 편의상 사회정책은 크게 광의의 의미와 협의의 의미로 나뉘어 통용되고 있다. 넓은 의미의 사회정책에는 삶의 부침(Wechselfälle), 특히 노령, 상해, 질병 및 실업, 부양자 사망, 요양 보호 또는 출산에 따른 위험 대응을 지원하고 보호하려는 모든 노력이 포함된다. 사회적 정의 및 불평등 예방, 사회 전체 또는 일부분의 복지 증진 및 완전 고용 노력도 이에 추가된다. 이에 비해 협의의 사회정책 범위는 국제노동기구(ILO)의 사회적 안전을 위한 최소 목록에 담겨 있는 노동 분업 사회에서의 위협에 맞선 안전화 조치에 한정한다. 즉, 노령과 실업, 상해, 질병, 사고, 사망 및 출산과 유족 부양과 같은 특수한 상황에서 발생하는 부담에 대한 대응책만이 이에 속한다.[4] 본 연구는 사회정책이 시장경제 메커니즘에서 파생되는 부작용의 해소 및 완화에 목적을 두어야 한다는 관점에서 사회정책을 넓은 범위로 파악하는 입장을 견지한다. 이는 사회정책의 범위에 시장경제 체제에서 발생하는 부작용의 해소 및 완화를 위한 모든 공적인 노력이 포함되어야 함을 의미한다.

---

3 Manfred G. Schmidt, *Sozialpolitik in Deutschland: Historische Entwicklung und internationaler Vergleich* (Opladen: Leske+Budrich, 1998), p. 13.

4 *Ibid.*, p. 17.

2) 시대별 및 조약별 전개 과정

사회적 차원에서 유럽을 건설해야 한다는 표현은 현대 유럽 통합의 출발 시점부터 지속되어 왔다.[5] 1952년 7월 발효된 유럽석탄철강공동체(ECSC) 설립조약 제2조에 고용에 관한 부분이 수록되어 있긴 하지만,[6] 유럽연합 사회정책은 일반적으로 1957년의 유럽경제공동체(EEC) 설립조약에서부터 시작되는 것으로 정리된다.[7] 조약의 내용에 따르면, 사회정책의 목표는 근로자 이동의 자유, 이민 근로자의 사회보장, 자영 기업 설립의 자유 등 생산요소 이동의 원활화와 남녀 근로자의 동등 대우 그리고 유럽사회기금 설립을 통해 회원국의 공동 번영을 꾀하는 것이었다.[8] 하지만 유럽통합 초창기의 사회정책은 경제 우선 정책으로 인해 발전하지 못했고,[9] 심지어는 거의 존재하지 않은 것처럼 여겨지기까지 했다.[10] 물론 이는 당대 서구 자본주의 사회를 관통한 고도성장과 완전고용에 가까운 낮은 실업률과 관련이 있다.[11] 여기에 더해 경제성장이 달성된 이후 사회적 문제는 자연스럽게 해소된다는 기능주의자들의 주장이 당대를 지배한 것도 또 하나의 요인이었다.[12] 1960년대 말까지 이러한 흐름은 지속되었다.

변화의 조짐이 감지되기 시작하는 것은 1969년 유럽위원회(European Commission)가 사회정책의 방향을 전환하는 것을 모색한 때부터이다. 물론 이는 호황을 누리

---

5 구춘권, "'사회적 유럽'과 유럽연합의 노동정책의 발전," 한국정치학회, 『한국정치학회보』, 제42집 제3호(2008), pp. 219-220.

6 김일곤 역, 『유럽석탄철강공동체 설립조약』, 유럽인문사회비교연구센터 유럽연합기본조약 총서 제1권 (서울: 신서원, 2022), p. 62.

7 Jürgen Boeckh/Ernst-Ulrich Huster/Benjamin Benz, *Sozialpolitik in Deutschland* (Wiesbaden: VS Verlag für Sozialwissenschaften, 2004), p. 141.

8 강유덕 · 박상준 역, 『유럽경제공동체 설립조약 & 유럽원자력공동체 설립조약』, 유럽인문사회비교연구센터 유럽연합기본조약 총서 제2권 (서울: 신서원, 2023), pp. 67-68; 141-146.

9 임문영, 『유럽연합의 사회정책』 (대구: 계명대학교 출판부, 2003), p. 16.

10 유럽경제공동체조약 248개 조항 중 12개 조항만 사회정책과 관련되어 있다. *Ibid.*, p. 22.

11 구춘권, *op. cit.*, p. 221.

12 임문영, *op. cit.*, p. 23.

던 전후 경제가 침체기로 접어든 시점과 일치한다.[13] 유럽공동체 차원의 사회정책 방향 전환에는 독일 사회민주당(SPD) 소속의 빌리 브란트(Willy Brandt) 총리가 결정적인 계기를 제공했고, 이 연장선에서 오일쇼크로 인한 세계 경제 위기가 증폭되던 1974년 1월 유럽공동체 각료이사회는 사회실행프로그램(Social Action Program; SAP)을 채택했다. 프로그램은 경제성장이 그 자체로 머물러서는 안 되고 반드시 생활 수준의 향상으로 이어져야 한다는 점을 분명히 했다. 하지만, SAP는 구체적인 실행의 단계에서 동력을 상실했다.[14] 이는 무엇보다도 당시 만장일치 의사 결정 구조 아래에서 유럽공동체 차원의 사회정책 관련 입법을 추진해 나가기가 불가능했기 때문이다. 1979년 집권 이후 신자유주의적 정책을 주도한 보수당의 대처 정부가 영국을 대표하는 한에 있어서 이는 더욱 어려웠다.[15]

지속되는 세계 경제 위기 속에서 1980년대 초반까지 유럽공동체 차원의 경제 및 사회적 통합 작업은 답보 상태에 머물렀다. 제1차 및 제2차 오일쇼크 기간에 유럽 각국은 초국가적 통합을 진전시키는 것보다 자국의 경제 문제를 해결하는 데 몰두했다. 1980년대 중반에 이르러서야 비로소 보다 강화된 사회정책이 유럽공동체 차원에서 필요하다는 인식이 확산되기 시작했다. 이러한 흐름을 타고 경제 통합을 강화하고자 한 단일유럽법(SEA) 제정 과정에서 사회정책에 큰 변화가 일어났다.[16] 변화에 불을 지핀 정치인은 '유럽 사회 공간'을 언급한 프랑스 사회당 소속의 미테랑(François Mitterrand) 대통령과 단일유럽법 제정을 주도한 자크 들로르(Jacques Delors) 유럽위원회 위원장이었다.[17]

---

13 유럽 사회에 대량실업이 경제사회적 이슈가 된 시점이 바로 1960년대 말이다.

14 임문영, *op. cit.*, pp. 27-30.

15 문진영, 『유럽연합의 사회정책에 관한 연구』 (서울: 집문당, 2009), pp. 62-65.

16 김면회 역, "단일유럽법과 유럽연합조약 – 수세에서 공세로의 징검다리," 『단일유럽법 & 유럽연합조약』, 유럽인문사회비교연구센터 유럽연합기본조약 총서 제3권 (서울: 신서원, 2023), pp. 41-42.

17 임문영, *op. cit.*, pp. 33-37.

들로르는 사회정책 입법을 1992년 역내시장의 완성과 연계시킴으로써 각료이사회의 거부권 행사를 무력화하려 했고, 여기에 더해 새로운 의사 결정 방식으로 각료이사회에 가중다수결제 도입을 주도했다. 단일유럽법에서 '근로 조건과 근로자의 보건과 안전'(118조a)에 대해 가중다수결이 적용될 수 있었던 것은 이러한 노력의 결과였다.[18] 하지만 회원국 정부가 유럽 차원에서 추진되는 사회정책을 수용하지 않을 시 이를 효과적으로 제어할 수 있는 장치를 마련하지 못하는 한계는 여전했다.[19] 사회정책 강화와 공동체 차원에서의 추진이라는 의지는 강했으나, 회원국의 주권이라는 장애물로 인해 사회정책이 12개 회원국 전체에 공동으로 효력을 발휘하지 못하는 상황이 지속되었던 것이다.

1980년대 후반의 사회정책에서 간과할 수 없는 것은 유럽공동체가 근로자의 기본적 사회권에 관한 공동체 헌장(The Community Charter of the Fundamental Social Rights of Workers)을 채택한 점이다. 1989년 영국을 제외한 11개국은 SEA의 사회적 차원이라 불리는 '사회헌장'에 합의했다. 헌장 전문에는 사회적인 부분이 경제적인 부분과 등가의 가치가 있음을 확인하고 사회적인 측면을 발전시켜 균형을 유지해야 함을 명시하였다. 이를 이루기 위해 12개의 권리[20]가 구체적으로 적시되기도 했다. 비록 여타의 사회입법과 마찬가지로 사회헌장 역시 개별 회원국들에게 실행을 강제할 수 있는 제도적 장치를 갖추지 못한 선언적 의미에 지나지

18 김면회 역, *op. cit.*, p. 95.

19 문진영, *op. cit.*, pp. 65-68.

20 1. 개인이 선택한 국가에서 근로할 수 있는 권리, 2. 직업선택의 자유와 공정한 임금을 받을 수 있는 권리, 3. 개선된 생활 조건과 근로 조건을 누릴 수 있는 권리, 4. 국가의 체계 안에서 사회 보호를 받을 수 있는 권리, 5. 결사와 단체협약을 할 수 있는 권리, 6. 직업 훈련을 받을 수 있는 권리, 7. 남녀가 동등하게 처우를 받을 수 있는 권리, 8. 근로자가 정보를 구하고, 자문을 얻고 참여할 수 있는 권리, 9. 보건 보호를 받고 안전한 작업환경에서 근로할 수 있는 권리, 10. 아동과 청소년의 보호, 11. 노인에 대한 적정한 생활 수준의 보장, 12. 장애인을 위한 개선된 사회적 통합.

않았다는 비판[21]에서 자유롭지는 못하였으나, 사회정책의 지평을 확산시킨 것은 분명했다.[22]

냉전 해체기인 1990년대에 들어서는 사회정책의 지평을 확산시키고자 하는 움직임이 1970-1980년대에 비해 활발했다. 유럽연합 기구들의 적극적인 활동과 비정구기구들의 활발한 움직임 그리고 유럽 좌파 정당들이 유럽 차원의 사회정책 추진을 적극 지지한 점이 주요한 요인으로 꼽힌다.[23] 하지만 1993년 11월 발효된 마스트리히트조약 합의 과정에서도 사회정책을 둘러싼 영국의 반대 입장에는 변함이 없었다. 결국 사회정책의정서(protocol on social policy)는 조약의 부속 문건으로 위치 지우는 것으로 결정되었고,[24] 사회정책에 관한 협정(agreement on social policy)을 통해 사회정책 영역을 가중다수결이 필요한 영역과 전원 합의가 필요한 영역 그리고 이 조약에 해당되지 않는 영역으로 각각 분류되었다.[25] 회원국 간의 상이한 입장으로 모든 회원국에 동일하게 적용될 수 있는 공동사회정책의 관철은 여전히 희망 사항으로만 남게 되었다. 가중다수결 의사 결정 방식에 해당하는 영역은 회원국 간에 어렵지 않게 합의될 수 있는 사항들임에 비해, 재정적인 부담이 있는 사회보장과 사회 보호는 회원국 간에 전원 합의가 이루어져야만 가능했기 때문에 실효성이 의문시되었고, 임금 지불 및 파업권 등에 관한 사항은 조약 내에 포함되지도 않았다.[26]

21 문진영, *op. cit.*, pp. 72-75.
22 임문영, *op. cit.*, pp. 40-44.
23 *Ibid.*, p. 45.
24 김면회 역, *op. cit.*, pp. 429-430.
25 *Ibid.*, pp. 431-437.
26 문진영, *op. cit.*, pp. 69-71.

〈표 1〉 의사결정 형태별 사회정책 영역(마스트리히트조약)

결정형태	내용
가중다수결제	1. 근로 환경 2. 보건과 안전 보호 3. 노동자의 기타 근로 조건 4. 노동자의 정보와 상담 5. 노동시장과 작업장에서 남녀평등에 관한 최저 기준의 설정
전원합의제	1. 사회보장 2. 사회 보호 3. 고용계약이 종료된 근로자의 보호 4. 근로자와 고용주의 이익을 위한 집단적 방어 5. 역외 국민의 고용 조건 6. 직업 창출을 위한 재정적 기여
유럽연합 권한 비적용 사항	1. 임금 지불 2. 노동조합 결성권 3. 파업권 4. 직장폐쇄

출처: 문진영(2009), p. 74; 김면회(2023), pp. 432-433.

1999년에 발효된 암스테르담조약(일명 신유럽연합조약) 체결에 앞서 영국 노동당의 토니 블레어(Tony Blair)가 총선에서 승리한 이후 암스테르담조약 체결 및 사회정책 의정서에 참여함으로써 유럽연합 사회정책은 드디어 조약의 본문에 포함되게 되었다. 암스테르담조약은 사회적 유럽 건설을 위한 구체적인 제안들이 필요한 시기에 체결된 것[27]으로 당시 유럽 시민들의 공동 관심사인 고용에 관한 장을 새롭게 추가했다. 조약은 고용위원회를 창설하고, 회원국 상호 간 고용 관련 협력 증진, 고용 분야 지원, 정보 및 경험 교류, 그리고 고용에 관한 자료를 분석하여 비상계획을 구상한다는 구체적인 내용을 담고 있다. 그러나 여전히 가중다수결제도에

27 임문영, *op. cit.*, pp. 54-59.

적용되는 영역은 마스트리히트조약과 큰 차이 없이 협소했고, 암스테르담조약의 근간을 이루었던 '고용 창출과 증진'마저도 회원국의 재정적인 지원이 필요한 사항이기에 전원합의제로 분류되었다는 것은 유럽연합 차원에서 사회정책의 획기적 발전이 얼마나 어려운가를 보여준 또 하나의 사례에 해당한다.[28]

〈표 2〉 의사결정 형태별 사회정책 영역(암스테르담조약)

결정형태	내용
가중다수결제	1. 근로자의 건강과 안전을 위한 작업 환경 개선 2. 근로조건 3. 근로자에게 고용에 대한 정보와 자문 제공 4. 노동시장에서 배제된 근로자에 대한 사회통합적 조치 5. 노동시장 기회와 근로 시 처우에 대한 남녀평등
전원합의제	1. 근로자의 사회보장과 사회 보호 2. 고용계약이 종료된 근로자에 대한 보호 3. 노사 양측의 이해를 보호하기 위한 대표제도 4. 유럽연합 역내에 거주하는 제3세계 국민의 고용 조건 6. 고용 창출과 증진을 도모하기 위한 재정적 기여
유럽연합 권한 비적용 사항	1. 임금 지불 2. 노동조합 결성권 3. 파업권 4. 직장폐쇄

출처: 문진영(2009), p. 78.

동유럽 국가들의 가입 문제를 대비하는 데 집중한 니스조약(2002년 발효)과 2004년 유럽헌법 비준 실패 이후, 개정조약 형태로 2009년에 발효된 리스본조약(Lisbon)의 주요 내용은 2000년 리스본 정상회담에서 유럽 경제의 활로를 모색하기 위해 채택된 리스본전략과 밀접한 관련이 있다. 리스본전략의 핵심은 IT

28 문진영, *op. cit.*, pp. 76-79.

기술로 대표되는 지식 기반 경제에서 경쟁력을 갖추고, 유럽식 사회 모델을 통해 사회적 불평등과 빈곤 문제 해결의 토대를 마련하자는 것이었다. 전략에는 2010년까지 완전 고용을 달성하여 유럽 내에 빈곤을 해소한다는 야심 찬 계획도 포함되어 있다. 또한 사회적 차원의 대표 어휘로 결속(cohesion)의 개념이 등장하는 등의 진일보한 면을 발견할 수 있으나, 주요 사회정책들이 구체적으로 실행되지 못하는 한계는 리스본조약에서도 여전했다.[29]

3) 발전 과정의 특징과 한계

① 주요 특징

제2차 세계대전 이후 본격화된 유럽 통합사에서 사회정책과 '사회적 유럽'의 건설은 당위론적 차원에서 중요한 문제로 여겨져 왔다. 초국가적 차원의 공동체 형성을 위한 명분을 강화하는 데 있어 사회정책의 추진은 간과할 수 없는 부분이었기 때문이다. 하지만 사회정책은 통합 초기에 우선으로 추진해야 할 정책으로 설정되지 않았다. 기능주의적 관점에서 시작된 유럽 통합에서 중요한 부분은 무엇보다도 경제 영역이었기 때문이었다. 이 시기의 사회정책이 한 번도 무대의 전면에 등장한 적이 없었다는 표현은 정확하다. 그런 와중에도 유럽연합 사회정책의 내용은 점진적으로 확대되어 온 것이 사실이다. 사회정책의 발전 과정에서 나타난 특징들은 다음으로 요약될 수 있다.

우선 유럽연합의 사회정책은 경제 상황과 긴밀한 관계 속에서 발전해 왔다는 점이다. 통합 초창기 소홀하게 취급되었던 것뿐만 아니라 1960년대 말부터 사회정책의 필요성이 유럽인들 사이에 강조된 것은 경제 상황의 부침 과정과 긴밀

---

29 *Ibid.*, pp. 80-84.

하게 연결되어 있다. 대량 실업의 문제가 부각된 1960년대 말과 1970년대의 세계적 차원의 경제위기를 거쳐 1980년대에 부상한 유럽 경제의 어려움 및 악화된 노동시장 상황은 자동적으로 사회정책 강화의 필요성으로 연계되어 나타났고, 해당 시기마다 조약 및 선언의 형태로 발현되었다. 1987년의 단일유럽법과 1989년의 사회헌장 및 1993년의 유럽연합조약 그리고 1999년의 암스테르담조약 및 2009년의 리스본조약이 이에 해당된다. 여기에서 사회정책은 다분히 경제상황 및 관련 정책과의 연계 속에서 조율되었다.

둘째, 유럽연합 사회정책 발전에는 각 단계마다 중도 좌파 정치인의 역할이 컸다. 1970년대 초반 빌리 브란트, 1980년 중반의 미테랑 대통령과 들로르 위원장 그리고 1990년대 말 토니 블레어 총리는 공동체 차원의 사회정책이 진일보하는 데 결정적인 역할을 했다. 경제성장에 부응하는 사회적 차원의 정책 추진 필요성을 강조한 독일의 빌리 브란트, 유럽 차원에서 강화된 사회정책의 도입을 역설한 프랑스의 미테랑과 들로르의 노력 그리고 유럽연합 사회정책이 암스테르담조약에서 본문으로 삽입되는 것을 찬성한 영국 블레어 수상은 모두 유럽연합 주요국의 중도 좌파를 대표하는 정치인들이었다. 시장경제의 불완전성을 정치의 힘을 통해 보완하려는 유럽 중도 좌파의 모습이 이 부분에서 확인되고, 그러한 노력은 유럽공동체 차원에서 사회정책의 강화로 귀결되었다.

셋째, 유럽통합 과정에서 도입된 사회정책은 앞에서 언급한 사회정책 중 주로 협의의 범주 안에 속하는 것이었다는 점이다. 시대별 및 유럽통합 차원에서 체결된 조약을 중심으로 사회정책의 변천 과정을 정리한 II장 2절을 통해 알 수 있듯, 유럽연합이 추진하고 확장해 온 사회정책은 주로 이동의 자유와 국제노동기구(ILO) 권장 수준의 근로 조건 개선 및 고용 문제를 중심으로 하는 노동시장의 수급 문제에 집중되었다. 유럽연합조약과 암스테르담조약 중 의사결정 형태별 해당 사회정책 분류표를 보면 이를 확인할 수 있다. 이는 유럽연합 사회정책의 한계와 맞닿는 문제이기도 하다.

② 한계 요인과 틈새 전략

유럽연합의 각종 정책은 기본적으로 회원국의 국가성과 유럽연합의 초국가성 사이에서 추진되고, 정책 영역별로 둘의 긴장 관계는 상이하다. 리스본조약의 권한 배분 원칙표[30]에 나타나고 있듯이, 유럽연합 차원에서 배타적으로 추진되는 정책 영역이 있는가 하면 여전히 국가성이 주도하는 영역 또한 엄존한다. 주로 경제정책 영역이 전자에 속한다면, 후자에는 대표적으로 외교안보정책과 사회정책이 해당된다. 한마디로 사회정책의 경우 여전히 유럽연합 규범의 직접적 용성과 우위성(direct applicability and supremacy)이 확실하게 관철되지 못하고 있다. 앞선 조약 내용 추적 과정에서도 발견할 수 있듯, 회원국 노동시장의 발전을 위해 필요하고, 재정적으로는 크게 부담되지 않는 영역은 가중다수결제로, 반면에 재정적 부담이 되고 회원국의 주권에 민감한 사항들은 예외 없이 전원합의제가 적용되고 있는 것도 이 문제와 직결된다. 과거의 사회정책이 고용정책이나 지역 재분배 등 최소한의 영역에 머물렀고, 직접적인 재분배나 빈곤 해소와는 거리를 두고 진행되어 온 이유 역시 이와 연관이 있다.[31]

공동 사회정책 도출 및 적용에 관한 합의가 어려운 것은 회원국 간 상이한 경제 및 사회 체제와도 관련이 있다. 즉, 회원국별로 이질적인 복지국가 형태가 공통적인

---

30 리스본조약은 다양한 정책에 걸쳐 회원국과 유럽연합 사이에 모호하게 남아 있던 권한을 명확하게 정리하였다. 조약은 유럽연합 입장에서 결정 권한을 행사할 수 있는 수준을 배타적(exclusive) 권한, 공유(shared)권한, 지원(supporting) 권한으로 나누고, 각각에 속하는 정책 영역을 분류했다. *Ibid.*, p. 83.

31 *Ibid.*, pp. 101-102.

사회정책의 조율을 어렵게 만들고 있는 것이다.[32] 높은 사회 보호 수준을 보장하는 북구 유럽과 사회 보조 수준이 낮은 남부 유럽 그리고 새로 가입한 동유럽 국가군 사이에서 공감대를 형성하여 추진될 수 있는 사회정책은 제한적이다. 국가 간 현격한 차이를 보이는 현실에서 사회정책을 유럽연합 차원에서 표준화해 나가는 일은 어려울 수밖에 없다. 실제로 유럽연합 사회정책의 역사에서 개별 회원국의 정책 주권을 훼손하면서까지 유럽연합 차원의 사회정책을 강제한 적은 한 번도 없었다.[33]

유럽사회모델의 당위성은 회원국 간에 인정되고 있으나, 구체적인 방향과 내용은 아직 합의되어 있지 않은 상태에서 유럽연합 사회정책은 추진되고 있다. 상이한 조건 속에서 공통의 사회 모델을 도출해 내는 것은 쉽지 않지만, 사회복지제도가 가장 발전한 지역인 유럽에서 최소한의 공통분모를 찾아내는 작업은 그리 어렵지 않은 것이 또한 사실이다.[34] 유럽연합의 사회정책은 이러한 조건과 상황 속에서 추진되고 있다. 요컨대 현실적인 여건 속에서 공감대를 형성할 수 있는 사회정책 영역을 선택해 나가는 제한적이고 실용적인 틈새 전략이 유럽연합 사회정책을 지속시키고 있다. 사실 유럽연합의 사회정책은 그간 경직된 법규에 얽매이기보다 합의 가능한 영역에서부터 유연한 규정을 만들어 나가는 점진적인 방식으로 추진돼 왔다. 이하에서 논의되는 최근 유럽연합의 사회정책도 이러한 연장선에서 진행되고 있는 것이다.

---

32 에스핑-안데르센(Esping-Anderson)은 복지자본주의를 사회민주형 스칸디나비아 모델과 자유주의형 앵글로색슨 모델 그리고 조합주의형 대륙유럽 모델로 구분하였다. 복지국가의 다양성을 강조하고 있는 것이다. 한편 사피르(Sapir, 2006)는 노동시장 유연성이 중시하는 효율성(efficiency) 개념과 분배 정의를 의미하는 형평성(equity) 개념을 중심으로 유럽사회모델을 네 가지 유형, 즉 북유럽형 사회 모델(덴마크, 핀란드, 스웨덴, 네덜란드), 앵글로색슨형 사회 모델(아일랜드, 영국), 대륙유럽형 사회 모델(오스트리아, 벨기에, 프랑스, 독일, 룩셈부르크), 그리고 지중해 사회 모델(그리스, 이탈리아, 포르투갈, 스페인)로 분류했다. 김시홍, “유럽사회모델과 유럽연합의 사회적 차원,” 한국유럽학회편, 『유럽의 사회통합과 사회정책』 (서울: 한국학술정보, 2011), pp. 97-102.

33 문진영, *op. cit.*, pp. 105-113.

34 김시홍, *op. cit.*, p. 112.

3. 유럽연합 사회정책의 최근 동향과 특징

복합위기에 대응하는 유럽의 발길이 분주하고, 내용적인 면에서도 선도적이다. 의지 또한 분명하다. 기후변화에 대한 대응과 친환경 정책의 추진은 오랫동안 유럽이 국제사회의 모범을 보여 온 부분이다. 2019년 발표된 유럽그린딜(European Green Deal, EGD)은 이러한 흐름의 연장선에서 발표된 것이고, 시기적으로는 COVID-19가 광범위하게 확산되기 직전이었다. 발표 직후 확산된 COVID-19로 유럽그린딜 취지의 정당성은 회원국들 사이에서 더욱 공고해졌다. 유럽그린딜은 복합위기에 대한 종합적인 진단에 기초한 폭넓은 처방책을 담고 있다. 그러기에 관련된 정책 영역은 광범위하고, 방향도 이전과 비교하여 차이가 있다. 산업정책과 연관된 디지털 전환과 아울러 균형 발전 및 노동시장 변화를 포함한 노동 관련 사회정책도 예외가 아니다. 이하에서는 먼저 유럽그린딜의 내용을 정리하고, 이와 관련되어 진행되고 있는 유럽연합 사회정책의 최근 동향과 그 특징을 파악하고자 한다. 이 연구는 문건이 발표된 시간순이 아닌 논리적 연계에 따라 유럽그린딜의 우선적 분석에 이어 유럽사회권기둥, 유럽사회권기둥 실행계획 그리고 포르투 선언을 살펴볼 것이다.

1) 유럽그린딜(EGD)과 사회정책

2019년 12월 새로 출범한 유럽위원회(European Commission)는 향후 EU를 이끌어갈 새로운 성장 전략으로 29쪽 분량의 유럽그린딜을 공표했다. 그린딜은 기후변화와 환경파괴 문제가 인류의 존재를 심각하게 위협하고 있다는 인식에 기초하여, 이에 대한 대응책의 일환으로 유럽연합이 지향해야 할 미래 대비 전략서

이다.[35] 아울러 그린딜은 2050년 기후중립 목표 달성을 위해 사회 전 분야를 전환하기 위한 다양한 관련 정책을 담은 모음집이기도 하다.[36] 때문에 그린딜은 유럽의 미래상을 그린 설계도이자 나아가야 할 방향을 가리키는 조타수이기도 하다. 그린딜의 목적은 모든 정책 부문에 걸쳐 기후 및 환경 관련 도전 과제들을 기회로 전환하고, 그러한 전환을 정의롭고 포용적인 방식으로 이루고자 하는 것이다. 이는 온실가스 배출, 자원 고갈, 환경오염 등을 수반하지 않고 모든 구성원이 낙오되지 않는, 현대적이고 자원 효율적이며 경쟁력 있는 경제체제로 전환시키는 패러다임이 필요하다는 시대적 요구를 반영한 결과물이다.[37]

2020년 초부터 확산된 COVID-19의 여파로 유럽의 경제 활동도 크게 위축되었다. 이에 따라 체코, 폴란드 등 일부 EU 회원국과 경제 · 산업 단체는 COVID-19의 긴급성을 이유로 유럽그린딜의 추진을 완화 또는 심지어 폐지할 필요가 있다고 강변했다. 하지만 EU는 COVID-19 사태가 오히려 EU 경제를 저탄소 녹색경제로 전환할 수 있는 절호의 계기로 판단하고, 유럽그린딜의 강력한 추진 입장을 재차 분명히 했다.[38] 녹색 전환과 디지털 전환을 핵심 의제로 담고 있는 그린딜에서 유럽연합은 COVID-19로 인한 경제위기로부터의 회복이 EU 경제를 단순히 팬데믹 이전의 경제 상태로 복귀하는 것이 아니라 지속 가능한

35 Europäische Kommission, *Der europäische Grüne Deal*. 2019.12.11; https://eur-lex. europa.eu/resource.html?uri=cellar:b828d165-1c22-11ea-8c1f-01aa75ed71a1.0021.02/DOC_1&format=PDF, pp. 2-3.

36 2020년 1월 다보스(Davos) 세계경제포럼에서 우줄라 폰 데어 라이엔(Ursula von der Leyen) 유럽위원회 위원장은 그린딜의 주요 사안 중 하나인 탄소국경세 도입 의지를 밝혔다. 이는 EU 내 사업자와 EU 밖 사업자 간에 공정한 경쟁 여건을 조성하고, 규제 강도 차이로 인한 탄소 배출을 절감하기 위함이다. EU는 국제협력을 주도하면서 G20 회원국 등에 EU 수준의 정책 추진과 적극적 동참을 요구할 가능성이 크다. 이는 EU의 선택이 세계적으로 영향을 미칠 것임을 의미한다.

37 정명규, "EU의 신성장 전략, '유럽 그린딜'," KDI 경제정보센터, 「나라경제」, 2020년 10월호; https://eiec.kdi.re.kr/publish/naraView.do?fcode=00002000040000100010&cidx=13050&sel_year=2021&sel_month=02&pp=20&pg=1, p. 58.

38 *Ibid.*, p. 59.

저탄소·디지털 경제로의 전환임을 강조했다. 회복보다 전환에 방점을 둔 것이다. 2020년 7월 17~21일 열린 EU 특별정상회의에서는 COVID-19로 인한 유럽의 경제위기를 극복하기 위해 총 1조 8,243억 유로(€) 규모의 예산을 준비하고, 이 중 30%를 기후변화 대응 분야에 투자하는 등 유럽그린딜, 디지털 단일시장 강화, 공정하고 포용적인 경제 회복 분야에 재원을 중점 배분하기로 했다.[39]

유럽그린딜이 단기 처방책 또는 일회성 정책이 아님을 유럽연합은 지난 4년여 동안 연속적인 관련 정책 제시를 통해 확인시켜 주고 있다. 2020년 1월에는 그린딜 추진을 위한 자금 지원 방안인 유럽그린딜 투자계획(European Green Deal Investment Plan)이 공개됐고, 3월에는 그린딜의 법적 기반인 기후법(European Climate Law)이 마련됐다. 이는 정치적 약속을 법적으로 의무화하고자 하는 의지의 표현이다. 3월 말에는 전자 기기, 정보통신기술(ICT), 배터리, 자동차, 포장, 플라스틱, 섬유 등 주요 상품에 순환 경제(Circular Economy; Kreislaufwirtschaft)로의 전환을 촉진하기 위한 신순환 경제 실천계획(New Circular Economy Action Plan)도 발표했다. 이어 5월에는 2030년까지 생물다양성의 본격적인 회복에 필요한 조치를 포괄적으로 제시하는 'EU 2030 생물다양성 전략'을 발표했다. 여기에 더해 유럽위원회는 2020년 하반기에 지속 가능한 화학 전략, 제8차 환경 행동 프로그램, 산림 전략, 건물 에너지 효율 개선 등을 제안했고, 2021년에는 탄소국경세, 수질·공기·토양에 대한 제로 오염 실천계획, 대형 산업 시설의 오염 대책 개정 등도 공표했다.[40] 유럽위원회 위원장인 폰 데어 라이엔(Ursula von der Leyen)은 2023년 1월 세계경제포럼(WEF)에서 유럽 산업의 경쟁력을 유지할 목적으로 그린딜 산업계획

---

39 *Ibid.*, p. 60.
40 *Ibid.*, p. 59.

(Green Deal Industrial Plan)을 발표했고, 2월 1일에는 관련 초안을 제출하기도 했다.[41] 일관되고 지속적인 유럽연합의 움직임이 목격된다.

EGD는 천연자본과 유럽 시민 모두를 보호하는 새로운 경제 모델로서 녹색 전환(green transition)과 지속 가능성을 겨냥하고 있다. 그린딜은 2050년까지 온실가스 배출 제로 경제로의 전환을 최상위 목표로 설정하고, 이를 위해 기후변화, 에너지, 순환 경제, 빌딩, 수송, 농업, 생물다양성 · 생태계, 재정 지원, 연구 · 혁신, 교육 · 훈련, 국제 협력, 이해관계자 참여 등 여러 분야에서 향후 정책 방향, 구체적 실행계획 일정 등을 제시하고 있다.[42] 이 중 깨끗하고(saubere) 순환 경제 실현을 위한 산업적 전환과 지속 가능하고 정보에 기반한 이동(eine nachhaltige und intelligente Mobilität)을 위한 빠른 전환은 디지털 전환과 밀접한 관련이 있는 실행계획이다.

> "이러한 전환은 지속 가능하고 고용 집약적인 경제 활동을 발전시키는 기회를 제공한다 … 유럽그린딜은 EU 산업이 포괄적 성장을 위한 지속 가능한 모델로 전환하는 것을 지지하고 가속할 것이다. 2020년 3월, 위원회는 환경 및 디지털 변화의 이중 과제를 해결하기 위한 EU 산업 전략을 채택할 것이다. 유럽은 그린딜 목표 달성에 필수적인 디지털 변화의 잠재력을 최대한 활용해야 한다. 산업 전략과 함께, 새로운 순환 경제 실행계획은 EU 경제의 현대화 및 국가 및 세계 수준에서의 순환 경제 기회 활용에 도움이 될 것이다 … 디지털 기술은 많은 다른 분야에서 그린딜의 지속 가능성 목표를 달성하기 위한 핵심 전제 조건이다 … 디지털화는 에너지와 천연 자원의 사용을 감시하고 최적화할 수 있는 새로운 가능성을 연다."[43]

---

41 https://de.wikipedia.org/wiki/European_Green_Deal (검색일: 2023. 7. 1).
42 Europäische Kommission(2019), *op. cit.*, pp. 5-13.
43 *Ibid.*, pp. 8-11.

유럽위원회는 2020년 1월 유럽그린딜 투자계획(European Green Deal Investment Plan)을 수립했다. 2050년까지 기후중립 경제를 달성하려는 유럽그린딜을 이행하기 위해서는 EU, 회원국, 민간 부문의 투자가 필요한 상황이기 때문이다. 이 계획은 향후 10년간 최소 1조 유로 규모의 기금 조성, 녹색 예산·조달 시스템 구축, 공정 전환 지역에서의 국가보조금 승인 절차 간소화 등 공공 및 민간투자의 촉진에 필요한 제도 구축을 주요 내용으로 담고 있다.[44]

그린딜은 큰 파급력이 예견되는 원대한 계획이다. 그리고 그린딜에 맞춘 조정 과정과 그 내용에 대한 만족도는 구성원(시민 및 회원국) 모두에게 동일하게 나타나지 않을 것이다. 이와 관련하여 유럽위원회는 그린딜 추진 과정에서 '누구도 소외되지 않는', '사회적으로 정의로운 전환'을 강조함으로써 환경과 경제 영역뿐만 아니라 사회 영역과의 긴밀한 연계에도 주목하고 있음을 분명히 하고 있다.[45] 이 부분에서 미래 대비 전략이자 성장 전략인 그린딜과 사회정책의 접점이 발생한다. EU는 녹색경제로의 전환 과정에서 가장 큰 영향을 받는 부문 및 지역에 대한 재정 및 기술적 지원 내용을 담은 정의로운 전환 체제(Just Transition Mechanism)를 강조하고 있다. 화석연료에 대한 의존도가 높아 녹색 전환 및 디지털 전환이 추진될 경우 상대적으로 큰 피해가 예상되는 부분을 특별히 배려하기 위한 공정 전환(ein fairer Übergang) 메커니즘도 제시하고 있다.[46] 공정전환 메커니즘에는 공정전환기금(Just Transition Fund)의 신설, 유럽투자은행(EIB)의 융자 지원 등을 통해 지역 난방망 건설과 건물 리노베이션 등의 지원과 아울러 지역사회·지방정부·사회 파트너·NGO 등이 참여하는 공정 전환을 위한 거버넌스 구축 내용

44 정명규, *op. cit.*, p. 59.
45 Europäische Kommission(2019), *op. cit.*, p. 4.
46 *Ibid.*, pp. 18-20.

이 담겨 있다.[47]

결국 EGD는 기본적으로 성장 전략의 차원에서 추진된 것이지만, 성장 그 자체만을 목적으로 삼지는 않고 있다. EGD는 전략의 하나로 녹색 전환을 표방함과 동시에 사회적 차원에서 전환의 정의로움과 포용성을 강조하고 있다. 즉, 녹색 전환 과정에서 누구도 뒤처지지 않아야 하고, 다른 한편으로 전환이 광범위한 사회적 수용과 적극적인 대중 참여를 기반으로 해야 한다는 점을 부각시키고 있다. 특히 후자는 녹색 전환의 성공을 좌우하는 전제 조건으로 여기고 있고, 이와 관련하여 EGD는 다음의 세 가지에 주목하고 있다. 첫째, 취약계층과 노동자 및 지역공동체에 초점을 두는 맞춤형 접근 방식, 둘째, 노동자에게 필요한 역량과 기술을 제공함으로써 녹색정책을 가능하게 하는 사회투자정책, 셋째, 모든 사람에게 공정하고 정의로운 전환을 보장하는 핵심적인 정책 틀로서의 유럽사회권기둥(European Pillar of Social Rights)의 강조가 바로 그것이다.[48] 이러한 점에서 EGD는 유럽연합 차원에서 필요한 시의적절한 사회정책의 내용을 제공한 것으로 평가된다.

2) 유럽사회권기둥(EPSR)과 실행계획(Action Plan)

① 유럽사회권기둥과 사회정책의 원칙

유럽사회권기둥(European Pillar of Social Rights)은 노동시장 및 복지 분야에서 더 공정한 유럽을 건설하기 위한 20개의 주요 원칙과 권리를 담고 있는 22쪽 분량의 선언서로 유럽위원회가 주도했다. 유럽의회와 유럽이사회 및 유럽위원회는 COVID-19 발생 이전인 2017년 11월 16일 스웨덴 예테보리(Göteborg)에서 공정

47 정명규, *op. cit.*, p. 59.
48 김일곤, *op. cit.*, p. 38; 40.

한 직업과 성장을 위한 사회정상회의(Social Summit for Fair Jobs and Growth)를 개최하고, 17일 엄숙한 선언(a solemn declaration)으로 유럽사회권기둥을 채택했다. EPSR은 노동시장에 대한 동등한(equal) 기회 및 접근, 공정한(fair) 근로 조건, 사회적 보호 및 포용(inclusion)이라는 내용을 중심으로 구성되었다.[49] 비록 선언서로서의 EPSR은 구속력 있는 문서가 아니지만,[50] 조약에 포함된 기존 권리를 재확인하고, 사회정책에 대한 공동의 의지를 다졌다는 점에서 의미를 찾을 수 있다.[51]

유럽사회권기둥 선언의 배경으로는 크게 네 가지, 즉 지식과 정보 기반 산업 전략을 꾀한 2000년의 리스본전략(Lisbon Strategy)의 미흡한 성과와 2008년 이후의 유로존 위기 및 시리아 내전으로 야기된 난민 사태 그리고 리스본전략을 계승하여 2010년에 제안된 유럽 2020 전략(Europe 2020 Strategy)의 목표 달성 실패 가능성이 지목된다. 특히 2020 전략은 스마트하고, 지속 가능하며, 포용적인 성장(smart, sustainable, inclusive growth)을 목표로 하였지만,[52] 2017년의 유럽 상황은 2010년에 제시한 경제 및 사회적 목표와는 상당한 거리를 보였다. 목표 달성에 실패한 것이다. 이에 유럽위원회는 보다 높은 수준의 사회적 권리를 제공할 목적으로 새로운 정책 마련에 착수했다. 그 결과, 당면 문제를 극복하고 사회경제적 정의를 실현할 새로운 수단이 필요하다는 인식하에 도출된 것이 바로 EPSR이다.[53] 2015년 당시 유

---

49 European Commission, 2017, *European Pillar of Social Rights*; https://commission. europa.eu/system/files/2017-11/social-summit-european-pillar-social-rights-booklet_en.pdf, p. 3.

50 채형복, “리스본조약상 유럽사회권기둥의 법적 의미,” 인하대학교 법학연구소, 『법학연구』, vol. 22, no. 3 (2019), p. 480.

51 채형복은 EPSR의 의의를 다음과 같이 요약한다. 첫째, EPSR을 도입·실시함으로써 EU기본권헌장이 지향하는 기본권적 가치 실현을 위한 법적 근거를 확보할 수 있다. 둘째, 리스본조약 가운데 특히 TFEU 제153조 1항 (j)·(k)호에 의거한 사회보호를 실현함으로써 노동정책 중심의 사회정책을 개선할 수 있는 법적 근거를 확보했다. 셋째, EPSR은 향후 EU가 지향하는 사회정책의 방향을 제시하고 있다. *Ibid.*, p. 462.

52 *Ibid.*, p. 463.

53 *Ibid.*, pp. 462-464.

럽위원회 위원장이었던 융커(Jean-Claude Juncker)는 유럽의회 및 유럽이사회 연설에서 처음으로 EPSR을 언급했고, 이후 2016년 지속적인 노력을 거쳐 2017년에 정상회의의 형식을 통해 유럽사회권기둥을 공표하기에 이르렀다.

유럽연합의 사회정책 관련 20개의 원칙을 제시하고 있는 EPSR은 전문(Preamble)과 3개의 장으로 구성되어 있다. 제1장은 노동시장에 대한 동등한 기회 및 접근과 관련된 정책으로 일반 교육, 전문 교육 및 평생 학습, 양성평등, 동등한 기회, 고용에 대한 적극적인 지원 등의 내용을 담고 있다. 공정한 근로 조건이 수록된 2장에는 안전하고 적응력 있는 고용, 임금, 해고 시 고용 조건 및 보호에 관한 정보, 사회적 대화와 근로자 참여, 일과 삶의 균형, 건강하고 안전하며 잘 보존된 근로 환경 및 데이터 보호에 대한 정보 정책과 관련된 원칙이 제시되어 있다. 3장은 사회적 보호 및 포용과 관련된 부분으로 아동에 대한 지원, 사회적 보호, 실업 수당, 최저 소득, 노령 소득 및 연금, 의료, 장애인 포함, 노숙자에 대한 장기 치료, 주거 및 지원, 필수 서비스 이용에 관한 원칙적인 내용을 담고 있다. EPSR은 회원국의 노동시장과 사회 수준이 장기적으로 유럽사회권기둥에 정의된 '표준'에 근접할 수 있도록 하는 이정표 역할을 하는 것이다.[54] 물론 회원국들은 EPSR의 이행 의무를 지지는 않는다. 하지만 EPSR은 유럽위원회가 다양한 사회정책 관련 규제 노력에서 참조가 되는 문건이라는 점에서 간과할 수 없는 유럽연합 차원의 합의안이다.

54 European Commission(2017), *op. cit.*, pp. 3-9.

② 실행계획과 사회정책의 주요 내용

2021년 3월 유럽위원회가 47쪽으로 작성한 유럽사회권기둥 실행계획은 2017년 유럽사회권 기둥에 담긴 20개 원칙의 실현을 위한 구체적인 방안을 3개의 장 안에 제시하고 있는 문서이다. 아울러 이 문서는 2021년 5월로 예정되어 있던 포르투사회정상회의(Porto Social Summit)를 위해 유럽위원회가 준비한 실천 계획안이기도 하다. 이는 유럽사회권기둥과 유럽그린딜 이후에 발표된 것으로 원칙으로 제시된 유럽사회권기둥에 유럽그린들의 지향점 및 COVID-19로 야기된 유럽의 상황이 함께 어우러져 반영된 산물이다. 때문에 구체적인 내용을 담고 있는 실행계획은 유럽사회권기둥과 유럽그린딜의 합작품인 셈이다. 3개의 장으로 구성된 문건은 전문을 포함하여 2030년까지 도달하고자 하는 유럽연합의 '야망'을 실현할 유럽연합의 세 가지 목표와 유럽사회권기둥 원칙의 실행 방법 및 실행을 위한 제 세력과의 협력 방안이 주요 내용으로 담겨 있다. 실행계획은 우선 2030년까지 유럽연합이 달성코자 하는 목표가 제시되어 있고, 유럽 인구의 80%가 유럽사회권기둥을 그들의 미래를 위해 매우 중요하다고 생각한다는 점을 실행계획의 추진 명분으로 분명히 하고 있다. 유럽사회권기둥 실행계획이 담고 있는 2030년의 '야망'은 다음의 세 가지이다: 첫째, 2030년까지 20-64세 인구의 78% 이상이 취업, 둘째, 매년 전체 성인의 60% 이상이 교육에 참여, 셋째, 2030년까지 빈곤 또는 사회적 배제 위험 인구를 최소 1,500만 명 감소.[55]

실행계획은 기후변화와 환경 문제, 디지털화, 세계화 및 인구 통계학적 추이에 따라 일상생활이 빠르게 변화하고 있다고 인식하면서, COVID-19로 유럽이 일자리, 교육, 경제, 복지 시스템 및 사회생활에 있어 더욱 급격한 변화에 노출되

---

55 European Commisssion, 2021, *THE EUROPEAN PILLAR OF SOCIAL RIGHTS ACTION PLAN*; https://op.europa.eu/webpub/empl/european-pillar-of-social-rights/downloads/KE0921008ENN.pdf, p. 9.

었음을 지적한다. 전문에 해당하는 5쪽에서 실행계획은 공정한 전환과 회복을 위한 강한 '사회 유럽'을 선언하고 있다. 그리고 실행계획이 2017년의 유럽사회권기둥과 직접적인 관련이 있음을 밝히고 있다.

> "강한 '사회 유럽(Social Europe)'이란 사람들과 그들의 복지에 관한 것이다. 유럽인들은 유럽의 독특한 사회적, 경제적 모델을 중요시하고, 성별, 인종 또는 민족적 기원, 종교 또는 신념, 장애, 나이 또는 성적 지향에 관계없이 모두에게 기회를 가져다 줄 것으로 기대한다. 유럽연합의 야망은 공동 번영의 약속을 이행하는 것이다. 이는 2017년 유럽의회, 이사회 및 유럽위원회가 선언한 유럽사회권기둥의 약속이기도 하다."[56]

유럽인들이 번영할 수 있는 더 친환경적이고 더 디지털적인 향후 10년을 위한 통합, 조정 및 연대가 필요함을 강조한 유럽사회기둥권 실행계획은 기후중립, 디지털화가 사회적으로 공정하고 정당하며, 유럽그린딜과 '2030년 디지털 10년'이 모든 유럽인을 성공적으로 만들 것이라고 확신하고 있다.[57] 유럽사회권기둥의 20가지 원칙이 강력한 사회 유럽을 위한 새로운 사회 규칙서(social rulebook)임을 밝힌 실행계획은 유럽사회권기둥의 효과적인 실천이 중요하며, 이는 고용, 기술 및 사회정책에 대한 책임을 지는 회원국들의 결의와 행동에 크게 달려 있다[58]는 점을 잊지 않고 있다.

> "유럽이 위기 대응에서 회복으로 전환함에 따라 2030년 고용 목표 78%를 향한 지속 가능한 방안을 구축하기 위해서는 양질의 일자리 창출과 고용에 대한 보다 진전된

56 *Ibid.*, p. 5.
57 *Ibid.*, p. 6.
58 *Ibid.*

지원이 필요하다. 경제 생태계 전반에서 회복을 지원하고 일자리 창출 잠재력을 극대화하기 위해서는 완벽하게 기능하는 단일시장의 복원 및 촉진이 필수적이다. 사람들에 대한 투자는 녹색 및 디지털 부문으로의 일자리 전환을 촉진하고, 전염병의 영향을 가장 많이 받는 부문의 구조 조정 지원에 필수적이다. COVID-19 위기 이후 회원국의 풍부한 일자리 회복을 지원하기 위해 유럽위원회는 일자리 창출과 특히 디지털 및 녹색 부문 확대를 위한 일자리 전환의 촉진 관련 정책 조치와 가용 자금의 배합에 대한 지침을 제공한다."[59]

"활기찬 산업은 유럽의 미래 번영과 새로운 일자리의 핵심이다. 유럽의 산업은 약 3,500만 명을 고용하고 있고, 수백만 개의 일자리가 여기에 더하여 연결되어 있다. 유럽위원회는 2020년 3월 출범한 신산업 전략 및 순환 경제 실행계획을 통해 혁신적이고 경쟁력 있는 산업 생태계를 활성화하는 산업정책 기반을 마련했다. 산업이 녹색 및 디지털 전환을 주도할 수 있도록 유럽의 경쟁력과 탄력성의 지속적 보장을 위한 전략이 업데이트될 것이다." [60]

"기술과 교육에 투자하여 모두에게 새로운 기회를 제공한다 … 숙련된 노동력은 혁신적인 아이디어와 제품, 기술 개발에 의해 구동되는 번영하는 녹색 및 디지털 경제의 원동력이다 ... 녹색 및 디지털 전환은 교육 및 훈련 시스템에 대한 지속적인 투자 필요성을 더욱 증폭시킨다 … 또한 다가오는 유럽 디지털 교육 허브를 포함한 디지털 교육 실행계획 2021-27는 유럽의 고성능 디지털 교육 생태계의 개발을 지원하고 디지털 기술과 역량을 강화하여 모두를 위한 디지털 전환의 달성을 목표로 한다."[61]

실행계획은 마지막 부분에서 정의로운 전환과 회복을 위한 더 강력한 사회 유

59 *Ibid.*, p. 16.
60 *Ibid.*, p. 17.
61 *Ibid.*, pp.22-23.

럽을 건설하기 위해 유럽사회권기둥의 추가 이행을 위한 EU 차원의 실천 방안을 제안한다. 유럽위원회는 회원국 및 각국의 지방 정부 및 시민 사회에 유럽사회권기둥이 담고 있는 사회적 기준의 준수와 아울러 투자와 개혁의 중심에 둘 것을 요청하고 있다. 실행계획은 2021년 5월 7일부터 5월 8일까지 포르투갈 의회 의장단이 주최하는 사회정상회담(social summit)을 위해 마련된 준비물이기도 했다.[62]

③ 포르투 선언(Porto declaration)

유럽연합 차원의 사회권의 기본 원칙을 밝힌 2017년의 유럽사회권기둥(EPSR)은 2021년 3월의 실행계획을 거쳐 2021년 5월 포르투 사회 정상 회담(Social Summit)에 주요 안건으로 상정되었고, 유럽연합 차원의 사회정책 전개에 새로운 이정표로 자리 잡게 되었다. 물론 이러한 전개 과정에는 기후변화와 환경문제에 종합적으로 대응하고자 한 유럽그린딜과 아울러 COVID-19라는 전 세계적 차원의 전염병 확산이 배경적 요인으로 작용하였다. 이런 점에서 포르투 선언 역시 유럽사회권기둥과 유럽그린딜이 결합한 성과물이다. 핵심 내용은 기후와 탄소중립의 녹색 전환과 디지털 전환이 사회적으로 정의로워야 한다는 점이다. 사회정상회의 의장국 포르투갈 총리는 포르투 선언은 미래와 희망에 대한 약속이며, 기후 목표와 함께 사회적 기둥을 구현해야 더 번영하고 공정한 사회를 만들 수 있음에 합의한 결과라는 점을 강조했다. 기후변화 대응전략과 친환경 정책은 사회정책과 긴밀하게 연계되어 추진되어야 한다는 점을 재확인하고 있는 것이다.[63] 핵심 내용을 중심으로 13개 항으로 짧게 구성된 포르투 선언은 2021년 5월의 사회정상회담(Social Summit)에서 확정되었다. 다음은 포르투 선언의 핵심 내용이다.

---

62 *Ibid.*, p. 41.
63 김일곤, *op. cit.*, p. 42.

“1. 우리는 COVID-19 대유행과의 싸움에서 유럽연합과 연대의 중요성을 강조한다. 우리는 사회적 유럽을 향해 노력하겠다는 우리의 약속을 재확인한다. 3. 우리가 녹색 및 디지털 전환을 가속화함에 따라, 대규모의 투자와 관련 개혁 작업은 분명히 유럽연합과 회원국들을 공정하고 지속 가능하며 탄력적인 회복을 향한 개혁의 길에 함께 하게 할 것이다. 4. 유럽사회권기둥은 회복(recovery)의 기본 요소이다. 유럽사회권기둥의 이행은 디지털, 녹색 및 공정한 전환을 향한 유럽연합의 정책 추진을 강화하고, 사회 및 경제적 수렴(convergence)을 달성할 것이다. 5. 2019-2024년 EU 전략 의제에서 밝힌 바와 같이, 우리는 각 역량과 보충성 및 비례성 원칙을 충분히 고려하여 EU와 회원국 차원에서 유럽사회권기둥의 이행을 지속적으로 심화시키기로 했다. 유럽위원회가 2021년 3월 4일에 제시한 실행계획은 고용, 기술, 건강 및 사회 보호 분야를 포함하여 유럽사회권기둥의 이행을 위한 유용한 지침을 제공한다. 6. 우리는 일자리, 기술 및 빈곤 감소에 대한 새로운 EU 핵심 목표와 다양한 국가 상황을 고려하여 유럽사회권기둥 원칙의 이행 현황을 알리는 ‘사회점수판(Social Scoreboard)’ 설치를 환영한다. 8. 우리는 교육과 기술을 정치적 실천의 중심에 둘 것이다. 녹색 및 디지털 전환은 유럽 시민들에게 엄청난 기회를 제공할 뿐만 아니라 노동 수요가 증가하는 분야로의 고용 전환을 촉진할 것이다. 이를 위해 교육, 직업 훈련, 평생 학습, 기술 향상 및 재기술 훈련에 더 많이 투자할 것이다. 9. 우리는 불평등을 줄이고, 공정한 임금을 방어하며, 사회적 배제와 싸우고 빈곤을 해결하며, 아동 빈곤과 싸우고 장기 실업자, 노인, 장애인 및 노숙자와 같은 취약 집단의 배제 위험을 해결하는 데 전념한다. 10. 우리는 차별과 싸우고, 고용, 임금, 연금의 성별 격차를 줄이고, 우리 사회의 모든 개인에 대한 평등과 공정성을 증진하기 위해 적극적으로 노력할 것이다. 11. 우리는 COVID-19 위기로 노동시장 참여는 물론 교육 훈련 계획에도 큰 차질을 빚고 있는 청년들을 지원하기 위한 조치를 우선적으로 추진할 것이다. 그들이 미래의 유럽을 건설하는 데 도움이 되는 포용적인 녹색 및 디지털 회복의 원동력이 되도록 해야 한다.”[64]

---

64 https://www.consilium.europa.eu/en/press/press-releases/2021/05/08/the-porto-declara- tion (검색일: 2023. 7. 1.)

유럽사회권기둥, 유럽그린딜, 유럽사회권기둥 실행계획 및 포르투 선언은 유럽연합 사회정책의 최근 동향을 파악하는 데 있어 간과해서는 안 될 핵심적인 문건이다. 그간 초국가성과 국가성 간 그리고 상이한 사회복지 모델을 둘러싼 회원국 간의 긴장 관계에서 실용적인 우회 전략으로 해법을 찾아온 유럽연합 사회정책이 최근에도 같은 방식으로 추진되고 있으나, 경제정책과의 조율에만 치중되었던 이전의 사회정책과 달리 경제 상황과 기후변화 및 친환경 정책과의 긴밀한 관계 속에서 사회정책을 구상하고 추진하고 있다는 점에서는 비연속성을 보이고 있다. 복합위기에 대한 공감 속에서 짧은 기간 내에 유기적인 관계 속에서 발표된 이들 문헌에서 읽히는 사회정책의 방향과 내용은 향후 유럽연합 사회정책의 골간을 이룰 것이다.

4. 맺음말

제2차 세계대전 이후의 유럽통합 초창기에 '사회적 유럽'의 건설은 주로 당위론적인 차원에서 논의되었다. 경제 통합 중심의 통합 과정에서 예견될 수 있는 일이었다. 대량 실업의 문제가 부각된 1960년대 말과 세계적 차원에서 진행된 1970년대의 경제위기를 거쳐 1980년대 초반 유럽 경제의 어려움이 노출되고 나서야 유럽공동체 내에서는 사회정책 강화의 필요성을 강조하기 시작했고, 이는 이후의 각종 조약 및 선언 속에 반영되어 축적돼 왔다. 1987년의 단일유럽법과 1989년의 사회헌장, 1993년의 유럽연합조약, 1999년의 암스테르담조약 그리고 2009년의 리스본조약에 담겨 있는 사회정책은 바로 이러한 흐름의 결과물이다. 이 시기의 사회정책은 다분히 경제정책과의 연계 속에서 조율되었고, 정책 내용은 주로 이동의 자유와 ILO 권장 수준의 근로 조건 개선 및 고용 문제를 중심으로 한 노동시장의 수급 문제, 즉 좁은 의미의 사회정책 범주에 치중됐다. 물론 이는 유럽연합 사회정책의 한계에서 연유한다.

리스본조약의 권한 배분 원칙에서 드러나듯, 유럽연합 정책에는 초국가 수준에서 배타적으로 추진되는 분야가 있는가 하면 개별 회원국의 국가 주도성이 관철되는 영역도 여전히 존재한다. 사회정책의 경우 유럽연합 규범의 직접적용성과 우위성이 확실하게 관철되지 못하고 있는 영역으로 분류된다. 유럽연합의 사회정책이 고용정책이나 지역 균형 등 최소한의 영역에 머물고, 재분배나 빈곤 해소 해결과는 거리를 두고 진행되어 온 이유도 이와 관련이 있다. 여기에 회원국별로 상이한 복지국가 모델 역시 공통적인 사회정책의 추진을 어렵게 만들고 있는 요인으로 작용한다. '유럽사회모델' 도입의 당위성은 회원국 간에 인정되고 있으나, 방향과 그 내용은 여전히 불투명한 상태가 유럽 사회정책의 현주소이다. 이런 상황에서 유럽연합 사회정책 실행의 비책은 회원국 간에 공감대를 형성할 수 있는 범위 내에서 실행 가능성을 찾아 나가는 틈새 전략에 있다. 최근의 사회정책도 이의 연장선에서 추진되고 있다.

유럽 통합사에서 사회정책은 경제 상황에 따라 변화해 온 연속과 비연속의 과정이었다. 비록 그 과정은 더디게 진행됐지만, 사회정책에 담긴 내용은 확대되어왔다. 경제 영역에 비해 공동 정책으로 발전하는데 지체된 이유는 주요 사회정책 운용이 개별 국가 중심으로 진행되었고, 회원국 간 상이한 사회복지 체제가 유지되고 있는 데서 찾을 수 있다. '사회적 유럽'은 유럽식 사회 모델을 발전시키려는 지속적인 노력의 표현이기는 하지만, '사회적 유럽'의 완성을 어렵게 하는 여러 요인은 엄존한다.[65] 아울러 유럽연합 차원에서 넓은 의미의 사회정

65 구춘권, *op. cit.*, p. 233.

책이 관철되기를 기대할 수 없는 상황이 지속되고 있음도 사실이다. 때문에 사회정책은 현실적인 제한 속에서 회원국 간 합의 가능한 부분을 중심으로 실용적인 차원에서 전개되고 있다. EGD, EPSR 및 실행계획 그리고 포르투 선언에서 나타나는 디지털 전환과 녹색 전환 관련 사회정책의 최근 동향도 이러한 흐름의 연장선에서 이루어지고 있는 것이다. 네 개의 문건은 시간적으로뿐만 아니라 내용적으로도 상호 영향을 미치면서 최근 사회정책의 내용을 구성하고 있다. 특징적인 것은 최근의 사회정책이 전통적인 경제정책과의 결합 모델에 더해 기후변화 대응 및 환경정책과 밀접하게 연계되어 추진되고 있다는 점이다.

보다 나은 '유럽사회모델'의 구축을 위해서는 실용주의적인 기존 사회정책에 대한 보다 근본적인 진단과 처방에 대한 보완 작업이 병행되어야 한다는 지적은 여전히 유효하다.[66] 유럽연합 사회정책의 최근 흐름이 사회-생태적 목표를 분명히 하고 그 폭을 넓혔다는 점에서는 분명 긍정적으로 평가할 수 있으나, 여전히 성장 전략에 기초하고 있다는 점에서 유럽사회모델 옹호론자들로부터 그간 지적되어 온 한계점을 극복하는 데는 미흡해 보인다. 선언 및 전략 수립 수준을 넘어 구속성을 수반하는 조약 형태의 합의 도출이 유럽연합 사회정책을 한 단계 더 발전시킬 수 있다는 점도 재삼 음미할 필요가 있다고 본다.

---

66 이와 관련하여 로렌트(Laurent)는 유럽연합 차원에서 사회 및 생태적 차원의 '야망'을 넓히고 강화했다는 측면에서는 기여점으로 인정하나, 성장 전략에 기초하고 있다는 점에서 사회정의 실현에는 한계점을 보인다고 비판한다. Éloi Laurent, "The European Green Deal: from growth strategy to social-ecological transition?," Bart Vanhercke/Slavina Spasova/Boris Fronteddu(ed.), *Social Policy in the European Union: state of play 2020* (Brussels: Ose & etui, 2020), pp. 97-111; https://www.etui.org/publications/social-policy-european-union-state-play-2020

참고문헌

강유덕·박상준 역. 『유럽경제공동체 설립조약 & 유럽원자력공동체 설립조약』. 유럽인문사회비교연구센터 유럽연합기본조약 총서 제2권. 서울: 신서원, 2023.

구춘권. "'사회적 유럽'과 유럽연합의 노동정책의 발전". 한국정치학회. 『한국정치학회보』, 제42집 제3호(2008), pp. 219-238.

김면회 역. 『단일유럽법 & 유럽연합조약』, 유럽인문사회비교연구센터 유럽연합기본조약 총서 제3권. 서울: 신서원, 2023.

김면회. "단일유럽법과 유럽연합조약 – 수세에서 공세로의 징검다리". 김면회 역. 『단일유럽법 & 유럽연합조약』, 유럽인문사회비교연구센터 유럽연합기본조약 총서 제3권. 서울: 신서원, 2023. pp. 25-65.

김시홍. "유럽사회모델과 유럽연합의 사회적 차원". 한국유럽학회편. 『유럽의 사회통합과 사회정책』. 서울: 한국학술정보, 2011, pp. 95-115.

김일곤 역. 『유럽석탄철강공동체 설립조약』. 유럽인문사회비교연구센터 유럽연합기본조약 총서 제1권. 서울: 신서원, 2022.

김일곤. "유럽연합(EU)의 위기와 유럽 그린 딜(EGD)의 전략적 함의". 통일연구원-한국외대 EU연구소 인문사회연구사업단 공동학술회의 발표문, 2023, pp. 31-51.

문진영. 『유럽연합의 사회정책에 관한 연구』. 서울: 집문당, 2009.

임문영. 『유럽연합의 사회정책』. 대구: 계명대학교 출판부, 2003.

정명규. "EU의 신성장 전략, '유럽 그린딜'". KDI경제정보센터, 「나라경제」, 2020년 10월호; https://eiec.kdi.re.kr/publish/naraView.do?fcode=00002000040000100010&cidx=13050&sel_year=2021&sel_month=02&pp=20&pg=1

채형복. "리스본조약상 유럽사회권기둥의 법적 의미". 인하대학교 법학연구소. 『법학연구』, vol. 22. no. 3, 2019. pp. 461-491.

콜린 크라우치(Colin Crouch). 박상준 역. 『사회적 유럽 선언』. 서울: 페이퍼로드, 2020.

Boeckh, Jürgen, Huster, Ernst-Ulrich, Benz, Benjamin. *Sozialpolitik in Deutschland*. Wiesbaden: VS Verlag für Sozialwissenschaften, 2004.

Schmidt, Manfred G. *Sozialpolitik in Deutschland: Historische Entwicklung und internationaler Vergleich*. Opladen: Leske+Budrich, 1998.

Europäische Kommission. *Der europäische Grüne Deal*. 2019.12.11. https://eur-lex. europa.eu/resource.html?uri=cellar:b828d165-1c22-11ea-8c1f-01aa75ed71a1.0021.02/DOC_1&format=PDF (2023년 7월 1일 검색)

European Commission. *European Pillar of Social Rights*. https://commission. europa.eu/system/files/2017-11/social-summit-european-pillar-social-rights-booklet_en.pdf (2023년 7월 1일 검색)

European Commisssion. *THE EUROPEAN PILLAR OF SOCIAL RIGHTS ACTION PLAN*. https://op.europa.eu/webpub/empl/european-pillar-of-social-rights/downloads/KE0921008ENN.pdf (2023년 7월 1일 검색)

Laurent, Éloi. "The European Green Deal: from growth strategy to social-ecological transition?". Vanhercke, Bart/Slavina Spasova/Boris Fronteddu(ed.). *Social Policy in the European Union: state of play 2020*. Brussels: Ose & etui, 2020. https://www.etui.org/publications/social-policy-european-union-state-play-2020 (2023년 7월 1일 검색)

https://de.wikipedia.org/wiki/European_Green_Deal (2023년 7월 1일 검색)

https://dic.hankyung.com/economy/view/?seq=14929 (2023년 7월 1일 검색)

https://www.consilium.europa.eu/en/press/press-releases/2021/05/08/the-porto-declaration (2023년 7월 1일 검색)

제4장 유럽사회권기둥(The European Pillar of Social Rights)의 의미와 한계

박상준

"배제가 아닌 포용을 통해 문제를 해결하려는 노력에서 얻는 이득도 크다. 배제는 상호 원망, 혐오, 그리고 결국 폭력을 초래하는 반면, 포용은 이러한 해악들을 피하고 관대하고 건설적인 관계를 맺게 한다. 이기심과 배제의 호소들은 단순하고 쉽지만 어둡고 사나운 목적지로만 이어질 뿐이다. 협력과 포용에 대한 요구들은 더 부담되지만, 그것들은 헤아릴 수 없을 정도로 더 큰 궁극적인 보상을 가져다준다.[1]"

- 콜린 크라우치의 「사회적 유럽」 중에서

1. 머리말

유럽의회(European Parliament) · 유럽이사회(European Council) · 유럽위원회(European Commission)는 2017년 11월 16일 스웨덴 예테보리(Gothenburg)에서 '공정한 일자리와 성장을 위한 사회정상회의(Social Summit for Fair Jobs and Growth)'를 개최하고 11월 17일 '엄숙한 선언(a solemn declaration)'으로 20개의 구속력 없는 원칙으로 구성된 '유럽사회권기둥(European Pillar of Social Rights, EPSR)'을 채택했다. 당시 유럽위원회 위원장인 장-클로드 융커(Jean-Claude Juncker)는 "우리 연합은 항상 사회적인 프로젝트였다. 우리 연합은 단일시장, 화폐, 유로 그 이상의 것이다. 우리 연합은 우

1 콜린 크라우치 지음, 박상준 옮김, 『사회적 유럽 선언』 (서울: 페이퍼로드, 2021), p. 125.

리의 가치와 우리가 살고 싶은 방식에 관한 것이다"[2]라고 천명했다.

유럽사회권기둥(EPSR)을 선포한 예테보리 사회정상회의(Gothenburg Social Summit) 이후 3년 반이 지난 2021년 5월 7-8일 포르투 사회정상회의(Porto Social Summit)를 개최하기 위해 유럽연합(European Union, EU) 회원국 정부 수반들이 모였다. 포르투 사회정상회의의 목표는 모든 수준(유럽연합 기관, 회원국, 사회적 파트너 그리고 시민 사회)에서 유럽사회권기둥의 실행에 대한 정치적 자극을 제공하고 보다 구체적인 실행계획을 승인하는 것이었다. 특히 포르투 사회정상회의는 코로나-19 팬데믹 과정에서 유럽사회적기둥이 유럽 재건과 복원 계획의 중추적 요소임을 확인하는 자리이자 사회적 유럽을 향한 유럽연합과 그 회원국을 정치적 의지를 표명하는 자리였다.

유럽이사회는 2021년 5월 8일 채택된 포르투 선언(Porto Declaration)에서 "우리는 코로나-19 팬데믹과의 싸움에서 유럽의 단합(unity)과 연대의 중요성을 강조한다. 이러한 가치들은 위기에 대한 유럽 시민들의 대응을 규정했으며, 우리의 공동 프로젝트와 독특한 사회적 모델의 핵심에 자리매김하고 있다. 그 어느 때보다도 유럽은 사회적 결속과 번영의 대륙이 되어야 한다. 우리는 사회적 유럽(Social Europe)을 향해 매진하겠다는 우리의 서약을 재확인한다"[3]라고 밝혔다. 이러한 맥락에서 동 선언은 "유럽사회권기둥은 회복의 근본적인 요소이며, 그 실행이 디지털, 녹색 그리고 정의로운 전환을 향한 유럽연합의 추진력을 강화하는 데 이바지할 것"[4]이라고 주장했다. 이처럼 2021년 유럽연합과 그 회원국들은

2 European Commission, "Factsheet - European Pillar of Social Rights: One year on", (2018).

3 European Council, "The Porto declaration", https://www.consilium.europa.eu/en/press/press-releases/2021/05/08/the-porto-declaration/ (2021), (2022년 12월 13일 검색)

4 *Ibid.*

'미래를 위한 새로운 사회계약(a new social contract for the future)'[5]인 유럽사회권기둥의 원칙을 행동으로 옮겨야 할 시기로 간주하고 있다.

이러한 일련의 과정은 유럽연합이 지난 시기 실패로 점철된 과거에서 벗어나 다시 한번 유럽 차원의 사회정책을 통해 사회적 유럽을 복원하려는 시도로 볼 수 있다. 유럽사회권기둥과 그 실행계획은 강력한 사회적 유럽을 향한 유럽위원회뿐만 아니라 유럽연합과 회원국의 약속이다. 그럼에도 불구하고 유럽사회권기둥과 그 실행계획은 사회적 유럽을 달성할 수 있는 혁신적인 구현 수단이 부재하다는 평가를 받고 있다. 그러므로 유럽연합과 회원국 정책에 대한 실행계획의 영향력을 감안할 때 그 한계는 명확히 지적되어야 한다. 이러한 맥락에서 본 글은 유럽사회권기둥의 의미와 한계를 연구 목적으로 삼는다.

이를 위해 본 글은 다음과 같이 구성된다. 우선 유럽연합 사회정책의 특성에 대해 이론적으로 고찰한 후, 유럽사회권기둥이 기본적으로 '소극적 통합에 이바지하는 규제적 정책'으로 정의한다. 다음으로 예테보리에서 포르투까지의 유럽사회권기둥의 발전 과정과 그 주요 내용을 다룬다. 이어서 유럽사회권기둥의 한계를 다룬다.

5 European Economic and Social Committee, "European Pillar of Social Rights: a new social contract for the future", https://www.eesc.europa.eu/en/news-media/press-releases/european-pillar-social-rights-new-social-contract-future (2021), (2022년 12월 13일 검색)

2. 이론적 논의

볼프강 슈트렉(Wolfgang Streeck)[6]에 따르면, 전후 국가관리자본주의 맥락에서 6개국의 공동 경제 계획을 위한 기구로 설립된 유럽연합은 '역내시장'이라는 슬로건 아래 신자유주의에 점점 더 헌신하는 자유무역지대로 성장했고, 회원국 확대에 따른 이질성이 증가함에 따라 적극적 통합(positive integration)보다는 소극적 통합(negative integration)이 우세하게 되었다. 그는 유럽 사회정책의 진화를 5단계로 구분하여 분석하면서 '오늘날 분명한 것은 1970년 대로 거슬러 올라가 유럽사회모델(European Social Model)에 실질적인 정치적 정의(definition)를 부여하는 초국가적 유럽 복지국가 프로젝트가 끝났다'라고 주장했다.

한편 카렌 앤더슨(Karen M. Anderson)은 유럽연합의 사회정책의 범위와 내용이 전통적인 사회정책의 의미와 여러 면에서 다르다고 주장했다. 사회정책은 개인의 복지 및 삶의 기회에 영향을 미치는 일련의 공공정책과 관련되어 있다. 사회정책의 전통적인 의미는 질병, 실업, 노령화 등과 같은 시장 및 사회의 위험으로부터 개인을 보호해야 함을 강조한다. 이러한 정책들은 전형적으로 (재)분배적이다. 즉 국가는 사회정책을 통해 사회집단 전반에 걸쳐 재정 자원을 재분배하고 공적인 사회서비스를 제공한다. 전통적인 사회정책 프로그램들은 조세를 통한 상당한 규모의 재정자원 동원과 사회적 분담을 요구한다. 그런데 사회정책에서 유럽연합의 역할은 전통적인 의미의 사회정책에서와는 상당히 다르다. 유럽연합은 극도로 제한적인 재정 자원과 행정 자원을 가지고 있다. 따라서 유럽연합의 역할은 '(재)분배적'이라기보다 '규제적(regulatory)'이다.[7] 예를 들어 유럽연합을

---

6 Wolfgang Streeck, "European Social Policy: Progressive Regression", *MPIfG Discussion Paper 18*/11 (2018).

7 Karen M. Anderson, *Social policy in the European Union*, (Basingstoke: Palgrave Macmillan, 2015), p. 3.

〈표 1〉 유럽 사회정책의 진화

단계	시간	조직	조약	회원국	정책 모델
1	1968년 까지	유럽석탄철강공동체 유럽원자력공동체 유럽경제공동체	로마	6	대부분 국가 혼합경제(mixed economy) 핵심 부문(철강, 석탄)에서 초국가적 산업정책에 착근된 사회정책
2	1985년 까지	유럽공동체	로마	9	노동 포용적인 초국가적 복지 (초-)국가 초국가적 국가주의(Supranational etatism)
3	1986~1995	유럽연합	단일유럽법 마스트리히트	12 15	회원국 복지국가에 대한 초국가적 규제와 조정 다층적 정체 초국가적 (준-)조합주의
4	1996~2008	유럽연합 경제통화연합	마스트리히트 암스테르담 니스	15 15 25	신노사자율주의 경쟁 국가: 경쟁적 (국가) 연대 시장 압력에 따른 연성법에 의한 거버넌스
5	2009~?	유럽연합 경제통화연합	리스본	27 28	신자유주의적 구조 개혁 건전화 국가의 초국가적 강화 역내시장의 4가지 자유에 따른 사회정책의 법적 제한

출처: Wolfgang Streeck, "European Social Policy: Progressive Regression", *MPIfG Discussion Paper* 18/11 (2018), p. 4.

개별 회원국과 비교해 보면, 직접 지출하는 역할이 거의 없으며, 과세 및 세출의 역할도 미미하다. 대신 유럽연합은 다양한 입법 또는 정책을 통해 유럽 내에 영향을 미친다. 이처럼 유럽연합 사회정책은 주로 사회 규제의 확대를 통해 달성되고 있다.

이와 동일한 맥락에서 프리츠 샤프(Fritz W. Scharpf)는 유럽연합 사회정책의 특성을 '시장 효율성을 촉진하는 정책과 사회 보호 및 평등을 촉진하는 정책 간의 입헌적 비대칭(constitutional asymmetry)'[8]이라고 평가했다. 다시 말해 유럽연합의 1차 입법(조약, 국제협정 등)과 2차 입법(규정, 지침, 결정 및 권고와 견해)은 시장 형성(market-building)을 촉진하지만, 사회 보호를 촉진하는 정책들을 거의 제공하지 않았다는 것이다. 예컨대 노동의 자유로운 이동과 관련된 유럽연합법(EU law)은 국경을 부적절한 것으로 간주했으며, 개별 회원국의 복지 시장 개방은 복지서비스에 대한 국가 통제를 약화시켰다. 유럽연합 사회정책에 적용되는 '개방적 조정 방식(Open Method of Coordination, OMC)'은 공통의 목표와 지표를 제시하여 입법적 비대칭성을 극복하려고 하지만 그리 유용하지 않는 것으로 판명되었다. 왜냐하면 유럽 통합의 과정은 적극적 통합보다는 소극적 통합을 중심으로 전개되어왔기 때문이다. 적극적 통합은 모든 회원국에 적용되는 공동 정책을 공식화하는 유럽연합의 노력과 관련된다. 반면 소극적 통합은 경쟁 및 자유로운 이동에 대한 장벽 제거를 목적으로 하는 유럽연합의 정책과 관련된다.[9]

적극적 통합과 소극적 통합 간의 구분은 사회정책 영역에서 유럽연합의 역할을 이해하는 데 핵심적이다. 적극적 통합은 공동 기준들 또는 정책들의 수립을 목적으로 하는 유럽연합의 입법과 관련되는 반면, 소극적 통합은 공동시장을 창출하기 위해 경제활동의 장벽을 제거하는 과정 등과 관련된다.[10] 양자 가운데 소극적 통합이 로마조약과 그 후속 조약들의 핵심 요인이자 원칙이었다. 즉 유럽통합 프로젝트는 정체-형성(polity-building)보다는 경제적 교환을 위한 장벽 제거와 더 관련이 깊다. 예

---

8 Fritz W. Scharpf, "The European Social Model: Coping with the Challenges of Diversity", *MPIfG Working Paper* 02/8 (2002).

9 Fritz W. Scharpf, "Negative and positive integration in the political economy of European welfare state", *Jean Monnet Chair Papers 28*, (Florence: European University Institute, 1995).

10 Karen M. Anderson, *op cit.*, p. 28.

를 들어 로마조약은 관세 동맹 시행에 요구되는 조치들과 연관되며, 로마조약의 핵심 규정들은 사회정책의 조화에 대한 경제 통합의 우위를 확립했다.

사회정책과 관련하여 유럽연합은 규제 국가(regulatory state)로 볼 수 있다. 일반적으로 사회정책은 재정정책에 기반한 (재)분배적 정책을 통해 추구되는 사회정책 목표들과 규제적 정책 수단에 의해 달성되는 사회정책 목표들로 구분할 수 있다. 전통적인 사회정책 영역들은 재정정책에 의존한다. 즉 정부의 역할이 상당히 중요하다. 규제적 사회정책들은 민간 행위자들에게 권한을 이양하거나 그들에게 직접 요구함으로써 사회정책 목표들을 추구한다. 규제적 사회정책은 (재)분배 사회정책과 반대로 비용이 많이 들지 않는데, 이는 비용을 개인, 기업 그리고 또 다른 비국가 행위자들에게 전가하기 때문이다. 그 까닭은 기본적으로 사회정책과 관련한 유럽연합 예산이 상당히 부족하기 때문이다. 유럽연합 예산의 제한된 규모는, 특히 사회정책의 경우, 재분배정책보다는 규제정책이 핵심적인 역할을 하도록 만든다. 다시 말해, 유럽연합은 정체-형성 과정에서 재분배적인 사회정책을 활용하기보다는 시장-형성과 관련된 규제적 정책에 집중한다. 이러한 의미에서 유럽연합 사회정책의 발전 과정은 '소극적 통합에 이바지하는 규제 정치(regulatory politics) 이야기'라고 평가될 수 있다.[11]

따라서 예테보리부터 포르투까지의 유럽사회권기둥의 여정 또한 이러한 평가에서 벗어날 수 없다. 비록 유럽사회권기둥과 그 실행계획이 채택됨으로써 사회적 유럽이 더 강력한 추진력을 얻게 되었지만, 여전히 규제적 정책과 소극적 통합에 머물고 있다.

---

11 *Ibid.*, pp. 29-30.

3. 유럽사회권기둥과 그 실행계획: 예테보리에서 포르투까지의 여정

유럽사회권기둥의 도입 논의는 2014년 11월 융커 위원회(Juncker Commission)가 출범하면서 본격적으로 시작되었다. 유럽위원회가 2015년 유럽의회, 이사회 그리고 유럽중앙은행(European Central Bank, ECB)에 통보한 '경제통화연합(Economic and Monetary Union, EMU)의 완성을 향한 단계에 관한 통지'[12]에서 향후 유럽연합이 사회적 차원의 정책을 적극적으로 실시해야 한다는 점을 환기하고 있다. 또한 융커 위원장이 주도적으로 작성하여 같은 해 6월 22일 발표한 '5인 위원장 보고서(Five President's report)'에서도 고용 및 사회정책 부문에서 최고 등급인 트리플 A(Social Triple A rating)를 획득하는 것은 재정금융정책 부문에서 최고 등급인 트리플 A(triple A in the financial sector)를 달성하는 것과 같은 의미라는 점을 분명히 하고 있다. 이처럼 그는 사회정책과 경제정책의 결합을 통한 유럽 시민들의 권리를 보다 확대 · 강화할 필요가 있다고 생각했다. 당시 유럽에서 사회경제정책의 실패로 인한 후유증은 컸다. 반이민 · 난민, 반이슬람 정서가 확산되고, 심지어 반유럽연합을 주장하는 포퓰리즘 정당이 약진하는 등의 문제에 직면하고 있었다. 이런 와중에 2016년 영국에서는 유럽연합 탈퇴를 묻는 국민투표에서 브렉시트에 찬성하는 결과가 나옴에 따라 유럽은 사회정책의 방향을 재설정할 수밖에 없는 현실에 직면하게 되었다. 이러한 상황

12 "유럽위원회는 유럽예산회기(European Semester)와 경제통화연합의 심화 과정에서 고용과 사회적 문제에 대한 초점을 강화하기 위한 조치를 취했다. ... 회원국의 고용과 사회적 성과에 더 집중하기 위해서는 더 많은 추가적인 조치가 취해져야 한다." European Commission, COMMUNICATION FROM THE COMMISSION TO THE EUROPEAN PARLIAMENT, THE COUNCIL AND THE EUROPEAN CENTRAL BANK: On steps towards Completing Economic and Monetary Union, Brussels, 21.10.2015, COM/2015/0600 final. https://eur-lex.europa.eu/legal-content/EN/TXT/?uri=CELEX%3A52015DC0600. (2023년 4월 12일 검색)

에서 출범한 융커 위원회는 역내시장을 중심으로 안정적이고 미래지향적인 유럽 차원의 사회정책을 적극적으로 추진하고자 했다.[13]

이처럼 융커 위원회가 출범할 당시 유럽은 유로존 위기의 영향으로 정당성 위기와 긴축정책의 부정적 영향에 따른 다중위기(polycrisis)에 직면해 있었다. 이러한 상황에서 융커는 경제적 · 사회적 위기가 남긴 상처를 해결하고 경기 침체 동안 저지른 실수를 바로잡기 위한 새로운 접근 방식을 옹호했다.[14] 융커는 「폴리티코(Politico)」와의 인터뷰에서 다음과 같이 언급했다.

> "나는 유럽 프로젝트의 중심에 사회적인 것을 되돌리려 노력해 왔다. ... 만약 우리가 유럽연합으로서 노동자, 노동계급의 지지를 잃는다면, 노동자들이 다른 사회세력과 같은 방식으로 고려되기 때문에 뒤처진다고 느낀다면, 우리는 유럽연합 전체에 대한 지지를 잃게 될 것이다."[15]

2017년 4월 26일 유럽위원회는 더욱 공정한 유럽을 건설하고, 사회적 차원을 강화하는 것이 자신의 핵심적인 역할임을 강조하면서 유럽사회권기둥에 관한 제안을 발표했다. 2017년 10월 23일 유럽이사회는 유럽위원회에 제안에 대해 합의했고, 예테보리 사회정상회의는 11월 17일 유럽사회권기둥을 엄숙하게 선언했다.[16] 유럽사회권기둥은 노동시장에서의 평등한 기회와 접근, 공정한 노동 조건, 적절하고 지속 가능한 사회 보호라는 세 가지 우선 정책을 설정하고, 정책별로 20가지 세

---

13 채형복, "리스본조약상 유럽사회권기둥의 법적 의미", 인하대학교 『법학연구』, 제22집 제3호 (2019), pp. 467-468.

14 Patrik Vesan, Francesco Corti, Sebastiano Sabato, "The European Commission's entrepreneurship and the social dimension of the European Semester: from the European Pillar of Social Rights to the Covid-19 pandemic", *Comparative European Politics*, volume 19 (2021), p. 281.

15 *Politico*, MARCH 23, 2017, "Juncker seeks to cement social pillar in Rome", https://www.politico.eu/article/jean-claude-juncker-social-pillar-eu-identity-commission-welfare-policy/ (2022년 12월 15일 검색)

16 채형복, *op cit.*, p. 471.

부 원칙에 따른 사회정책을 수립하여 실행하는 구조를 취하고 있다.[17]

〈표 2〉 유럽사회권기둥의 20가지 원칙과 권리

노동시장에서의 평등한 기회와 접근	공정한 노동 조건	적절하고 지속 가능한 사회보호
1. 교육, 직업 훈련, 평생 학습 2. 젠더 평등 3. 평등한 기회 4. 적극적인 고용 지원	5. 안정적이고 적응력 있는 고용 6. 임금 7. 고용 조건과 해고 시 보호에 관한 정보 8. 사회적 대화와 노동자의 참여 9. 일과 생활의 균형(work-life balance) 10. 건강하고 안정하며 충분한 적응력 있는 노동 환경과 데이터 보호	11. 육아와 아동 지원 12. 사회적 보호 13. 실업수당 14. 최저 소득 15. 고령자의 소득과 연금 16. 의료 17. 장애인 포용 18. 장기 돌봄 19. 노숙자를 위한 주택 및 지원 20. 필수 서비스의 접근

출처: European Parliament, Council of European Union, European Commission, *European Pillar of Social Rights – booklet*, (2017)을 바탕으로 저자 작성.

유럽사회권기둥 전문(Preamble)은 20개의 규정으로 구성되어 있다. 그중 1 규정은 "유럽연합조약 제3조에 따라 연합의 목적은 특히 완전 고용과 사회적 진보, 높은 수준의 환경 보호와 그 질적 수준의 개선을 목표로 균형 잡힌 경제성장과 물가 안정, 경쟁이 치열한 사회적 시장경제를 기반으로 하여 인민의 복지를 증진하고 유럽의 지속 가능한 발전에 매진하는 것이다. 연합은 사회적 배제와 차별과 싸우고, 사회 정의와 보호, 남녀 간의 평등, 세대 간의 연대 그리고 아동의 권리 보호를 증진한다"라고 유럽사회권기둥의 목적을 밝히고 있다. 5 규정은 "2000년 12월 7일 니스 유럽이사회에서 처음 선언된 유럽연합기본권헌장(The

17 *Ibid.*, p. 473.

Charter of Fundamental Rights of the European Union)은 유럽사회모델에 필수적인 기본 원칙을 보호하고 증진한다"라고 유럽적 차원의 사회정책의 연속성을 강조하고 있다. 한편 18 규정은 "연합 차원에서 유럽사회권기둥은 조약에 의해 부여된 연합의 권한과 임무의 연장을 수반하지 않는다. 유럽사회권기둥은 이러한 권한 내에서 시행되어야 한다"라고 그 적용 범위의 한계를 명시하고 있다.[18]

유럽사회권기둥은 개방적 조정 방식을 통해 각국의 사회 보호를 위한 전략적 틀을 제공했다. 이를 통해 종합적이고 적절한 지표 및 관리 수단을 선정하여 유럽연합의 사회경제적 상황을 파악하는 동시에 지속 가능한 개발 목표 달성을 추적하도록 한 것이다. 이와 관련하여 각 회원국의 성과 측정을 위해 '사회적 점수판(Social Scoreboard)'이 제안되었다. 유럽사회권기둥의 성과 지표로서 사회적 점수판은 2018년 발간된 합동고용보고서(Joint Employment Report, JER)에서 처음 제시되었으며, 유럽위원회는 합동고용보고서의 사회적 점수판이 노동 및 생활 여건의 모니터링, 그중에서도 특히 고용 성과와 사회 보호 성과의 모니터링을 위한 핵심 수단으로 활용될 것으로 기대했다. 이를 통해 유럽위원회는 사회적 점수판 지표의 결과를 분석하여 각 회원국의 유럽사회권기둥의 성과를 측정했다. 분석 결과는 '유럽예산회기(European Semester)'에 반영하여 예산 책정에 포함된다. 유럽예산회기는 회원국들이 각국의 경제 및 재정정책을 유럽연합 차원에서 합의된 목표와 규정에 따라 조율하기 위해 마련된 제도로서, 유럽위원회는 2018년부터 유럽사회권기둥을 바탕으로 한 국가별 권고안(Country-Specific Recommendations, CSRs)을 발표하고 있다.[19]

2021년 5월 포르투에서 개최된 사회정상회의는 코로나-19 팬데믹이 시작된

---

18 European Parliament, Council of European Union, European Commission, *European Pillar of Social Rights – booklet*, (2017), pp. 4-9.

19 한국직업능력개발원, 「사회정책 추진을 위한 지표연구」, (교육부, 2020), pp. 55-58.

이후 처음으로 유럽연합 정상들이 직접 만난 자리로 2017년 예테보리 사회정상회의의 후속 조치였다. 포르투 사회정상회의는 유럽위원회가 2021년 3월 4일에 제안한 유럽사회권기둥 실행계획(European Pillar of Social Rights Action Plan)에 대한 구체적인 제안과 실질적인 단계를 논의하는 자리였다. 포르투 사회정상회의는 "전달할 시간(Time to deliver)"을 모토로 삼아 유럽사회권기둥의 원칙을 유럽 시민들에게 구체적인 결과를 가져올 행동으로 전환하는 것을 목적으로 했다.[20]

〈그림 1〉 사회적 유럽에 대한 인식

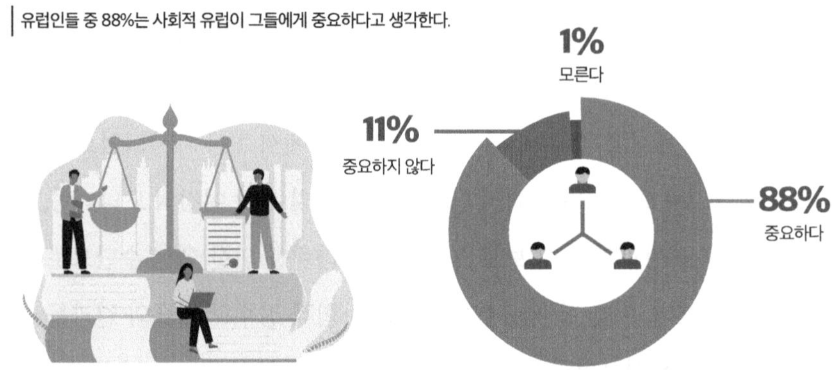

출처: European Commission, "Main results of the Special Eurobarometer on "Social Issues" - Infographics", (2021), p. 1.

유럽사회권기둥 실행계획의 목적은 "정의로운 전환과 회복을 위한 강력한 사회적 유럽(A Strong Social Europe for just transitions and recovery)"이다. 이를 명시한 유럽사회권기둥 실행계획 1장에 따르면, "강력한 사회적 유럽은 인민과 그들의 복지에 대한 것이다. … 기후변화와 환경문제, 디지털화, 지구화 그리고 인구 통계학적

20 László Andor, "The lights of Porto: The EU social season and its aftermath", *IMK Study*, No. 75, Hans-Böckler-Stiftung, Institut für Makroökonomie und Konjunkturforschung (IMK), (Düsseldorf, 2022), p. 2.

추세는 우리의 일상을 빠르게 변화시키고 있다. 코로나-19는 우리의 일자리, 교육, 경제, 복지제도 그리고 사회생활을 더욱 급격한 변화에 노출시켰다. … 유럽인 10명 중 9명(88%)은 사회적 유럽이 그들에게 중요하며 공정한 노동 조건과 사회적 보호뿐만 아니라 노동시장에 대한 평등한 기회와 접근을 제공해야 한다고 생각한다[〈그림-1〉 참조]. 사람을 위한 경제를 육성하고 사회적 진보를 촉진하는 '사회 규정집(social rulebook)'을 개선하고 조정하는 것이 이러한 변화에 대한 유럽 대응의 핵심이다."[21]

〈표 3〉 개정된 사회적 점수판

	헤드라인 지표	보조 지표
평등한 기회	지난 12개월 동안 성인의 학습 참여** 교육 및 직업훈련 조기 수료자 비율 개인의 디지털 숙련 수준 청소년 니트족(NEET) 비율(15—29) 젠더 고용 격차 소득 5분위 비율(S80/S20)	제3차 교육[중등학교에 이어지는 대학/직업 교육 과정의 총칭] 이수 교육 부진(디지털 기술** 포함) 학습에 대한 최저 소득 성인의 참여** 최근 학습 경험이 있는 성인 실업자의 비율** 사회경제지표의 하위권과 상위권 사이의 저학력 격차(학업성취도, PISA)** 시간제 고용의 젠더 격차 미조정된 형태의 젠더 임금 격차 하위 40% 소득자의 소득 점유율(SDG)**
공정한 노동조건	고용률 실업률 장기 실업률 1인당 총 가처분 가계 소득(GDHI) 성장률	활동률 청년 실업률 현 일자리에서의 고용 지속 기간 비정규직에서 정규직 전환율 비자발적 비정규직 비율** 노동자 10만 명당 재해(SDG)** 빈곤 위험에 처할 노동자 비율

21 European Commission, "The European Pillar of Social Rights Action Plan", (Luxembourg: Publications Office of the European Union, 2021), p. 5.

	헤드라인 지표	보조 지표
사회적 보호와 포용	빈곤 위험 또는 사회적 배제 비율(At risk of poverty or social exclusion, AROPE) 아동(0~17세)에 대한 빈곤 위험 또는 배제 비율 배제** 빈곤 감소에 대한 사회적 이전(연금 제외)의 영향 장애 고용 격차** 주거 비용 초과 부담** 공식 육아에서 3세 미만의 아동 의료 돌봄 미충족 필요성 자가 보고	빈곤 위험률(AROP) 심각한 물질적 사회적 박탈률(SMSD) 노동 강도가 매우 낮은 가구에 거주하는 사람 심각한 주거 박탈(소유주 및 임차인) 중위 빈곤 위험 격차** 수혜자 비율 [빈곤 위험에 처한 인구 중 (노령 이외의) 사회적 혜택을 받는 18~59세 개인의 비율]** 기능별 총 사회 지출(GDP의 %): 사회 보호, 의료, 교육, 장기 돌봄** 실업수당 적용 범위[단기실업자 중]** 장기 돌봄 수당의 적용 범위** 연금의 총대체 비율 집을 충분히 따뜻하게 유지할 수 없는 인구 비율(SDG)** 디지털 경제 및 사회적 지수(index) 연계 차원 공식 육아에서 3세부터 초등학교 의무 교육 나이까지의 아동** 의료에 대한 본인 부담금 지출 65세의 건강한 삶: 여성과 남성 표준화된 예방 및 치료 가능한 사망률(SDG)**

** 새로운 지표
출처: European Commission, "The European Pillar of Social Righte Action Plan", (Luxembourg: Publications Office of the European Union, 2021), p. 43.

유럽연합은 유럽이 새로운 10년을 맞이하여 높은 수준의 고용, 숙련(skill) 및 고용 가능성, 강력한 사회보장제도에 도달하기 위해서는 여전히 진전이 필요하다고 생각한다. 2020년 12월에는 1,600만 명이 실직했고, 청년 실업률은 17.8%로 전체 실업률보다 상당히 높았다. 저숙련, 저임금 노동자, 비정규직 노동자들이 코로나-19 위기로 가장 먼저 해고됐다. 이민자들의 노동시장 참여도 팬데믹의 영향을 크게 받았다. 숙련은 새로운 녹색 및 디지털 일자리를 위해 사람들을 준비시키고 실업으로부터 노동자를 보호하는 데 필수적이지만 성인의 40% 미만만이 매년 모든 형태의 교육에 참여하고 있으며 여전히 너무 많은 청년이 숙련 수준이 낮거나 중등 교육 수준에 도달하지 못하고 있다. 2018년에도 여전히 남성보다 평균 14% 적은 임금을 받는 여성이 가정에서 대부분의 돌봄 책임을 짊어지고 노동 시장에 진입하고 유지하기 위해 고군분투하며, 결과적으로 이는 연금에도 영향을 미친다. 팬데믹 이전에는 9,100만 명이 빈곤이나 사회적 배제의 위험에 처해 있었고, 22.2%의 어린이가 빈곤 가정에서 살고 있었다. 약 700,000명의 사람들이 매일 밤 유럽 전역의 거리에서 잠을 자는 것으로 추정된다. 이러한 문제를 해결하기 위한 대부분의 수단은 회원국의 권한이지만, 유럽연합은 유럽사회권기둥 실행계획을 통해 2030년까지 달성해야 할 3가지 야심에 찬 정책목표를 제시하고 있다. 첫째는 고용 영역으로 2030년까지 20-64세 인구의 최소 78%가 고용되어야 한다. 둘째는 숙련 영역으로 매년 모든 성인의 60% 이상이 직업 훈련에 참여해야 한다. 셋째는 사회적 보호 영역으로 빈곤 또는 사회적 배제 위험에 처한 사람들의 수가 2030년까지 최소 1,500만 명으로 감소해야 한다.[22] 실행계획은 유럽사회권기둥의 원칙을 현실로 전환하기 위해 더 많고 좋은 일자리, 숙련과 평등, 사회적 보호와 포용 등으로 구분하여 구체적인 프로그램을 제시하고 있다. 이러한 새로운 정책 목표는 개정된 사회적 점수판[〈표 3〉 참조]에 의해 모니터링된다.

22 *Ibid.*, pp. 9-12.

4. 유럽사회권기둥의 한계

2021년 5월 포르투 사회정상회의는 유럽 지도자의 헌신을 입증할 기회를 제공했을 뿐만 아니라 유럽위원회가 제안한 고용, 숙련 그리고 빈곤 감소 목표에 도달하기 위한 유럽연합 회원국 간의 보다 근본적인 논의에 새로운 자극을 제공했다. 또한 포르투 사회정상회의는 2017년에 선언된 유럽사회권기둥을 구현하겠다는 약속을 갱신하는 기회였다. 이처럼 유럽사회권기둥, 그 실행계획 그리고 포르투 사회정상회의는 사회적 유럽에 관한 토론에 활기를 불어넣었고 기대치를 상승시켰다.

첫 번째 사회정상회의는 포르투 이전에 룩셈부르크에서 실업 완화를 의제로 20년 전에 개최되었으며, 이후 유럽연합 회원국 정상들은 청년 고용에 초점을 맞춘 세 차례의 비공식 정상회의를 개최했다. 그런데 사회정상회의가 브뤼셀에서 개최되는 공식 유럽이사회와 달리 항상 비공식 정상회의로 조직되었다는 사실에 주목할 필요가 있다. 이러한 비공식 사회정상회의가 유럽인들에게 유럽연합의 사회적 차원의 중요성에 대한 강력한 메시지를 전달하고 싶어 하지만, 포르투 사회정상회의를 앞두고 11개 유럽연합 회원국이 사회정책 영역이 유럽연합 수준으로 이전하는 것을 원하지 않는다는 선언을 발표했다는 것도 주목해야 한다. 선언에는 오스트리아, 불가리아, 덴마크, 에스토니아, 핀란드, 아일랜드, 라트비아, 리투아니아, 몰타, 네덜란드 그리고 스웨덴이 참여했다.[23] 또한 사회정상회의의 선언적인 성격은 사회정책에 대한 유럽연합의 약속이 그리 신뢰할 만한 것이 아니라는 사실을 보여준다.

23 László Andor, *op cit.*, pp. 2-3.

〈표 4〉 비공식 사회정상회의

날짜	장소	주제
1997. 1	룩셈부르크	실업 완화
2013. 7	베를린	청년 고용
2013. 11	파리	청년 고용(+임시 파견 노동자)
2014. 10	밀라노	청년 고용
2017. 11	예테보리	유럽사회권기둥
2021. 5	포르투	유럽사회권기둥 실행계획

출처: László Andor, "The lights of Porto: The EU social season and its aftermath", *IMK Study*, No. 75, Hans-Böckler-Stiftung, Institut für Makroökonomie und Konjunkturforschung (IMK), (Düsseldorf, 2022), p. 4.

구체적인 목표를 통해 유럽연합의 고용과 사회적 의제를 되살리려는 것은 의미 있는 조치로 평가될 수 있다. 하지만 목표가 공식화되고 제시되는 방식은 유럽연합 고용정책이 수립된 이후 줄곧 망각되지 않은 '이중 환원주의의 유령(the spectre of double reductionism)'을 소환한다. 즉 사회문제의 해결책은 종종 고용으로 축소되고, 고용 문제에 대한 해결책은 숙련(예를 들어, 노동시장의 공급 측면)으로 환원된다. 따라서 실행계획에 대한 대부분의 비판은 고용에 대한 과도한 주목과 질적 목표와 정반대되는 양적 우위에 맞춰져 있다. 예를 들어 노동자의 직업 훈련 참여를 증진시키는 데만 집중하면 일자리 창출의 모든 책임이 공급 측면(그리고 피고용자)으로 옮겨질 위험이 있다.[24] 또한 실행계획은 상대적으로 적절한 임금, 노동 조건 그리고 고용 안정성과 더불어 고품질 일자리의 중요성을 강조하지 않고 있다. 그 결과 일시적이고 불안정한 고용이 회복의 일부가 될 것은 너무나 자명하다.

24 *Ibid.*, pp. 9-10.

따라서 고용 목표를 달성하려면 경제통화연합의 개정이 필요하다. 지속 가능한 사회적 유럽이 출현하기 위해서는 경제 거버넌스와 사회정책 간 관계에 대한 평가가 출발점이 되어야 한다. 경제통화연합에서 고용과 형평성을 동시에 촉진하기 위해서는 (복지 지출을 넘어서는) 재정정책, 통화정책, 산업정책 등 포괄적인 거시경제정책 혼합이 필요하다. 현재 유럽연합의 회원국 고용정책을 지원하는 법적 · 재정적 수단은 너무나 제한적이다. 특히 재정적 수단이 제한적인 이유는 사회정책에 할당된 유럽연합 예산의 규모가 매우 작기 때문이다.[25]

유럽위원회는 실행계획에서 유럽연합의 사회적 결속을 향상시키기 위한 다양한 이니셔티브를 강조한다. 유럽위원회는 빈곤이나 사회적 배제에 처한 사람들의 수가 2030년까지 최소 1,500만 명 감소하고 그중 500만 명이 아동이 되어야 한다는 헤드라인 목표를 제시한다. 유감스럽게도, 빈곤 목표는 유럽위원회가 제안한 세 가지 목표 중 가장 덜 야심에 찬 목표다. 이는 유럽연합이 2,000만 명 감축을 위해 노력한 '유럽 2020 전략(Europe 2020 Strategy)'에 비해 축소된 목표이다. 2018년 유럽연합에서 18세 이상 고용된 10명 중 1명이 빈곤 위험에 처했고, 노동 빈곤층은 2,000만 명에 달하고 있다.[26]

실행계획이 제시한 목표를 달성하기 위해서는 유럽연합의 수사학적 약속이 구체적인 실행에 반영되어야 한다. 하지만 2017년 예테보리에서 선언한 순간부터 유럽사회권기둥 원칙의 실행은 주로 회원국에 맡겨져야 한다는 것이 분명했다. 유럽연합 수준에서 유럽사회권기둥은 실행 상황을 모니터링하기 위해 생성된 사회적 점수판의 지원을 받아 유럽예산회기에서 구현된다. 유럽예산회기는 연례 주기로 진행되는데, 가을에 유럽위원회가 정책 우선순위와 이를 달성하기

25 *Ibid.*, p. 11.
26 *Ibid.*, p. 12.

위한 전략을 규정한 연간성장보고서(Annual Growth Survey, AGS)로 시작된다. 동시에, 유럽위원회는 회원국의 노동 및 사회 발전에 대한 개요를 제공하는 합동고용보고서 초안을 작성한다. 그런 다음 2월에 유럽위원회는 국가 보고서(Country Reports)를 발간하여 회원국 경제, 고용 및 사회 상황에 대한 평가를 제공한다. 4월에 회원국들은 현재와 이전 유럽예산회기 주기의 맥락에서 확인된 단점을 해결하기 위한 정책 이니셔티브를 개괄하는 국가 개혁 프로그램(National Reform Programmes)을 작성한다. 마지막으로, 여름에 유럽이사회는 유럽위원회의 제안에 근거하여 국가 개혁 프로그램을 개선하는 방법에 대한 지표를 포함한 국가별 권고안(CSRs)을 채택한다. 하지만 유럽사회권기둥과 사회적 점수판이 도입된 첫해인 2018년 이후 유럽예산학기 주기를 분석한 결과, 그 영향은 사실상 무시할 만한 수준이었다. 다시 말해 유럽사회권기둥의 채택이 연간성장보고서를 보다 사회적 관점으로 방향 전환하는 데 기여하지 못했다. 합동고용보고서와 국가 보고서는 사회적 점수판 분석에 할당된 섹션(section)을 포함하고 있지만, 이것이 국가 개혁 프로그램에는 전혀 반영되지 않았다. 또한 거버넌스 주기에서 가장 규범적인 요소라고 할 수 있는 국가별 권고안은 2018년과 2019년에 특별한 '사회적 민감성'을 보여주지 않았다. 오히려 이전 국가별 권고안과의 연속성을 보여주면서 경쟁력, 경제성장 그리고 거시 경제 안정성에 주목하고 있다. 대부분의 회원국 정부가 소득 지원과 사회보장제도를 수립하거나 개선하면서 가장 취약한 집단을 더 많이 포함하도록 지시한 2020년에만 국가별 권고안 내에서 더 많은 사회적 방향 전환이 나타났다. 하지만 2020년 국가별 권고안의 보다 사회지향적인 전망은 유럽사회권기둥보다는 코로나-19 팬데믹으로 인한 안정성장협약(Stability and Growth Pact) 예산 규정의 일시적 중단에 따른 예외적인 재정정책 감시 완화에

기인한다.[27]

요컨대 유럽사회권기둥과 그 실행계획은 강력한 사회적 유럽을 향한 유럽위원회뿐만 아니라 유럽연합과 회원국의 약속이다. 하지만 유럽연합과 회원국 정책에 대한 실행계획의 영향력을 감안할 때, 그 한계는 명확히 지적되어야 한다. 유럽사회권기둥과 그 실행계획은 노동 및 생활 조건의 전반적인 개선보다는 노동시장에 대해서만 다루고 있으며, 유럽사회권기둥과 사회적 점수판의 중요성을 강조함에도 불구하고 법적 구속력의 부재라는 문제를 여전히 안고 있다.

5. 맺음말

사회적 유럽의 표준 서사는 단절과 부활의 역사로 구성되곤 한다. 즉 자끄 들로르(Jacques Delors) 시기가 황금기라고 상정하면서, 그 이후 사회적 유럽에 대한 아이디어는 죽었고 이제 죽음에서 되돌아오고 있다는 것이다. 그러나 이 부활 서사는 현실만큼이나 신화에 불과하다. 들로르는 사회적 대화를 유럽 수준으로 끌어올렸고, 단일시장에 균형을 맞출 수 있도록 결속정책을 개혁했으며, 바닥으로의 경쟁을 막기 위해 노동자의 사회기본권헌장(Charter of the Fundamental Social Rights of Workers)을 채택했다. 하지만 재정정책이 결여된 경제통화연합을 남긴 것 또한 바로 들로르였다. 지속 가능한 사회적 유럽이 부활하기 위해서는 경제통화연합의 재평가가 반드시 전제되어야 할 것이다.

비록 유럽사회권기둥과 그 실행계획은 유럽연합의 사회적 차원을 강화하기

27 European Trade Union Institute, "Time to deliver?: Assessing the Action Plan on the European Pillar of Social Rights", *ETUI Policy Brief*, (2021), pp. 4-6.

위한 계기를 만들었지만 사회적 유럽에 대한 명확한 청사진을 제공하는 것처럼 보이지 않는다. 유럽위원회가 유럽사회권기둥이 회원국 간의 사회권 제정을 위한 '방침(guidance)'으로 간주된다고[28] 주장했지만, 지금까지의 과정을 보면 그 역할이 실질적으로 향상될 것이라는 어떠한 징후도 보이지 않는다. 여전히 실행계획은 유럽사회권기둥이 제시한 정책 목표들을 달성할 수 있는 혁신적인 구현 수단을 부여하지 않고 있다. 필요한 수단 없이 새로운 야망을 수립하는 것은 오히려 역효과를 낼 위험이 있다. 이러한 측면에서 유럽사회권기둥은 매우 '연성적인(soft)' 유형의 결정이라고 할 수 있다. 따라서 유럽사회권기둥과 그 실행계획은 '소극적 통합에 이바지하는 규제적 정책'이라고 평가될 수 있다.

콜린 크라우치(Colin Crounch)는 「사회적 유럽 선언」에서 "유럽사회권기둥에 관한 합의는 유럽통합에서 사회정책의 역할을 다시 인정하는 방향으로 회귀했음을 보여준 것"[29]이라고 긍정적으로 평가하고 있다. 즉 유럽사회권기둥은 유럽 시민들이 사회권을 향유할 자격이 있음을 자각하고 회원국들이 그것들을 실현할 수 있도록 돕기 위해 유럽연합이 약속해야 할 일련의 사회적 권리를 확립했다는 것이다.

하지만 그는 그것이 그저 빈말에 그치지 않으려면 강력한 실질적인 조치가 뒤따라야 한다고 경고하면서, "적어도 사회적 유럽 개념에 대한 이전의 거부를 폐기한다는 점을 보여주어야 한다"[30]라고 주장했다. 이러한 맥락에서 그는 "시장을 확장하려는 운동은 부분적으로 시장의 희생자들을 돕기 위해 그리고 부분적으로 시장 그 자체의 효율적인 운용에 필요한 특정 자원을 제공하기 위해 사회

---

28 European Commission, 2017, *op cit.*, p. 8.
29 콜린 크라우치 지음, 박상준 옮김, *op cit.*, p. 57.
30 *Ibid.*, p. 28.

정책의 운동을 수반할 필요가 있음"[31] [32]을 지적하면서 "안정성장협약의 제약으로부터 투자로 간주될 수 있는 공공 지출을 제외함으로써 유럽사회연합(European Social Union)을 추구해야 한다"[33]라고 주장한다.

들로르가 원했던 것처럼 유럽연합이 영혼도, 양심도, 정치적 의지도, 사회적 차원도 없는 자유무역지대가 되지 않으려면 유럽사회권기둥이 모든 유럽연합 이니셔티브에서 주류가 되어야 한다.[34] 특히 코로나-19 팬데믹의 발발은 포용적 시장, 평등한 기회, 사회적 권리를 보장하는 유럽사회모델의 중요성을 상기시켰다. 유럽연합과 회원국들이 이러한 권리들을 보호하고 적용하는 것은 사회적 유럽을 이루는 데 필수적이다. 더 나아가 유럽사회권기둥은 새로운 유럽연합 성장 전략인 유럽그린딜(European Green deal)에서 생성된 다양한 의제와 유기적으로 통합되어야 한다. 그렇지 않다면 지속 가능한 사회적 유럽, 더 나아가 유럽사회연합은 불가능한 꿈이 될 것이다.

---

31 *Ibid.*, p. 121.

32 이는 폴라니(Karl Polanyi)의 '이중 운동(double movement)' 개념에서 가져온 것이다. 폴라니는 "자기조정 시장이라는 아이디어는 한마디로 완전한 유토피아"라고 주장하면서, "아주 잠시도 존재할 수가 없으며, 만에 하나 실현될 경우 사회를 이루는 인간과 자연이라는 내용물은 아예 씨를 말려 버리게 되어 있다"라는 것이다. 칼 폴라니 지음, 홍기빈 옮김, 『거대한 전환: 우리 시대의 정치 · 경제적 기원』(서울: 길, 2009), p. 94. 자기조정 시장의 형성과 사회로부터의 분리가 사회 자체의 존립을 위태롭게 하므로 이중 운동이라는 자기 보호 기제가 작동한다는 것이 폴라니의 주장이다.

33 콜린 크라우치, *op cit.*, p. 123.

34 Sofia Fernandes, Klervi Kerneïs, "The Porto Social Summit: Turning Principles into Actions", Jacques Delors Institute, https://institutdelors.eu/en/publications/sommet-social-de-porto-passer-des-principes-a-laction/ (2021), (2023년 4월 8일)

참고문헌

칼 폴라니 지음, 홍기빈 옮김. 『거대한 전환: 우리 시대의 정치』 『경제적 기원』. 서울: 길, 2009.

콜린 크라우치 지음, 박상준 옮김. 『사회적 유럽 선언』. 서울: 페이퍼로드, 2021.

채형복. "리스본조약상 유럽사회권기둥의 법적 의미". 인하대학교 『법학연구』. 제22집 제3호 (2019), pp. 461-491.

한국직업능력개발원. 「사회정책 추진을 위한 지표연구」. 교육부, 2020.

Anderson, Karen M.. *Social policy in the European Union*. Basingstoke: Palgrave Macmillan, 2015.

Andor, László. "The lights of Porto: The EU social season and its aftermath". *IMK Study*, No. 75, Hans-Böckler-Stiftung, Institut für Makroökonomie und Konjunkturforschung (IMK), Düsseldorf, 2022.

European Commission. "Factsheet - European Pillar of Social Rights: One year on". 2018.

European Commission. "The European Pillar of Social Rights Action Plan". Luxembourg: Publications Office of the European Union, 2021.

European Commission. "Main results of the Special Eurobarometer on "Social Issues" - Infographics". 2021.

European Parliament, Council of European Union, European Commission. *European Pillar of Social Rights – booklet*. 2017.

European Trade Union Institute. "Time to deliver?: Assessing the Action Plan on the European Pillar of Social Rights". *ETUI Policy Brief*. 2021.

Scharpf, Fritz W.. "Negative and positive integration in the political economy of European welfare states". *Jean Monnet Chair Papers 28*. Florence: European University Institute, 1995.

Scharpf, Fritz W.. "The European Social Model: Coping with the Challenges of Diversity". *MPIfG Working Paper*, 02/8, 2002.

Streeck, Wolfgang. "European Social Policy: Progressive Regression". *MPIfG Discussion Paper 18*/11, 2018.

Vesan, Patrik, Francesco Corti, Sebastiano Sabato. "The European Commission's entrepreneurship and the social dimension of the European Semester: from the European Pillar of Social Rights to the Covid-19 pandemic". *Comparative European Politics*. volume 19, 2021.

European Commission. COMMUNICATION FROM THE COMMISSION TO THE EUROPEAN PARLIAMENT, THE COUNCIL AND THE EUROPEAN CENTRAL BANK: On steps towards Completing Economic and Monetary Union. Brussels. 21.10.2015. COM/2015/0600 final. https://eur-lex.

europa.eu/legal-content/EN/TXT/?uri=CELEX%3A52015DC0600. (2023년 4월 12일 검색)

European Council. "The Porto declaration". https://www.consilium.europa.eu/en/press/press-releases/2021/05/08/the-porto-declaration/ 2021. (2022년 12월 13일 검색)

European Economic and Social Committee. "European Pillar of Social Rights: a new social contract for the future". https://www.eesc.europa.eu/en/news-media/press-releases/european-pillar-social-rights-new-social-contract-future. 2021. (2022년 12월 13일 검색)

Fernandes, Sofia, Klervi Kerneïs. "The Porto Social Summit: Turning Principles into Actions". Jacques Delors Institute. https://institutdelors.eu/en/publications/sommet-social-de-porto-passer-des-principes-a-laction/ 2021. (2023년 4월 8일 검색)

Politico. MARCH 23, 2017. "Juncker seeks to cement social pillar in Rome". https://www.politico.eu/article/jean-claude-juncker-social-pillar-eu-identity-commission-welfare-policy/ (2022년 12월 15일 검색)

제5장 기후 위기와 금융안정에 대한 유럽중앙은행(ECB)의 입장
신(新)사회계약적 접근과 함의

이영주

1. 머리말

일반적으로 기후 위기와 금융안정 사이에는 직접적 관련이 없는 것으로 여겨진다. 홍수나 해일이 발생한다고 해서 은행이 파산하는 것도 아니고, 폭염이나 혹한이 온다고 해서 금융시스템이 붕괴하지도 않는다. 즉 기상 이변이 발생한다고 해서 은행을 위시한 금융시스템의 신용에 직접적인 영향이 없는 것처럼 보일 수 있다.

그러나 기상 이변 혹은 기후 위기와 금융안정은 사실상 밀접하게 연관되어 있다. 예를 들어 기상 이변으로 인한 농산물 생산량의 감소가 곡물 기업 실적에 악영향을 미쳐 해당 기업의 재무 건전성을 악화시킬 수도 있다. 게다가 곡물 기업의 실적 악화가 재무 건전성에 부정적 영향을 미친다면, 해당 기업에 신용을 제공해 준 은행도 부정적인 영향을 받는다. 그리고 여기에 보험을 제공한 보험회사 역시 자체 안정성에 위협을 받을 수도 있다. 저탄소 경제(low-carbon economy)로의 이행 비용 역시 기후 위기와 금융안정과의 관계를 여실히 보여준다. 기업들은 기후변화로 인한 물리적 피해를 줄이기 위해 저탄소 경제로의 이행을 요구받는다. 이 과정에서 기업들은 소위 온실가스 감축 시설에 투자하게 되는데, 이는 기업에 실질적 비용의 증가로 다가온다. 즉 이러한 모든 비용은 기업에 있어서는 비용 증가로 인한 금융 리스크(financial risk)로 다가오며, 때에 따라서는 금융시스템 자체의 리스크로 증폭될 가능성도 있다.

문제는 기후 위기가 심화하고 있는 상황에서 정부 역시 기상 이변에 우선순위를 두고 정책을 입안할 수밖에 없다는 사실이다. 오히려 정부는 기후 위기에 대응하는 정책을 통해 향후 기업에 더 큰 비용을 요구하게 될 것이며, 이 과정에서 기업뿐만 아니라 은행 및 보험회사와 같은 금융시스템 역시 더욱 높은 리스크를 감내해야 할 수도 있다.

그렇다면 향후 기후 위기가 빈번하게 발생하는 것에 비례해 금융리스크 역시 높아질 가능성이 있는 상황에서, 이를 최종 관리하는 중앙은행은 어떠한 대응 방안을 가지고 있는가? 그리고 중앙은행의 대응 방안은 전통적 형태의 역할로만 한정될 것인가? 아니면 중앙은행 역시 새로운 역할을 모색해야만 하는가? 본 연구는 일차적 목적은 위의 질문에 답하기 위해 기후 위기와 금융안정에 대한 유럽중앙은행(European Central Back: ECB)의 역할에 대해 검토해 보고자 한다. 아울러 기후변화와 금융안정을 관리해야 하는 ECB의 역할을 살펴본 후, 기후변화로 인해 중앙은행의 확장된 역할을 시도하는 ECB의 활동을 신(新)사회계약(New Social Contract)의 입장에서 해석해 보고자 한다.

이러한 작업이 필요한 이유는 다음과 같다. 첫째, 기후 위기와 금융안정 사이의 관계가 잦은 기상 이변으로 인해 앞으로도 계속 문제가 될 것이다. 둘째, 금융안정에 대한 최종적 책임과 책무는 결과적으로 최종 대부자(lender of last resort)의 역할을 하게 되는 각국 중앙은행에 귀속될 가능성이 높다. 셋째, 최근 중앙은행의 역할이 단순히 물가 및 금융안정에만 한정되지 않고, 사회적 후생 및 기후변화와 관련한 금융 위험의 대응까지 확대되고 있다는 점[1]을 고려할 때, 이에 대한 전향적 입장을 가지고 있는 ECB를 살펴볼 필요가 있다. 왜냐하면 이러한 ECB의 선도적 입장은 중앙은행의 역할이 확대되고 변화하고 있다는 점을 암시하기 때문이다. 따라서 본 연구는 맺음말을 대신하여 신사회계약의 측면에서 ECB의 역할에 대해서 시론적 제안을 하고자 한다.

신사회계약은 전통적 형태의 사회계약과는 다르게 사회생태주의에 기반한 사회시스템과 사회 및 자연환경에 포함된 개인이라는 측면에 집중하고 있다. 신사회계약의 이러한 속성을 고려할 때, 기후 위기와 금융안정과 같은 복합적이고 중층적 위기에 대한 대안 역시 기후 위기와 금융의 역할에 대해서도 새로운 대안을 제시할 수 있을 것으로 여겨진다.

다만 본 연구에서 대안으로 제시하고자 하는 신사회계약은 현재 유럽에서도 다양한 영역에서 선언적 수준에서만 제시되고 있다는 한계점이 존재한다. 하지만 코로나19 이후 새로운 사회상에 대해 경쟁적으로 아이디어가 제기되고 있다는 점은 주목할 만하다. 왜냐하면 향후 기존의 사회계약적 질서를 대체할 새로운 형태의 사회계약이 신사회계약이라는 형태로 수렴될 가능성을 유럽은 보여주고 있기 때문이다.[2]

이러한 사실에 근거하여 본 연구는 다음의 순서로 진행된다. 먼저 기후 위

1 한국금융연구원, "중앙은행의 통화정책 친환경화 책무", 『금융브리프』 제30권 02호 (2021), pp. 20-22.

2 본 연구에서 기존의 사회계약과 신사회계약에 대한 특성을 구분한 내용(맺음말 부분을 포함)은 유럽그린딜(European Green Deal: EGD), 유럽사회권기둥(European Pillar of Social Rights: EPSR), 포르투선언(Porto Declaration), 맥킨지 글로벌 연구소의 보고서인 21세기 사회계약(The Social Contract in the 21st Century) 등에서 연구자가 기존 사회계약과의 차별되는 내용을 정리한 것이다. 따라서 신사회계약에 관한 내용은 향후 보다 정리될 필요가 있음을 밝힌다.

기와 금융안정의 상관성을 살펴본다. 여기에서는 기후 위기의 물리적 리스크(physical risk)와 함께 최근 활발하게 논의되고 있는 저탄소 경제로의 이행(transition) 과정에서 발생하는 이행리스크(transition risk)를 통해 기후와 금융과의 관계를 논의할 것이다. 다음으로 ECB 금융 정책의 특징을 미국의 연방준비제도(Federal Reserve Board: FRB)와의 비교를 통해 살펴본다. 이어서 기후 위기와 금융안정을 바라보는 ECB의 관점에 대해 논의할 것이다. 맺음말을 대신하여 ECB의 입장을 통해 기후 위기와 금융안정과의 관계를 신사회계약적 합의를 통해 정리하고자 한다.

2. 기후 위기와 금융안정

2021년 기후변화에 관한 정부 간 협의체(Intergovernmental Panel on Climate Change: IPCC)의 제1워킹그룹[3]은 6차 평가보고서를 발행하였다. IPCC의 2021년 보고서에 따르면, 2021년부터 2040년 사이의 온실가스 배출량이 현재의 수준을 유지할 경우, 지구 평균 온도가 산업화 이전을 기준으로 1.5℃를 넘게 된다. 이어 보고서는 지금까지 지구의 평균 온도는 산업화 이전 대비 약 1.09℃ 상승하였으며, 현 상황이 지속되면 2060년 이전에 지구의 평균 온도는 위험 수준인 1.5℃-2℃를 넘어서게 되어 기상 이변이 더욱 빈번하게 발생할 수 있다고 경고하였다.[4] 아울러 2021년 IPCC의 제1워킹그룹의 6차 평가보고서에는 기후변화의 원인을 명

3 IPCC에는 3개의 워킹그룹이 각각의 기후변화 평가 보고서를 발표한다. 제1워킹그룹 보고서는 기후변화에 대한 과학적 근거를, 제2워킹그룹 보고서는 기후변화의 영향·적응·취약성에 대한 내용을, 제3워킹그룹 보고서는 온실가스에 대한 내용이 담겨있다. IPCC는 각각의 보고서를 취합하여 종합 보고서를 발표하고 있다.

4 IPCC, *Climate Change 2021: The Physical Science Basis* (Intergovernmental Panel on Climate Change, 2021).

명백백하게(unequivocally) 인간 활동에 의한 것으로 규정하였다.

또한 2022년 IPCC의 제2워킹그룹의 평가보고서는 2021년 보고서의 내용을 근거로 지구 기온이 1.5℃ 이상 상승하게 되면 극단적인 기상 이변이 발행할 수 있으며, 이로 인한 조기 사망이 심각하게 증가할 수 있다고 하였다. 더욱 충격적인 사실은 향후 지구 기온 상승을 1.5℃ 아래로 제한하지 못하면, 기후 위기를 인류가 관리하지 못할 수도 있다는 점을 강조하고 있다는 사실이다.[5] 즉 인류가 기후 위기를 악화시키지 않고 현재의 경제 발전 목표 자체를 달성하기가 불가능하다는 내용을 해당 보고서는 지적하고 있는 것이다.

2022년 IPCC의 보고서를 더욱 구체적으로 살펴보면, 다양한 영역에서 금융 안정과의 접점이 관찰된다. 본 보고서는 육상·담수 생태계 서비스, 해양·연안 생태계 서비스, 물, 식량·섬유·기타 생태계 산물, 도시·정주지·주요 기반 시설, 선상·웰빙·공동체 구조 변화, 빈곤·생계·지속 가능 발전, 지역, 여러 부문 및 지역에 걸친 주요 리스크, 리스크 관리를 위한 의사 결정 옵션, 기후탄력적 개발(climate resilient development) 경로 등에 대해 세부적으로 언급하고 있다.[6] 즉 2022년 IPCC 보고서는 기후변화 리스크의 개념을 크게 확상하여, 기존에 난순히 물리적 리스크와 더불어 시스템적 관점까지 포괄하여 미래 목표를 연계 및 제시하고 있다.

이렇듯 기후 위기는 기본적으로 물리적 위험을 통해 경제활동에 피해를 준다. 소위 물리적리스크(physical risk)로 불리는 이러한 피해는 일차적으로는 경제활동 그 자체에 피해를 주지만, 이차적으로는 은행 및 보험 산업에 부정적인 영향을

5 IPCC, *Climate Change 2022: Impact, Adaptation and Vulnerability* (Intergovernmental Panel on Climate Change, 2022).
6 *Ibid.*

〈그림 1〉 기후변화 리스크 개념의 확장

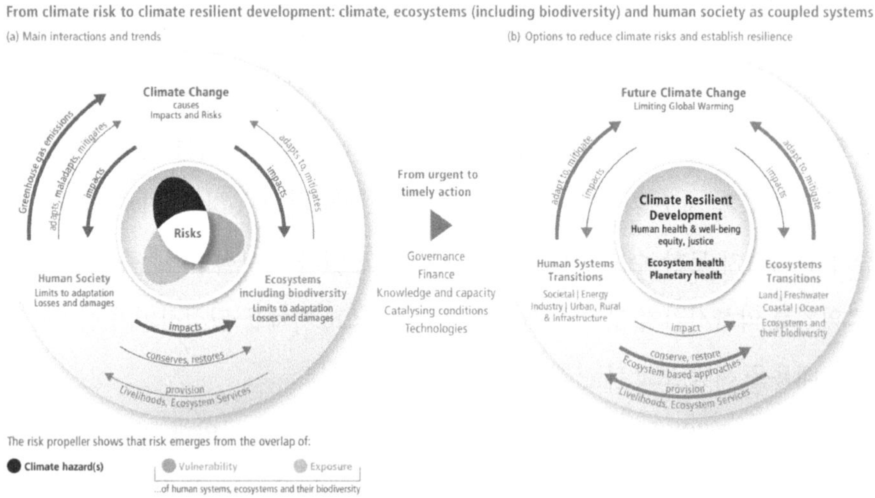

출처: IPCC. *Climate Change 2022: Impact, Adaptation and Vulnerability*. Intergovernmental Panel on Climate Change, (2022), p. 42.

함께 준다. 즉 금융 산업에 추가적인 피해를 발생시키는 것이다.

우선 시중은행들이 기후로 인한 피해 가계나 기업에 제공한 대출의 안정성이 훼손된다. 또한 기후 관련 피해액 손해보험을 통하여 대규모로 보상되는 경우 손해보험사들이 감당할 수 없는 경우도 발생한다.[7] 이는 소위 외부비경제(negative externality)의 부정적 효과이다. 외부비경제란 태풍과 홍수 등 기후변화로 인해 빈번해진 자연재해는 주택과 건물 등 재산 피해를 확대해 은행으로서 담보자산의 가치를 유지하거나 채권을 회수할 가능성을 낮추는 신용위험 요인[8]을 말한다.

물리적 리스크는 기업 보유 자산 자체에 직접적인 피해와 함께 간접적인 피

7 김세완, "기후변화 물리적 리스크가 금융산업 건전성에 미치는 영향에 대한 실증연구: 시중은행과 손해보험 산업을 중심으로", 한국은행 연구자료 (2022), p. 2 재구성.

8 한국금융연구원, "기후변화 위험과 중앙은행 역할", 『금융브리프』 제29권 10호 (2020), p. 24 재구성.

해 역시 초래할 수 있다. 국제노동기구(International Labour Organization: ILO)의 2018년 보고서에 따르면, 농수산업 · 에너지 · 관광업 등 생태 서비스에 기반한 산업 부분의 종사자는 글로벌 총고용의 39.5%(2014년 기준)를 차지하는데 기후변화로 인한 물리적 리스크가 발생할 경우 가장 직접적 타격을 받는 직업군이 될 것으로 전망된다.[9] 아울러 국제노동기구는 또한 1995년에 발생한 이상 고온 현상으로 인해 전 세계 노동 시간의 약 1.4%가 감소하였으며(이는 약 3,500만 개의 정규직 일자리가 사라진 것과 같음), 이로 인한 GDP 손실은 약 2,800억 달러에 이른다고 하였다. 아울러, 2030년까지 지구 1.3℃ 더 상승한다면 전 세계 노동 시간의 2.2%가 줄어들며(이는 약 8,000만 개의 정규직 일자리가 사라지는 것과 같음), 이에 따라 약 2조 4천억 달러의 GDP 손실이 발생할 것으로 전망하였다.[10] 즉 기후 위기로 인한 물리적 리스크가 증대되면 노동생산성 하락과 같은 사태가 발생할 수 있다.

또한 이러한 물리적 리스크의 증대는 글로벌 공급망에도 부정적인 영향을 미칠 수 있다. 일례로 2021년 말 말레이시아에서 발생한 태풍으로 인해 동남아시아의 주요 항구가 폐쇄되면서 대만의 TSMC의 반도체 공급에 차질이 발생하였고, 이에 따라 반도체를 제때 납품받지 못한 일부 미국 자동차 제조업체가 공장 가동을 전면 중단한 사례가 있다.[11]

물론 물리적 리스크는 기후 위기로 인해 기업들이 일괄적으로 겪게 되는 것은 아니다. 물리적 리스크에 노출이 극대화되어 있는 기업과 영향을 덜 받는 기업이 존재하기 때문에 일률적으로 모든 기업이 물리적 리스크와 관련된 비용을 지불해야 하는 것은 아니다.

---

9 정선영 · 허정. “기후변화가 생산성에 미치는 영향”. 『BOK 이슈노트』 제2022-3호 (2022), p. 6 재인용.
10 박혜진, 『기후리스크와 자산가격의 관계에 대한 조사 및 분석』 (자본시장연구원, 2023), p. 12.
11 *Ibid.*

그러나 문제가 되는 부분은 이행리스크(transition risk)이다. 이행리스크란 정책적으로 탄소중립 달성에 필요한 제도적 기반을 마련하고 저탄소 경제로의 이행을 요구하는 과정에서의 비용 부담 증대를 의미한다. 물리적 리스크와는 다르게 이행리스크는 정부가 정책적으로 의무 사항을 모든 기업에 부과한다는 점에서 대다수 기업에 비용 증대라는 부담이 될 것으로 예측된다. 따라서 이행리스크는 기업 경영의 리스크를 증대시키는 것과 더불어 금융 리스크도 동반할 가능성을 항시 가지고 있다.

구체적으로 살펴보면, 저탄소 경제로의 이행은 이상기후 등 기후변화로 인한 물리적 피해를 줄이겠으나, 이행 과정에서 나타나는 기술 및 정책 변화는 실물경제 및 금융시스템에 영향을 미치게 된다. 특히 정부의 온실가스 감축정책은 온실가스 배출 한도를 축소시켜 생산 비용 상승과 수익 감소를 초래할 수 있다.[12] 이는 기업 경영에서는 비용 상승을 초래할 수밖에 없으며, 이와 연계된 금융의 신용 제공에도 비용 상승을 가져올 수밖에 없다. 물론 이 반대의 경우도 가능하다. 즉 이행 비용을 상쇄하고도 남을 수준의 수익 창출이 가능하다면 기업으로서는 이행 비용을 감내할 수 있을 것이다.

하지만 저탄소 경제로의 이행 과정에서 온실가스 감축정책의 부정적 영향이 저탄소 기술 발전의 긍정적 영향을 상회할 경우, 고탄소산업 기업의 재정건전성이 악화되어 신용 및 시장 위험이 상승할 가능성이 높다. 이는 고탄소산업 기업 관련 금융자산(대출 · 채권 · 주식)을 보유한 금융기관의 손실로도 이어져 해당 금융기관의 건전성을 악화시킬 우려가 있다. 따라서 금융기관들이 저탄소 경제로의 전환 속도에 맞추어 이행리스크에 취약한 금융자산 보유액을 줄여나가지 않을

12 김재윤 외, "기후변화 이행리크스와 금융안정" 『조사통계월보』, 제75권 제12호 (2021), p. 18.

경우 이행리스크가 시스템 리스크로 증폭되어 금융안정에 부정적인 영향을 미칠 가능성이 있다.[13] 〈그림 2〉는 이행리스크의 파급 경로는 나타낸 것이다.

물론 이행리스크의 경우 전환 과정에서의 긍정적인 측면이 존재하기도 한다.

〈그림 2〉 이행리크스의 파급경로

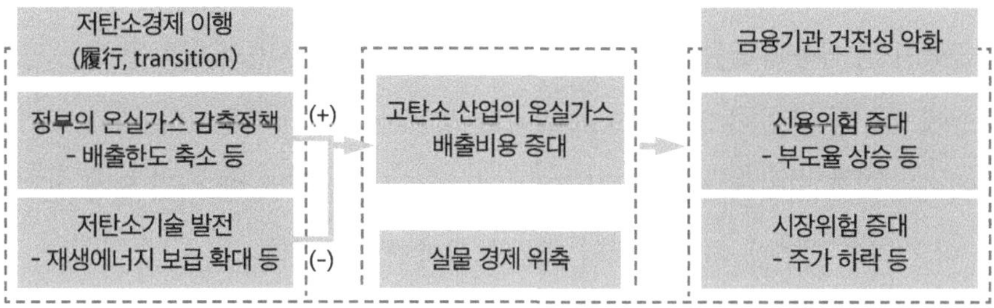

출처: 김재윤 외. "기후변화 이행리크스와 금융안정" 『조사통계월보』 제75권 제12호 (2021), p. 19.

이는 이행리스크를 감당하는 기업이 기술혁신을 통해 이를 극복하고 새로운 성장동력을 마련할 수도 있기 때문이다. 예를 들어 규제로 인한 기업의 혁신 활동 촉진과 생산성 향상, 기후변화 대응에 따른 산업 구조 개편과 신성장 산업의 성장, 신규 시장 형성에 따른 고용 확대, 친환경 기업으로의 이미지 선환과 기업 가치 제고 등이 그것이다.[14] 그러나 이러한 긍정적 측면은 기업의 입장에서 당장의 이윤을 극대화하는 것과는 거리가 있고, 가시적 효과를 거두기 위해서는 중장기적인 투자에 해당하기 때문에 성과를 장담하기 쉽지 않다는 단점도 함께 존재한다는 위험이 있다.

이러한 점들을 종합적으로 고려할 때, 기후 위기는 금융안정과 여러 분야에서

13 *Ibid.*

14 자세한 내용은 다음을 참조. 정선영 · 허정. "기후변화가 생산성에 미치는 영향". 『BOK 이슈노트』 제2022-3호 (2022), pp. 9-10.

다각도로 연계되어 있음을 알 수 있다. 단순한 물리적 위험으로 인한 은행과 보험사의 손실을 넘어서 저탄소 경제로의 이행리스크를 통해 금융기관의 재정건전성에도 부정적 영향을 미칠 수 있는 것이다. 따라서 기후 위기와 금융안정의 복잡적인 관계를 고려할 때, 기후 위기에 대한 각 금융기관의 자체적 대응과 더불어 이를 총괄하는 중앙은행 차원의 논의 역시 필요할 것이다. 왜냐하면 앞서 언급했지만, 금융기관을 관리하고 금융위기 시 최종 대부자의 역할을 하는 중앙은행에 이러한 책임이 최종적으로 귀속될 개연성이 높기 때문이다. 따라서 다음 장에서는 기후 위기에 가장 적극적인 ECB 통화정책의 특징에 대해 우선 살펴보고, 이후 기후 위기에 대한 ECB의 대응을 살펴보고자 한다.

3. ECB 통화정책의 특징

이번 장에서는 ECB의 정책 특성을 구체적으로 살펴보기 위해 미국의 연방준비제도와의 통화 정책[15]을 비교해 보고자 한다. 이는 ECB와 FRB를 직접 비교함으로써 ECB 금융 정책의 특징을 명확히 이해함과 동시에 기후 위기와 금융안정에 대한 ECB의 신사회계약적 입장을 유추하는 데 도움이 될 것으로 판단되기

15 중앙은행의 통화정책은 전통적 통화정책과 비전통적 통화정책으로 구분할 수 있다. 전통적 통화정책의 경우는 특정한 단기 이자율을 정책 금리로 정하고 이를 공개시장조작을 이용하여 변동시키는 것을 지급준비율, 재할인율 조정과 더불어 전통적 통화정책이라고 부른다. 반면에 비전통적 통화정책은 특정 금융기관에 대한 유동성 확대 조치와 특정 금융시장에 대한 지원 제도, 그리고 국채 등의 매입을 통한 양적 완화의 형태로 설명된다. 김병기 · 김진일. "미 연준과 유럽중앙은행의 비전통적 통화정책 수행원칙에 관한 고찰" 『BOK 경제연구』. 제2014-22 (2014), p. 1. 특히 비전통적 통화정책은 2008년 금융위기가 심화되는 과정에 각국 중앙은행이 도입하기 시작한 것이다. 그러나 사실상 비전통적 통화정책과 전통적 통화정책을 명확하게 구분하기 어려운 것도 사실이다. 즉 금리정책과 공개시장조작을 통한 국채 매입/매각을 제외한 모든 통화정책을 비전통적 통화정책으로 구분하기도 한다. 다만 본 연구에서는 ECB와 FRB의 비전통적 통화정책에 대해서는 논외로 하고자 한다.

때문이다.

일반적으로 중앙은행은 정책 목표는 최대 고용, 물가 안정, 그리고 장기 금리의 안정 등 세 가지로 구분된다. 각국의 중앙은행은 이 가운데 하나만을 현실적 정책 목표로 설정하여 중앙은행의 정책을 운용하고 있다. ECB의 경우는 물가 안정을 정책 목표로 설정하고 있으며, 부가적으로 회원국들의 평화와 국민들의 복지를 도모하기 위해 태어난 EU의 설립 목적을 달성하기 위해 펼쳐지는 경제 정책에 대한 지원을 명시하고 있다.[16]

반면 FRB의 경우는 ECB와는 달리 정책적 목표 자체가 다양하다. FRB 정책의 기본 목표는 1977년 개정된 미국 중앙은행법(Federal Reserve Act)에 명시적으로 나와 있다.[17] 최대 고용(maximum employment), 물가 안정(stable prices), 장기 금리 안정(moderate long-term interest rates)으로 대변되는 FRB 통화정책의 목표는 국내적 금융 및 동화 문제에 초점이 맞추어져 있으며, 이를 정책적으로 실현하기 위해 동화 당국은 명시적 기준 지표(explicit nominal anchor) 없이 이용 가능한 모든 정보를 활용할 수 있다. 즉 FRB 통화정책은 모든 취합 가능한 정보를 이용해 광범위하게 국내 시상 상황에 적극적으로 개입할 수 있다는 점을 그 특징으로 하고 있다. 또한 FRB는 최대 고용, 물가 안정, 및 장기 금리 안정으로 대변되는 통화정책의 대내적 기본 목표를 달성하기 위해 세부적으로 통화정책을 수립 및 시행한다. 이 과정에서 FRB는 각각의 목표를 달성하기 위해 전통적 통화정책(conventional monetary policy)을 선호한다. 일반적으로 전통적 통화정책은 지급준비제도(reserve requirement system), 공개시장조작(open market operation) 및 중앙은행대출(연준대출)을 의미하는데, 이러한 정책은 중앙은행이 시장에 간접적으로 개입한다는 점을 그 특징으로 한

16 김병화, 『중앙은행과 통화정책』 (서울: 학민사, 2012), p. 15.
17 FRB, http://www.federalreserve.gov/default.htm. (2022년 10월 4일 검색).

다. FRB가 간접 개입 방식을 선호하는 이유는 시장 충격을 최소화하고 시장의 자율성을 최우선으로 고려하기 때문이다. 따라서 FRB는 평시에는 전통적 통화 정책을 우선 시행하며 시장 상황에 조심스럽게 대응하는 방식을 취한다.

우선 지급준비제도의 경우는 그 대상이 상업은행, 저축은행, 저축대부조합, 신용조합 등 모든 예금 취급 금융기관을 대상으로 한다. 공개시장조작의 경우는 유동성 조절 수단으로 활용하고 있다. 마지막으로 FRB 대출의 경우는 지준 부족 금융기관의 부족 자금을 최후로 의존할 수 있는 수단이며, 정부를 대상으로도 FRB가 대출을 시행할 수 있는 특징을 지니고 있다.

〈표 1〉 FRB의 전통적 통화정책

	세부 정책	특징
전통적 통화정책	지급준비제도	은행 건전성 감독
	공개시장조작	관리형 통화정책 수단
	FRB 대출	지급준비율 관련 대출

ECB 역시 FRB와 마찬가지로 전통적 통화정책을 취한다. 우선 ECB의 통화정책은 단기금융시장의 정상적 작동, 통화정책 파급 시차에 기초한 선제적 정책, 중기적 관점에서의 통화정책, 신뢰성에 바탕을 둔 인플레이션 기대(inflation expectations) 안정, 광범위한 경제 변수의 고려 등의 특성을 보인다.[18] 이러한 특성을 바탕으로 ECB는 FRB와 유사하게 세부 정책을 수립해 운영하고 있는데, 지급준비제도는 은행의 건전성 감독을 우선순위에 두고 있다는 점에서 상호 간에 유사하다. 즉 지급준비제도는 그 대상이 민간의 신용금융기관(credit institution)이며

18 김병기 · 김진일, "미 연준과 유럽중앙은행의 비전통적 통화정책 수행원칙에 관한 고찰" 『BOK 경제연구』. 제2014-22 (2014), p. 12 재구성.

대상채무는 예금, 금융채 및 단기금융상품 등이 포함되는데, 사실상 일부의 대상만 차이가 나며 FRB의 세부 정책과 유사하다고 평가한다.

반면 공개시장조작의 경우 ECB는 EU 회원국과 회원국 중앙은행으로 구성된 유럽중앙은행제도(European System of Central Banks: ESCB)의 사정 등을 참작해 정책을 시행하게 된다. 따라서 공개시장조작은 각 회원국 중앙은행과의 유기적 협조로 시행된다는 점이 특징이다. 아울러 대기성 여수신제도는 금융기관의 일시적 유동성 부족을 위해 자금 지원을 하는 것을 의미한다.

〈표 2〉 ECB의 전통적 통화정책

	세부 정책	특징
전통적 통화정책	지급준비제도	은행 건전성 감독
	공개시장조작	회원국 금융 시장 사정 고려
	대기성 여수신제도	민간 은행 대상

이렇듯 FRB의 정책을 구체적으로 설명하는 이유는 ECB의 통화정책이 FRB에 비해 상당히 보수적으로 운용되는 특징을 보이기 때문이다. 우선 ECB의 통화정책 우선순위는 물가 안정이다. 물가안정을 우선순위에 두고 있다는 점은 경제 상황과 여건이 다른 회원국들의 여건을 ECB가 고려하지 않을 수 없다는 사실을 나타낸다. 이러한 점은 ECB가 FRB와 달리 공개시장조작이나 대기성 여수신제도와 같은 세부 정책을 시행함에도 회원국과의 협의를 강조하는 점에서도 잘 드러난다.

〈표 3〉 ECB와 FRB의 특성 비교

구분	목표	독립성	책임
ECB	물가안정	정책위원회는 Ecofin과 유럽이사회에 의해 선출 8년 임기, 단임 정부에 대한 대출 금지 출범 이후 독립성 유지	유럽의회에 연간 보고서 제출 유럽의원의 요구 또는 자발적으로 유럽 의회의 상임위원회에 참석
FRB	물가안정 성장 고용	연방총재 이사회는 대통령의 임명과 상원의 확정이 필요 14년 임기, 단임 정부에 대한 대출 가능	의회에 연간 보고서 제출 의회에 반년별 공청회 참가 하원의 연간 청문회에 참가 청문회 개최 요구 가능

출처: 강유덕.『유럽 재정위기에 대한 유럽중앙은행의 대응과 역할 변화』. 대외경제정책연구원. (2014), p. 34 재구성.

따라서 이러한 특성으로 인해 ECB는 엄격한 정치적 독립성을 요구한다. FRB는 연준 의장을 임명할 때 대통령의 임명과 상원의 확정이 필요하며, 미국 정부에 대출이 가능하다. 따라서 상징적으로는 FRB가 독립성을 가지고 정책을 펼친다고는 하지만, 사실상 그 내용을 보면 정부를 상대로 완벽한 독립성을 가지고 있다고 볼 수는 없다. 반면 ECB의 경우는 정책위원을 임명시 EU 경제재정이사회(Economic and Financial Affairs Council: Ecofin)에 의해 선출되며 정부에 대한 신용 제공(대기성 여수신제도의 대상)을 원칙적으로 금지하고 있다. 이러한 독립성은 ECB가 국가 간 정치적 함수관계에 휩싸이지 않고, 중기 차원의 통화정책을 추진하기 위한 필수적 요소라 할 수 있다.[19]

따라서 ECB 통화정책은 통화정책 자체가 보수적으로 운용되며, 통화정책의 협의 당사자가 다양한 만큼 오히려 높은 수준의 정치적 독립성이 요구된다는 점에 주목해야 한다. 사실 이러한 점은 ECB가 기후 위기와 관련한 대응을 하는 데

19 강유덕,『유럽 재정위기에 대한 유럽중앙은행의 대응과 역할 변화』(대외경제정책연구원, 2014), p. 35.

도 독립적인 역할을 할 수 있게 한다. 그렇다면 이러한 특징을 가지고 있는 ECB가 기후 위기에 대해서는 어떠한 인식을 하고 있으며 그 대응 방식은 어떠한가? 이에 대해서는 다음 장에서 살펴보자.

4. 기후 위기에 대한 ECB의 대응

최근 코로나19 사태 이후 중앙은행 통화정책의 확장 필요성에 대한 다양한 논의가 전개되고 있다. 물론 앞서 언급한 ECB와 FRB의 경우처럼, 중앙은행의 기본적 목표는 물가 안정이 가장 우선이며, FRB의 경우는 여기에 성장 및 고용에도 그 역할을 하고 있다. 소위 인플레이션 파이터(inflation fighter)로 물가 안정이야말로 중앙은행의 가장 큰 책무라고 할 수 있는 것이다. 이는 코로나19 이후 막대하게 풀린 유동성의 힘으로 발생한 인플레이션을 해결하기 위해 ECB와 FRB가 최근 기준금리를 급격히 올린 것만 보더라도 잘 알 수 있다. ECB의 경우 2022년 6월부터 0%였던 기준금리를 인상하기 시작해 2023년 5월 현재 3.75%까지 인상했다. FRB는 ECB보다 훨씬 급격하게 금리를 인상하였는데, 2022년 6월 금리 상단이 1.75%였던 것을 2023년 5월 현재 금리 상단이 5.25%까지로 올렸다. ECB와 FRB 모두 확대된 유동성으로 인한 인플레이션의 고착화를 막기 위해 기준금리를 통해 관리하고자 하는 것이다.

그러나 기후변화로 인한 금융안정성을 고려하는 측에서는 중앙은행의 역할이 전통적인 형태의 물가안정 등과 같은 영역에만 한정되지 않고 보다 적극적으로 확대되어야 한다는 주장이 최근 제기되고 있다.[20] ECB에 따르면, 2015년 이후 은행권의 탄소 집약적인 상업에 대한 신용위험 노출 금액이 증가해왔다. 국제통화기금(International Monetary Fund: IMF) 역시 2019년 기업의 내재가치 평가에서 그린본드 시장의 빠른 성장에도 불구하고 그린 자산과 전통 자산이 차별적으로 취급되지 않아 기후변화 위험이 제대로 반영되지 않고 있다고 맺음말을 내리고 있다.[21] 이는 중앙은행은 양적완화정책을 시행하는 과정에 기후변화와 관련한 금융안정성을 충분히 반영해야 하며, 금융기관에 대한 지속적인 스트레스 테스트가 필요하다는 것으로 ECB와 IMF가 함께 강조하고 있다.

그렇다면 ECB는 기후변화와 금융안정성과의 관계에서 입장을 취하고 있는가? ECB의 기후변화에 대한 기본 인식은 세 가지로 구분해 볼 수 있다.

첫째, ECB는 기후변화로 야기될 수 있는 인플레이션에 대해 주목하고 있다. 둘째, 앞서 언급한 물리적 리스크 및 이행 리스크의 영향을 받은 기업들에 대한 금융 지원을 한 은행들의 건정성 감독의 필요성 역시 중요하게 인식하고 있다. 셋째, ECB 보유 자산에 대한 리스크 전이의 사전 예방 중요성을 인식하고 있다.

이러한 인식을 바탕으로 ECB는 다음의 네 가지 정책을 유기적으로 시행하고자 한다.

첫째, 기후변화에 대한 경제적 분석 작업이다. 여기에는 거시 경제 모델, 직원 예측 및 위험 평가 과정에 기후변화와 기후변화의 대응 전략인 완화(mitigation) 정책을 포함한다. 이를 통해 각각의 내용이 통화정책 전달에 미치는 영향을 평가한다. 즉 ECB는 향후 통화정책을 시행할 때 단순히 ECB가 우선순위에 두고 있는 물가 안정뿐만이 아니라 기후변화에 대응하기 위한 완화 정책 등에 통화정책

20 ECB, *ECB and Climate Change* (European Central Bank, 2022).
21 한국금융연구원, “중앙은행의 통화정책 친환경화 책무”, 『금융브리프』 제30권 02호 (2021), p. 21 재구성.

이 어떠한 경제적 파급효과를 미치는지도 검토하겠다는 것이다. 즉 앞서 언급한 이행리스크 등의 사안도 함께 고려한다는 것이다.[22]

다음으로 통화정책을 통한 직접 대응이다. ECB는 통화정책 시행 과정에서 기후변화를 고려하여 위험 평가, 담보 제공 및 기업 부문 자산 구매를 평가한다. 즉 ECB가 시행하는 전통적 통화정책, 특히 대기성 여수신제도 등에 기후 상황을 고려하여 정책을 시행하는 것이다. 셋째로는 은행 감독의 강화이다. 감독 기관이 기후 관련 및 환경 위험을 기관들 사이의 거래 및 리스크 관리 분야에 적극 통합하고 위험을 완화하는 내용을 공개하는 데 ECB의 역량을 집중한다. 이는 특히 민간 은행이 기후변화에 대해 금융안정의 관점에서 적극적인 역할을 할 수 있게 한다. 마지막으로 금융안정 정책이다. 기후변화 때문에 금융시스템에 가해지는 위험을 식별 및 측정하여 평가하고 공개 토론을 통해 시장 참여자 및 정책 입안자에게 이 사실을 공지한다.

이렇듯 전반적으로 현재까지 ECB는 기후 위기 및 금융안정에 대해 다양한 대응을 하고자 계획을 마련하고 있다. 그러나 그 내용을 살펴보면 사실상 통화정책을 시행함에 있어 기후변화의 문제를 고려하는 정도에만 그치고 있다는 점은 한계로 볼 수 있다. 물론 세부 각론 역시 선언적이다. 그렇다면 기후 위기 및 금융안정과 관련한 ECB의 노력이 선언적인 차원임과 더불어 한계점을 나타내게 되는 요인은 무엇인가? 여기에는 크게 두 가지 원인을 들 수 있다.

첫째, 현재 기후변화와 이로 인한 기후 위기가 금융안정에 미치는 파급효과의 규모를 정확히 추산하기 힘들다는 점이다. 즉 기후 위기와 금융안정의 피해 및 매몰 비용에 대한 명확한 계산이 쉽지 않기 때문에 사실상 대응 정책의 구체

---

22 사실 ECB는 이행리스크와 관련해 금융기관의 소위 스트레스 테스트를 시행한 바가 있다. 자세한 내용은 김재윤 외, "기후변화 이행리크스와 금융안정", 『조사통계월보』. 제75권 제12호 (2021) 참조.

화가 쉽지 않다. 물론 현재 이와 관련해서 ECB를 비롯한 각국의 중앙은행은 다양한 방식의 스트레스 테스트를 진행 중이기는 하지만 여전히 한계점을 보인다. 둘째, 실질적으로 ECB의 정책적 역량 자체에 한계가 있을 수밖에 없다는 점이다. 우선 전통적 통화정책의 경우 정책 자체가 사실상 정형화되어 있어 기후 위기별 시나리오에 적합하게 대응하기에는 한계가 있다. 즉 기후변화에 대응하기 위해 기존 통화정책을 시행하기도 무리이며, 설혹 일부 영향을 미치는 세부 정책이 있다고 하더라도 그 파급효과는 제한적일 수밖에 없는 것이다. 때에 따라서는 통화정책을 통해 기후 위기에 대응하기 위해서 비전통적 통화정책을 선호할 수도 있다. 그러나 이 경우 실물경제의 파급효과(인플레이션 및 경기 침체 등)가 막대하므로 역시 면밀한 고려가 필요하다.

결국 코로나19 이후 기후 위기와 금융안정과의 관계에 대한 ECB의 향후의 역할을 유추하기 위해서는 중앙은행의 확장된 역할을 통해 정리할 필요가 있다. 본 연구는 이러한 점에 착안하여 맺음말을 대신해 기후 위기와 금융의 상생을 위한 소위 신사회계약적 입장을 정리해 보고자 한다.

5. 맺음말을 대신하여: 기후와 금융의 상생을 위한 신사회계약적 접근

신사회계약은 그 용어 자체에서 이미 기존 사회계약의 한계점을 지적함과 동시에 변화의 방향을 함축하고 있다. 세계화, 2008년 미국발 금융위기, 2020년 코로나19 팬데믹 과정에서 강화된 자본우월적 사회구조의 형성과 사회적 양극화의 확대는 기존 사회계약이 더 이상 제대로 작동하지 않고 있다는 점을 여실히 보여준다. 특히 코로나19 팬데믹과 포스트 코로나19 상황은 새로운 사회계약에 대한 사회적 욕구가 한층 증가하는 계기가 되었다.

그렇다면 기존 사회계약과 다른 신사회계약은 과연 어떠한 계약 조건을 요구하고 있으며, 그 실천 방향은 무엇인가? 또한 신사회계약은 주체는 누구이며, 그 동력원은 무엇인가? 이에 대한 답을 위해서는 신사회계약에 대한 명확한 정의가 필요할 것이다. 그러나 신사회계약의 계약 조건과 실천 방향, 주체, 동력원에 대한 구체적 내용은 부재하다.

다만 신사회계약은 기존의 사회계약과는 구별되는 주요 특성이 있다. 사회계약의 목표, 세계관, 발전 패러다임, 정책적 관심사, 사회적 관계의 기초, 사회의 비전, 자연환경에 대한 견해 등 신사회계약은 구(舊)사회계약과의 지향점이 다르다.

우선 사회계약의 목표라는 측면에서 기존의 사회계약이 재산권의 보호, 질서 유지 및 개인의 자유를 중심에 둔다면, 신사회계약은 인간, 사회, 지구 환경 간의 유기적 보호 관계를 지향한다. 따라서 세계관의 측면에서도 전자가 인간 중심의 세계관을 가지고 있다면, 후자는 인간-사회-지구 생태계의 유기적 관계라는 보나 확장된 세계관을 가진다. 발전 패러다임 역시 전자가 물질만능적 사고방식의 자유시장을 옹호하는 신자유주의적 발전 패러다임을 가지고 있다면, 후자는 정부, 기업, 학술 기관, 시민사회 간의 유기적 관계를 통한 다차원적 가치 창출의 패러다임을 지향한다.

〈표 4〉 구(舊)사회계약과 신(新)사회계약의 비교

구(舊)사회계약	주요 특성	신(新)사회계약
보호(예: 재산권), 질서 유지, 개인의 자유	사회계약의 목표	인간 안보, 사회 및 환경적 정의, 지구의 건강을 통한 광범위한 복지, 물질만능 지양
인간 중심	세계관	인간-사회-지구 생태계에 대한 유기적 이해
신자유주의: 자유 시장의 번성을 위한 기본 조건을 제공하는 정부	발전 패러다임	하이브리드 영역: 정부, 기업, 학술 기관, 시민사회 간의 협력 및 시민권의 역할 강조, 다차원적 가치 창출
안보와 경제적 기회	정책적 관심사	평등, 환경, 공정, 지구 건강에 기반한 사회적 정의
공리주의/실용주의	사회적 관계의 기초	상호 존중, 연대, 상생, 사회적 및 환경적 책임
개인주의	사회의 비전	사회생태주의에 기반한 사회시스템, 사회 및 자연환경의 일부로서의 개인
인간 필요와 욕구를 충족시키기 위한 자연	자연환경에 대한 견해	자연환경의 일부인 동시에 그와 공존하는 인간, 자연환경에 기초한 경제 및 제도의 구축 필요성 강조

출처: EGD, EPSR, Porto Declaration, The Social Contract in the 21st Century 등을 통해 필자가 정리.

이러한 사회계약의 목표, 세계관, 발전 패러다임의 차이로 인해 구사회계약은 안보 및 경제적 기회와 경성 권력적 정책에만 관심이 한정되어 있는 반면, 신사회계약은 다양한 영역에서의 사회적 정의에 입각한 정책에 지향점을 두고 있다. 또한 사회적 관계의 기초와 사회의 비전이라는 특성에서 전자가 공리주의/실용주의 및 개인주의 경도되어 있다면, 후자는 사회생태주의에 기반한 사회시스템과 사회 및 자연환경에 포함된 개인이라는 측면에 천착하고 있다. 이는 결국 자연환경을 인간 필요와 욕구를 충족시키기 위한 자연이냐, 그렇지 않으면 자연과 공존하는 인간이냐와 같은 자연을 대하는 견해의 차이를 가져온다.

정리하면 기존 사회계약과는 달리 신사회계약은 지구상의 모든 영역에서 주체와 객체가 상호간에 조응하며, 수직적 혹은 수평적 및 다층적으로 결합한다. 이 과정에서 주체와 객체는 상수인 것은 아니며, 상황에 따라 상호 간 전환되는 관계를 반복적으로 구성한다. 즉 신사회계약에서 주체와 객체와의 관계 설정은 코로나19 이후 새로운 사회생태적 변화를 가장 적확하게 설명해 줄 수 있을 것으로 기대된다.

그렇다면 신사회계약적 접근을 동원해 기후 위기와 금융안정에 대응하고 있는 ECB의 입장은 어떻게 해석해야 하며, 향후 그 경로는 어떻게 될 것인가? 앞서 언급한 것처럼, 현재 ECB가 판단하는 기후 위기와 금융안정과의 관계는 기초적인 수준으로 판단된다. 물론 ECB뿐만이 아니라 각국 중앙은행 모두 그러하다. 다만 ECB의 경우는 각국의 중앙은행보다는 적극적으로 기후 위기에 대해 금융(통화)의 역할을 고민하고 있다는 점은 고무적이다.

따라서 ECB의 입장에 대해 신사회계약적 의미를 정리하면 다음과 같다. 첫째, 기후 위기에 대한 ECB의 전향적 통화정책은 사회계약의 목표나 세계관에 상당 부분 부합된다. 생태환경적 중요성을 인지하고 통화정책을 통해 기업 친환경적 경영을 유도하고 있다. 둘째, 발전 패러다임과 정책적 관심사, 그리고 사회적 관계의 기초에서도 역시 다양한 행위자의 관점을 존중한다. 특히 ECB의 금융안정 정책은 앞서 언급한 것처럼 다양한 시장 참여자 및 정책 입안자에게 기후변화로 야기되는 금융시스템의 위험을 전파하고 공개 토론을 지향한다는 점이 특징이다. 즉 발전 패러다임과 정책적 관심사, 그리고 사회적 관계의 기초에 정부/시민사회 및 다양한 행위자들이 참여를 요구하는 점은 신사회계약의 맥락에 닿아있다. 아울러 사회의 비전이나 자연환경에 대한 견해 역시 앞의 두 부분과 크게 다르지 않다.

맺음말적으로 기후 위기와 금융안정에 대한 ECB의 입장은 신사회계약적 측면에서 여전히 열려있다. 그리고 ECB는 국제사회의 기후 관련 기관 및 EU 산하의 다양한 기관들과 깊이 있는 논의를 통해 신사회계약적 입장에 부합하는 방향으로 기후 위기와 금융안정의 논의를 진행해 나갈 것으로 여겨진다. 즉 이러한 부분이 향후 기후 위기와 금융안정의 논의를 풍부하게 만들어 새로운 형태의 사회계약으로 수렴되는 과정에서의 ECB의 역할을 확대할 것으로 전망된다. 따라서 기후 위기의 과정에서 ECB가 기존의 전통적인 정책과는 차별화된 새로운 정책을 논의하는지에 대한 지속적인 추적이 필요할 것이다.

참고문헌

강유덕.『유럽 재정위기에 대한 유럽중앙은행의 대응과 역할 변화』. 대외경제정책연구원, 2014.

김병기 · 김진일. "미 연준과 유럽중앙은행의 비전통적 통화정책 수행원칙에 관한 고찰".『BOK 경제연구』. 제2014-22 (2014), pp. 1-25.

김병화.『중앙은행과 통화정책』. 서울: 학민사, 2012.

김세완. "기후변화 물리적 리스크가 금융산업 건전성에 미치는 영향에 대한 실증연구: 시중은행과 손해보험 산업을 중심으로". 한국은행 연구자료 (2022), pp. 1-48.

김재윤 외. "기후변화 이행리크스와 금융안정".『조사통계월보』. 제75권 제12호 (2021), pp. 16-52.

김청일 · 오윤경. "기후변화 대응정책 방향 모색을 위한 연구동향 분석: 완화(mitigation)와 적응(adaptation) 전략을 중심으로".『한국행정논집』. 제30권 제3호 (2018), pp. 577-599.

마이클 셸런버거, 노정태 옮김.『지구를 위한다는 착각: 종말론적 환경주의는 어떻게 지구를 망치는가』. 서울: 부키, 2021.

미노슈 샤피크, 이주만 옮김.『이기적 인류의 공존 플랜: 21세기를 위한 새로운 사회계약』. 서울: 까치, 2022.

박혜진.『기후리스크와 자산가격의 관계에 대한 조사 및 분석』. 자본시장연구원, 2023.

비외른 롬보르, 홍욱희 외 옮김.『회의적 환경주의자: 이 세상의 실제 상황을 직시하다』. 서울: 에코리브르, 2003.

정선영 · 허정. "기후변화가 생산성에 미치는 영향".『BOK 이슈노트』제2022-3호 (2022), pp. 1-18.

패트릭 무어, 박석순 옮김.『종말론적 환경주의: 보이지 않는 가짜 재앙과 위협』. 서울: 어문학사, 2021.

폴 크루그먼, 김진원 역.『폴 크루그먼, 좀비와 싸우다』. 서울: 부키, 2022.

한국금융연구원. "중앙은행의 통화정책 친환경화 책무".『금융브리프』제30권 02호 (2021), pp. 20-22.

한국금융연구원. "기후변화 위험과 중앙은행 역할".『금융브리프』제29권 10호 (2020), pp. 23-24.

한국금융연구원. "기후변화 위험과 중앙은행 및 감독당국 대응방안 논의".『금융브리프』 제28권 21호 (2019), pp. 19-21.

ECB. *ECB and Climate Change*. European Central Bank, 2022.

ECB. *Financial Stability Review*. European Central Bank, November 2020.

ESRB. *The Macroprudential Challenge of Climate Change*. European Central Bank, 2022.

Ferrari, Massimo and Pagliari, Maria Sole. *No Country is an Island: International Cooperation and Climate Change*. European Central Bank, 2021.

IPCC. *Climate Change 2022: Impact, Adaptation and Vulnerability*. Intergovernmental Panel on Climate Change, 2022.

IPCC. *Climate Change 2021: The Physical Science Basis*. Intergovernmental Panel on Climate Change, 2021.

McKinsey. *The Social Contract in the 21st Century*. McKinsey Global Institute, 2020.

NGFS. *NGFS Climate Scenarios for Central Banks and Supervisors*. Network of Central Banks and Supervisors for Greening the Financial System, 2020.

NGFS. *Scenarios in Action: A Progress Report on Global Supervisory and Central Bank Climate Scenario Exercises*. Network of Central Banks and Supervisors for Greening the Financial System, 2021.

"A Green New Deal for Europe: Opportunities and Challenges". http://www2.euromemorandum.eu/uploads/euromemorandum_2020.pdf. (2021년 5월 8일 검색)

"European Pillar of Social Rights: A New Social Contract for the Future". https://www.eesc.europa.eu/en/news-media/press-releases/european-pillar-social-rights-new-social-contract-future. (2022년 6월 2일 검색)

"Porto Declaration" https://www.consilium.europa.eu/en/press/press-releases/2021/05/08/the-portodeclaration. (2022년 6월 2일 검색)

제6장 중동부 유럽의 녹색 전환 전략

이하얀

1. 머리말

녹색 전환(Green Transition)은 현대사회가 직면한 환경적, 사회적, 경제적 문제들에 대응하여 지속 가능한 발전을 달성하기 위한 포괄적이고 전략적인 접근 방식을 의미한다. 이 전환의 목표는 생태계의 보전, 자원의 지속 가능한 사용, 그리고 인류와 비인간 존재 간의 공존을 촉신하는 동시에 경제석 성상과 사회석 복지를 균형 있게 추구하는 것이다.[1] 본 글에서는 녹색 전환을 실현하기 위한 접근 방식 중 하나인 CCUS 전략을 살펴 보고자 한다. 특히 중동부 유럽 지역에서 실시하는 ANRAV-CCUS(Advanced Novel Radical Approaches for Carbon Capture, Utilization, and Storage) 프로젝트를 중심으로, 탄소중립 목표 달성을 위한 혁신적 기술의 적용과 그 전망에 주목해 보겠다.

유럽연합(EU:European Union)은 기후변화에 대응하기 위해 유럽그린딜(Europe

1 이상헌. "한국사회의 지속가능성 제고를 위한 녹색전환 정책".『공간과 사회』제30권. 1호 (March 2020), pp. 88-90.

Green Deal)이라는 전략적 계획을 도입하여, 2050년까지 탄소 순배출 제로(Net Zero)를 목표로 하는 등 환경친화적 경제구조로의 전환을 가속하고 있다.[2] 기후 동맹에 가입한 121개국과 함께 탄소중립 목표를 설정하고 글로벌 트렌드를 형성하며, 온실가스 배출권 거래제 확대, 탄소세 부과, 탄소 국경세 도입 등의 조치를 통해 저탄소 및 친환경 경제구조로의 전환을 촉진하는 것을 목표로 한다.[3] 중동부 유럽에서는 ANRAV-CCUS 프로젝트를 통해 탄소 포집 · 활용 · 저장 기술(CCUS:Carbon Capture, Utilization, and Storage) 기술을 활용하여 지역적 탄소중립 목표 달성에 기여하고자 한다. CCUS 기술은 이산화탄소를 포집, 저장, 및 활용하는 방법을 포함하는 종합적인 접근법으로, 배출된 이산화탄소를 선택적으로 포집하여 안전하게 저장하고, 전환 후 유용하게 활용하는 친환경 탄소 처리 기술이다.[4]

국제에너지기구(IEA)와 유럽위원회(European Commission)는 CCUS를 탄소중립 달성의 핵심 기술로 강조하며, 이 기술이 전 세계 총 이산화탄소 감축량의 15%를 담당할 것으로 예상하고 있다. 특히, ANRAV-CCUS 프로젝트는 시멘트 산업에서의 적용을 포함하여, CO_2의 효과적 포집 및 유용한 물질로의 전환을 통해 CO_2 배출 저감에 기여한다.[5]

본 글은 다음과 같이 구성된다. 우선 EU의 탈탄소화 전략과 목표를 살펴보며, 유럽그린딜을 중심으로 한 기후변화 대응 전략과 2050년까지 온실가스 배출 순제로 달성을 위한 다양한 정책과 프로젝트들을 살펴볼 것이다. 또한, EU 혁신 기

2 European Commission, "The European Green Deal", https://commission.europa.eu/strategy-and-policy/priorities-2019-2024/european-green-deal_en. (2024년 2월 15일 검색)

3 Huovila, Siikavirta, Rozado, Rökman, Tuominen, Paiho, and Hedman, Ylén, "Carbon-neutral cities: Critical review of theory and practice", *Journal of Cleaner Production*, Vol. 341 (March 2022), pp. 14-15.

4 Dziejarski Bartosz, "Current status of carbon capture, utilization, and storage technologies in the global economy: A survey of technical assessment", *Fuel*, Vol. 342 (June 2023), pp. 48-50.

5 IEA50, "Carbon Capture, Utilisation and Storage", https://www.iea.org/energy-system/carbon-capture-utilisation-and-storage. (2024년 2월 15일 검색)

금을 통해 지원되는 CCUS 기술을 포함한 대규모 혁신 프로젝트들이 어떻게 지속 가능한 발전과 녹색 전환을 촉진하는지에 대해 조명할 것이다. 이어서 CCUS 기술과 ANRAV 프로젝트의 중요성 및 기대 효과를 살펴볼 것이다. CCUS 기술의 역사, 잠재력, 그리고 글로벌 온실가스 감축에 대한 기여도와 함께, ANRAV-CCUS 프로젝트가 동유럽 지역에서 어떻게 탈탄소화 노력을 선도하고, 기후중립 목표 달성에 핵심적인 역할을 하는지에 대해 알아보겠다. 마지막으로 한국에 주는 시사점과 과제를 살펴볼 것이다. EU, 미국, 캐나다 등의 CCUS 관련 정책과 비교하여, 한국의 CCUS 기술 개발 및 산업 육성을 위한 정책적 지원의 필요성을 제시하고자 한다. 또한, 탄소중립 목표 달성을 위해 한국 정부가 취해야 할 전략적 접근과 민간의 자발적인 시장 참여를 촉진하기 위한 제도적 개선 방안에 대해 논의하며 글을 마무리하고자 한다.

2. 유럽연합의 탈탄소화 전략과 지원 정책

1) 유럽 그린딜과 신산업 전략

EU는 기후변화 대응을 산업 전략화하는 방식으로 탄소중립을 추진하고 있으며, 이를 위한 핵심 전략으로 유럽그린딜을 마련했다. 유럽그린딜은 2050년까지 온실가스 배출 순제로 달성, 경제 성장과 자원 사용의 분리(decoupling), 개인과 지역이 탄소중립 과정에서 소외되지 않도록 지원하는 것을 목표로 삼고 있다.[6] 이 전략에는 10년간 1조 유로의 투자가 계획되어 있으며, 이 중 절반은 EU 예산으

6 European Council, "Climate neutrality is about emitting less and absorbing more", https://www.consilium.europa.eu/en/5-facts-eu-climate-neutrality/. (2024년 2월 15일 검색)

로 직접 투입되고, 나머지는 공공 및 민간 자원을 활용하여 레버리지 효과를 창출할 예정이다. 주요 정책 분야로는 안전하고 가용성 높은 청정에너지 공급, 청정 및 순환 경제 촉진, 에너지와 자원이 효율적인 건물, 지속 가능하고 스마트한 이동성 전환, 공정하며 건강하고 환경친화적인 식품 시스템, 생태계 및 생물다양성의 보존 및 복원 등이 포함된다.

유럽그린딜의 산업 관련 세부 전략으로는 유럽 신산업전략이 발표되었다.[7] 이 전략은 기후중립과 디지털 리더십을 위해 유럽 산업의 녹색 및 디지털 동시 전환을 유도하며, 유럽의 경쟁력 유지 및 지정학적 맥락에서 전략적 자율성을 확보하는 것을 목표로 한다.

2050년 순제로 목표 달성 과정에서 에너지 집약적 산업을 포함한 모든 산업의 가치 사슬에 변화가 예상된다. 녹색 및 순환 경제 부문의 경쟁력 강화를 위해 EU 산업계는 안정적인 청정 공급망 확보, 합리적 가격의 에너지 공급, 안정적인 원자재 확보를 강조하고 있다. 이와 같은 전략은 단일시장 강화, 중소기업 지원, 지적재산권 보호 및 활용, 유럽 데이터 공간 구축, 스마트 분야 통합, 지속 가능한 청정 철강 및 화학 산업 구축, 지속 가능한 스마트 모빌리티, 순환 경제 촉진, 호라이즌 유럽 내 민관 파트너십 촉진, 교육훈련 강화, 유럽공동이익중요프로젝트(IPCEI) 보완 등을 포함한다. 유럽그린딜은 코로나19 팬데믹 이후 환경을 고려하여 지속 가능하고 복원력 있는 디지털 경제로의 전환을 지원하기 위한 업데이트를 실시했다.[8]

이는 기존 산업 전략의 대체가 아닌 팬데믹 기간의 교훈을 통합하고, 향후 추

---

7 World Economic Forum, "What you need to know about the European Green Deal - and what comes next", https://www.weforum.org/agenda/2021/07/what-you-need-to-know-about-the-european-green-deal-and-what-comes-next/. (2024년 2월 15일 검색)

8 IEA, "Net Zero by 2050: A Roadmap for the Global Energy Sector", IEA Publications. (October 2021), pp. 4-10.

진 사항을 명확히 하는 데 중점을 두고 있음을 알 수 있다. 이를 통해 EU는 기후 대응을 위한 적극적인 산업 전략 시행으로 다른 국가들과 비교해 환경 정책 시행에 유리한 산업구조를 보유하고 있으며, 탄소세 도입에도 불구하고 미국, 중국, 일본 등에 대해 경쟁력을 유지할 수 있음을 확인할 수 있다. EU의 녹색경제는 2017년 기준 GDP 대비 2.2%에 불과하지만, 2000년부터 2017년까지 급속한 성장세를 보이며 전체 경제의 발전 속도를 능가하고 있다. 이 중 녹색경제 부문이 연평균 3.2% 성장하며 실질 성장률이 69%에 달하지만, 전체 경제는 연평균 1.4% 성장에 그치고 있다는 사실을 반영한다는 사실을 알 수 있다.[9]

〈표 1〉 EU의 2050년까지의 분야별 탄소중립 목표

교통	교통 부문은 온실가스 배출의 25%를 차지하며, 이를 더욱 친환경적이고 경제적인 방식으로 변화시킬 것
건물	에너지 소비에서 약 40%를 차지하는 건물을 개선하여 에너지 효율을 증가시킬 것
에너지	유럽연합의 온실가스 배출 중 75% 이상을 차지하는 에너지 생성 및 소비 부문을 저탄소화 할 것

출처: European Commission, "What is the European Green Deal?"

〈표 2〉 유럽그린딜을 통한 환경 오염 감소 전략

화학	시민들을 유해 화학물질로부터 보호하고, 대체 물질 개발을 촉진하며, 시장에 유통되는 화학물질에 대한 검증 기준을 엄격히 적용할 것
대기	세계보건기구(WHO)의 권고에 기반하여 대기질 규제를 재평가하고, 청정한 공기를 확보하기 위한 지방 정부의 노력을 지원할 것
수질	호수, 강, 습지 등의 자연 생태계 다양성을 유지하며, 과도한 영양물질의 유입을 줄이고, 미세 플라스틱 및 제약 오염을 감소시킬 것

출처: European Commission, "Eliminating Pollution"

9 European Commission, "Autumn 2023 Economic Forecast: A modest recovery ahead after a challenging year", European Economic Forecast, https://economy-finance.ec.europa.eu/economic-forecast-and-surveys/economic-forecasts/autumn-2023-economic-forecast-modest-recovery-ahead-after-challenging-year_en. (2024년 2월 15일 검색)

2) 유럽연합의 혁신 기금을 통한 녹색 전환 지원

〈표 3〉 유럽연합 혁신 기금 2차 지원 대상 목록

번호	명칭	분야	국가	설명
1	HH	수소	네덜란드	• 내용: 네덜란드 해상 풍력을 이용한 400MW 전해조를 이용한 녹색 수소 생산 및 공급 프로젝트 • 목표: 도로 연료 생산과 중량급 트럭 재충전에 화석 유래 수소 대신 녹색 수소 사용 • 특징: 고전류 밀도 전해조 기술과 개방 접근 파이프라인 운영을 통한 녹색 수소 공급망 최적화
2	PULSE	화학	핀란드	• 내용: 폐기물, 잔여물 및 혁신적 원료를 고품질 재생 가능 연료 및 지속 가능한 원료로 전환함 • 목표: 2030년부터 연간 1Mt 이상의 폐플라스틱 처리를 목표로 플라스틱 폐기물 문제 대응 및 순환 경제 확장 • 특징: 대량의 액화 플라스틱 폐기물을 페트로케미컬 원료로 전환하는 첫 번째 독자적 기술을 배치함
3	N2OWF	풍력	독일	• 내용: 독일 북해에 450MW 규모의 해상 풍력 발전소를 건설 및 운영함 • 목표: 재생 가능 에너지의 비중 증가 및 모든 소비자에게 저렴한 에너지를 보장하는 에너지 시스템 구축을 가속화함 • 특징: 15MW 터빈 30기 설치, 기초 혁신(단일 조각 모노파일, 2차 철강 개념, 그린 스틸 사용) 및 해상 변전소에 4MW 전해조 통합으로 녹색 수소 해결책 도입
4	FUREC	수소	네덜란드	• 내용: 재활용할 수 없는 고체 폐기물을 주로 수소로 변환하는 과정을 진행함 • 목표: 연간 54kt의 수소 생산 및 10년간 360만t CO2eq 감축을 통해 현재의 회색 수소 생산 과정보다 환경 영향을 줄임 • 특징: 네덜란드 겔렌의 케멜롯에서 처음 배치, 폐기물 수집 및 미래 이산화탄소 활용 및 저장 가능성에 대한 우수한 물류 연결을 가진 주요 화학 클러스터에서 진행

번호	명칭	분야	국가	설명
5	ReLieVe	제조	프랑스	• 내용: 유럽의 주요 배터리 재활용 및 원자재 병목 현상에 대한 산업 규모의 대응을 제공함 • 목표: 덩케르크 배터리 클러스터에 리튬-이온 재활용 공장을 건설하여 정제된 블랙 매스를 생산, 배터리 원자재의 이차적 출처에 접근을 제공함 • 특징: 연간 50,000톤의 모듈 또는 스크랩 처리 능력을 가진 첫 번째 블랙 매스 재활용 단위로, 국가나 물류 위험이 제한된 유럽 내에 위치함
6	C2B	시멘트/석회	독일	• 내용: 홀침 레거도르프 시멘트 공장에 2세대 옥시연료 탄소 포집 공정을 배치하여 연간 100만 톤 CO2eq 이상을 포집하고 합성 메탄올로의 추가 가공을 위한 원료로 제공함 • 목표: 순수 산소를 사용한 연소로 CO2가 풍부한 배기가스를 생성하여 탄소 포집 기술을 통해 시멘트 제조 공정의 탄소 배출을 혁신적으로 감축함 • 특징: HySCALE100 프로젝트와 통합되어 CO2 사용 및 O2 공급을 최적화하며, 500MW 및 후속 단계로 2GW 전해조와 대규모 메탄올 합성 공장을 지역에 설립함
7	BIOZIN	정유	노르웨이	• 내용: 프로젝트는 노르웨이 Åmli에 세계 최초의 상업 규모의 드롭-인 바이오연료 생산 시설을 건설 및 운영함 • 목표: 셸의 독점 IH2 기술을 사용하여 산림 폐기물과 톱밥 산업 부산물 등을 고급 2세대 바이오연료(드롭-인) 및 바이오차(부산물)로 전환함 • 특징: BIOZIN 공장은 고체 폐기물에 존재하는 탄소의 최대 80%를 드롭-인 연료로 사용할 수 있는 경질 탄화수소 액체로 회수할 수 있게 함

번호	명칭	분야	국가	설명
8	RISE	제조	프랑스	• 내용: 프랑스 북부에 연간 2GW 규모의 PV 모듈 제조 공장을 건설, 혁신적인 이종 접합(HJT) 기반 기술(REC Revo)로 생산함 • 목표: 22.5%의 모듈 효율성을 달성하며, 2030년까지 최대 26%까지 향상시키고, 유틸리티 부문에서 Mono PERC 대비 전기의 레벨라이즈드 비용(LCOE)을 감소시킴 • 특징: 95% 자동화와 고성능 신세대 장비를 통한 고속 생산 라인, 차세대 탠덤셀 기술(예: HJT-페로브스카이트)과의 호환성, 지속 가능한 제조를 위한 재활용 실리콘 커프, 얇은 Si 웨이퍼, 재생 가능 에너지로 구동되는 공장
9	ANRAV	시멘트/석회	불가리아	• 내용: 불가리아의 데브냐 시멘트 공장에서 CO2 포집 시설을 통해 흑해의 고갈된 가스전에 영구 저장하는 동유럽 최초의 전체 체인 CCUS 프로젝트를 목표로 함 • 목표: 불가리아 및 인접한 루마니아, 그리스 지역에 경제적으로 실행 가능한 CCUS 클러스터를 실현함 • 특징: 갈라타 고갈된 해양 가스전에서 확인된 CO2 저장 가능성을 활용하여 프로젝트를 전개함
10	Coda Terminal	기타	아이슬란드	• 내용: 약 8억 8천만 톤의 CO2 저장 용량을 가진 대규모 육상 탄소 광물 저장 터미널을 구축함 • 목표: CO2 저장 비용과 위험을 대폭 줄이고, 기반암의 >100,000 Gt 글로벌 저장 용량을 활용함 • 특징: Carbfix 기술에 기반하여 포집된 CO2를 물에 용해시켜 현무암 형성층에 주입하는 방식을 채택함

번호	명칭	분야	국가	설명
11	AIR	화학	스웨덴	• 내용: CO2, 잔류 물질, 재생 가능 수소 및 바이오가스를 메탄올로 전환하는 탄소 포집 및 활용 공정을 사용하는 대규모 상업적이며 지속 가능한 메탄올 공장을 창출함 • 목표: 유럽의 생산 시설에 사용되는 모든 화석 메탄올을 지속 가능한 메탄올로 대체하여 가치 사슬 하류에서 지속 가능하고 저렴한 제품을 제공함 • 특징: 기존 화학 생산 공장에 새롭고 혁신적인 방식으로 입증된 기술을 결합하고 통합하는 최초의 화학 생산자가 됨. Fortum과 Uniper는 새로운 전해 공장에서 재생 가능 수소를 공급함
12	HySkies	정유	스웨덴	• 내용: 스웨덴에 대규모 합성 지속 가능 항공 연료 생산 시설을 건설함 • 목표: 운영 환경에 통합된 전해 공장을 실현 및 가동하고, 대규모로 지속 가능한 항공 연료 시설을 구현하여 주요 제품으로 지속 가능한 항공 연료를 생산함 • 특징: 전해, 탄소 포집, 가스 발효 및 알코올-투-제트 기술(ATJ)의 통합 시스템의 기술적 및 경제적 타당성을 입증하고, 시스템의 기술 경제적 및 환경적 성능을 검증함
13	EL Ygator	수소	네덜란드	• 내용: 네덜란드 테르노젠에서 연간 15,500톤의 재생 가능 수소를 생산하는 200MW 전해 시설을 구축함 • 목표: 재생 가능 에너지로 완전히 구동되고 국경을 넘는 산업 분지에 완전히 통합된 혁신적이고 대규모의 유연한 전해 시설을 시연함 • 특징: 유연한 전해 시설 운영은 풍력 및 태양광 발전을 따르며, 이는 그리드 혼잡을 방지하고 그리드 안정성에 기여하며, 전기 그리드에 더 많은 재생 가능 전력을 도입하는 길을 제시함

번호	명칭	분야	국가	설명
14	North STOR+	제조	폴란드	• 내용: 전기화학 배터리 시스템을 통해 단기 전기 저장을 제공하는 혁신적 기술 구성요소의 제조 공장을 구축함 • 목표: 성능, 안전성, 비용, 모듈성 및 유연성, 연결성, 추적 가능성, 생명주기 환경 영향 측면에서 기존 기술보다 우수한 'Voltainer'를 특징으로 함 • 특징: 최종 사용자에게 kWh당 16.9-18.8%의 비용 절감을 제공하며, 구성 요소 및 장비의 90% 이상이 유럽 공급망에서 조달됨
15	IOFFibre	화학	핀란드	• 내용: 의류 및 기술적 섬유 응용 분야에서 기존 섬유를 대체할 새로운 섬유를 생산함 • 목표: 기준 제품인 폴리에스터 섬유와 비교하여, Kuura 섬유는 온실 가스 배출을 93% 절약함 • 특징: Kuura 섬유 생산은 Metsä Group의 바이오제품 밀에 통합되어 있어, 지속 가능하게 관리되는 핀란드 산림에서 얻은 나무로 만들어진 결코 건조되지 않은 펄프 사용을 가능하게 하고, 전기, 열, 비용 절약 및 용해 과정의 개선을 달성함
16	GO4ECO PLANET	시멘트/석회	폴란드	• 내용: 쿠야비 시멘트 공장에서 CO_2 포집 및 액화부터 시작해, 기차를 통한 LCO_2 운송, 그다음에는 그단스크 터미널에서 해상 저장 사이트로의 LCO_2 선박 운송에 이르기까지의 종단간 CCS 체인을 만들고자 함 • 목표: 첫 번째 CO_2 부정적 시멘트 공장이 되고, 유럽 동부에서 전략적 탈탄소화 인프라 프로젝트를 시작하는 선구자가 되며, 브라운필드 시멘트 공장에서 혁신적이고 효율적인 전기 기반 탄소 포집 개념을 시연함 • 특징: 저탄소 시멘트 분야에서 EU의 리더십을 보장하기 위해 시멘트 공장에서 복제 가능한 매우 확장성 있는 CCS 체인을 선보임

번호	명칭	분야	국가	설명
17	CalCC	시멘트/석회	프랑스	• 내용: 석회 생산(석회화) 과정에서 발생하는 배기가스로부터 CO_2 배출을 에어리퀴드의 Cryocap 기술로 포집하고, 이를 지질 형성층에 영구적으로 저장함. • 목표: 포집에서 지질학적 저장에 이르기까지의 전체 CO_2 가치 사슬을 커버하는 CCS 프로젝트로, 밀도가 높은 상태에서의 공유 파이프라인 CO_2 운송, 액화 및 선박을 통한 운송 단계를 포함함 • 특징: 연간 약 610 kt-CO_2를 영구 저장하며, 이 프로젝트는 Hauts-de-France 지역의 핵심 프로젝트가 되어 덩케르크 지역에서 CO_2 허브 개발의 길을 열고, 석회 생산을 위한 탄소 포집, CO_2 운송 및 감축하기 어려운 철강, 시멘트, 석회 산업 간의 시너지를 통해 혁신을 이룸

출처: European Commission, "Innovation Fund Second Call for Large-Scale Projects List of Proposals Pre-Selected for a Grant" 자료에서 저자 요약 및 정리 (2022.07)

EU는 기후변화 대응과 지속 가능한 발전을 위해 EU 혁신기금을 통해 청정 기술과 혁신 프로젝트에 대한 대규모 투자를 결정했다. 이 기금은 에너지 집약형 산업, 수소, 재생 가능 에너지, 탄소 포집 및 저장(CCS), 에너지 저장 등 다양한 분야에서 혁신적 기술을 기반으로 한 시장 진출을 촉진하는 것을 목표로 한다. 1차에서는 총 11억 유로를 7개 프로젝트에 할당했으며, 이 중 핀란드, 벨기에, 스웨덴, 프랑스에서 진행되는 4개의 프로젝트가 CCUS 기술에 초점을 맞추고 있다.

2차에서는 추가로 17개 프로젝트에 18억 유로 이상을 투자하기로 결정했으며, 이번 투자는 1차 대비 기금 규모가 60% 증가하여 프로젝트 선정 가능 숫자도 두 배로 증가한 것이 특징이다. 이 프로젝트들은 현존 기술 대비 온실가스 배출 저감 효과, 혁신성, 확장성, 프로젝트 자체의 성숙도 및 비용 효율성을 고려하여 선정되었다. 녹색 수소의 생산, 운송 및 사용, 폐기물을 수소로 변환, 해상 풍력, 태양광 모듈 제조, 배터리 저장 및 소재 재활용, 탄소 포집 등을 포함하여 유럽의 탈탄소화 노력을 지원하는 기술을 포함한다.

2차에 지원된 프로젝트 중 7개는 이산화탄소 포집 및 저장 기술 및 이산화탄소 포집 및 활용(CCU) 기술을 활용하는 것으로, 불가리아, 프랑스, 독일, 아이슬란드, 폴란드, 스웨덴 등에서 실시될 것이며, 특히 불가리아의 CCUS 프로젝트는 이산화탄소 저장 인프라 구축에 특화되어 있다는 점에서 주목받고 있다.[10] 이 같은 지원책은 EU의 지속 가능한 발전 목표와 녹색 전환 전략의 실현을 위한 중요한 조치로 평가되며, 해당 분야에서의 혁신과 기술 개발을 촉진함으로써 온실가스 배출 감소 및 환경 보호를 위한 구체적이고 실질적인 진전을 이루어가고 있다.

EU의 투자와 정책은 국제 사회에 기후변화 대응에 있어 선도적인 역할을 하는 EU의 의지를 보여주며, 더 깨끗하고 지속 가능한 미래를 향한 중요한 발걸음이 될 것으로 기대된다. EU는 이를 통해 전 세계적으로 기후변화 대응과 지속 가능한 산업 전환을 위한 벤치마크를 설정하고 있으며, 이산화탄소 저감 기술의 개발 및 상용화를 가속화하여 2050년까지의 온실가스 배출 순제로 목표 달성에 기여하고 있다. 또 이 프로젝트들의 성공적인 실행은 유럽뿐만 아니라 전 세계적으로 기후변화 대응에 중요한 이정표가 될 수 있다. EU의 투자가 타 지역에서도 유사한 지속 가능한 발전 프로젝트를 위한 자극제 역할을 할 수 있으며, 국제적인 협력과 기술 공유를 촉진하는 계기가 될 것이다. 더 나아가, 이 프로젝트들은 녹색 일자리 창출과 같은 경제적 이점도 제공하며, 지속 가능한 경제 성장과 환경 보호의 조화를 이루는 방향으로의 전환을 가속화할 것이다.

---

10 UN, "The Paris Agreement Related news Related Documents Related links What is the Paris Agreement?", https://unfccc.int/process-and-meetings/the-paris-agreement. (2024년 2월 15일 검색).

3. CCUS와 ANRAV 프로젝트

1) CCUS

앞서 언급한 것처럼 CCUS는 많은 장점이 있지만, 현재까지 이 기술은 탄소중립 목표 달성에 있어 기대치를 충족하지 못한 것으로 평가되고 있다. 기후변화를 완화하는 데 있어서의 그 잠재력은 수십 년 동안 인식됐으나, 실제로 이 기술의 적용은 지체되었고, 결과적으로 전 세계 CO_2 배출량에 미치는 영향은 제한적이었다. 느린 진행은 글로벌 순제로 배출 목표를 신속하게 달성하기 위해 모든 지역과 부문에서의 배출 감축이 절실한 상황에서 주요 문제로 대두되었다. 그러나 COVID-19 위기가 초래한 경제적 불확실성, 에너지 위기, 공급망의 불안정성은 CCUS 기술의 재확산을 촉진하는 계기가 되었다.[11]

또한, 파리 협정의 목표인 "산업화 이전 수준보다 글로벌 평균 온도 상승을 2°C 이하로 유지하고 1.5°C 이하로 제한하려는 노력"을 달성하기 위해서는 우리가 에너지를 생산하고 소비하는 방식의 근본적인 변화가 반드시 필요하다. 파리 협정의 다른 목표는 "인위적 배출원에 의한 배출과 흡수원에 의한 제거 간의 균형"을 달성하는 것이다. 즉, 이것은 순제로를 의미한다.[12] 순제로는 인간 활동으로 대기 중에 배출되는 모든 CO_2가 자연 기반 솔루션(숲 조성, 재조림 및 기타 토지 이용 변경 포함) 또는 대기로부터 직접 또는 간접적으로 포집된 CO_2를 영구적으로 저장하는 기술적 솔루션을 통해 제거되어야 한다는 것을 말한다. 궁극적으로, 순제로 달성을 위해서는 현재 의존하고 있는 화석 연료 기반의 에너지 시스템을

11 Belani, Ashok and Gerard, Damien, *CARBON CAPTURE AND SEQUESTRATION – THE BUSINESS*, The Oxford Institute for Energy Studies, Issue 128 (May 2021), pp. 11-13.

12 UN, "The Paris Agreement Related news Related Documents Related links What is the Paris Agreement?", https://unfccc.int/process-and-meetings/the-paris-agreement. (2024년 2월 15일 검색).

저탄소 및 지속 가능한 에너지 소스로 전환해야 한다.[13] 이는 재생 가능 에너지원(태양광, 풍력, 수력 및 지열 에너지 등)의 대규모 도입과 함께 온실가스 배출 감축 기술의 발전과 적용을 필요로 한다. 또한, 산업 프로세스, 교통 및 건축물 등 모든 분야에서의 배출 감축 노력이 병행되어야 한다.

이 조건에 적합한 기술이 바로 CCUS다. IEA는 2020년 '에너지 기술 전망' 보고서를 통해 재생 가능한 전기화, 바이오에너지 및 수소와 더불어 글로벌 에너지 전환의 네 가지 핵심 요소 중 하나로 CCUS가 수행해야 할 역할을 강조하였다. CCUS 기술은 대기 중으로 배출되는 이산화탄소를 줄이는 가장 효과적인 방법으로, 다양한 산업에서의 탄소 배출 감소에 기여할 수 있다. 이 기술은 바이오에너지와의 결합(Bio-Energy with Carbon Capture and Storage, BECCS) 또는 직접 공기 중의 CO_2 포집(Direct Air Capture, DAC)을 통해 이산화탄소의 배출을 저해한다. CCUS는 발전소, 공장 등의 대규모 배출원에서 이산화탄소를 포집하는 과정을 포함하며, 화석 연료나 바이오매스가 사용되는 시설에서 발생하는 CO_2를 대상으로 한다. 포집된 CO_2는 사용되지 않을 경우, 압축되어 파이프라인, 선박, 철도, 트럭 등을 통해 운송되어, 다양한 용도로 활용되거나 지하의 깊은 지질 구조물에 안전하게 저장된다. 이 과정을 통해 고정된 CO_2의 양과 그 활용 및 저장 방식에 따라 순수하게 감소되는 이산화탄소의 양이 결정된다. 따라서, CCUS 기술은 탄소 배출을 효과적으로 관리하고 지속 가능한 환경을 유지하는 데 기여할 수 있기 때문에 이 기술의 적용은 특정 산업 분야에서 탄소중립 목표 달성을 위한 필수적인 접근 방법으로 간주된다.

CCUS 기술의 또 다른 이점은 기존에 운영하고 있는 공장에 설치가 가능하

---

13 Samaniego, Lorenzo, Toro, Merico, Jiménez and Rouse, Harrison, "Nature-based solutions and carbon dioxide removal", United Nations publication (February 2022), pp. 13-15.

〈그림 1〉 CCUS 기술 개념도

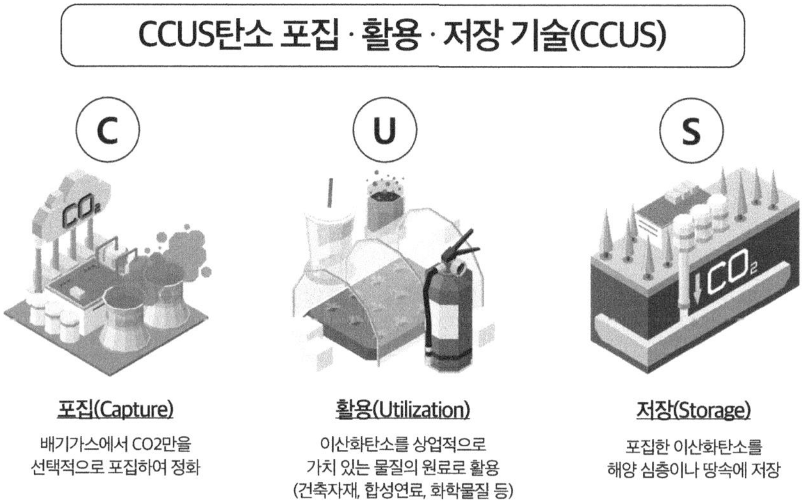

다는 점이다. 또 CCUS는 이러한 시설에서 천연가스나 석탄을 사용하여 저탄소 수소를 생산하는 비용 효율적인 방법을 제공할 수 있다. 포집된 이산화탄소는 깨끗한 항공 연료 제조를 비롯하여 다양한 방식으로 활용될 수 있으며, 이는 CCUS 시설에 추가적인 수익 창출 기회를 제공할 수 있다. 대다수의 CCUS 프로젝트가 석유 회사들로부터 이산화탄소를 구매하여 향상된 석유 회수(Enhanced Oil Recovery, EOR)를 통해 수익을 창출해 왔음에도, 이산화탄소는 합성 연료, 화학 제품, 건축 자재 생산에 필요한 원재료로서의 다양한 잠재적 용도를 가진다. 이 같은 다양한 활용 가능성은 CCUS 기술이 산업 목적에 부합하는 지속 가능한 방법으로 이산화탄소를 관리하는 데 기여할 수 있음을 의미한다.[14]

14 State of Green, "Explaining carbon capture, utilisation, and storage (CCUS)", https://stateofgreen.com/en/news/explaining-carbon-capture-utilisation-and-storage-ccus/. (2024년 2월 15일 검색)

2) ANRAV-CCUS 프로젝트의 중요성 및 기대 효과

〈표 4〉 중동부 유럽 지역의 CCUS 적용 공장 개요 및 탄소 포집 규모

국가	공장 개수	위치	탄소규모 (Mton CO_2/y)
체코	2	프라하, 브루노 인근	1.2
헝가리	2	부다페스트 남쪽 부다페스트 인근	1
루마니아	3	국가 중앙부	2
보스니아헤르체고비나	1	국가 중앙부	0.3
불가리아	1	바르나와 흑해 인근	0.8
그리스	1	해안 도시	0.2

출처: European Commission, "Eliminating Pollution"

2023년 3월, EU는 혁신 기금을 통해 Heidelberg Materials와 PetroCeltic에 약 1억 9천만 유로를 제공하였다. 이 자금은 중동부 유럽에서 최초로 시행되는 CCUS 프로젝트인 'ANRAV 프로젝트'에 할당되었으며, 실제로 이 프로젝트를 진행하는 불가리아의 Devnya Cement가 이 금액을 수령하였다. 유럽위원회는 이 프로젝트가 불가리아를 비롯한 중동부 유럽 국가와 발칸 유럽 국가들의 CCUS 클러스터가 될 것으로 판단했다. 데브냐 시멘트 공장에서 발생하는 이산화탄소는 포집되어 흑해 아래 해상 가스파이프라인을 통해 영구적인 저장을 위해 운송될 계획이다.[15] 이 프로젝트가 완성되면 연간 약 800,000톤의 CO_2를 포집할 용량을 갖게 될 것이며, 1억 9천만 유로의 보조금 외에 필요한 나머지 자금은 민간 자금으로 충당된다. CCUS 시스템은 데브냐 시에 위치한 하이테크 클링커(시멘트의 주성분) 및 시멘트 공장에 설치하여 2028년 가동을 목표로 하고 있다.

이와 같은 EU의 지원은 저탄소 기술의 발전과 상용화를 촉진하며, 특히 탄소

15 Heidelberg Materials, "EU backs Heidelberg Materials' pioneering CCUS project in Bulgaria", https://www.heidelbergmaterials.com/en/pr-2023-01-20. (2024년 2월 15일 검색)

중립 목표 달성에 필수적인 CCUS 기술의 적용과 확산에 큰 기여를 할 것으로 기대된다. 또한, 이는 국제적인 협력과 기술 교류를 통해 지속 가능한 미래를 향한 중요한 발걸음이 될 것이다.

ANRAV 프로젝트는 불가리아 데브냐 시멘트 공장에서 배출되는 이산화탄소를 흑해의 소진된 가스전에 저장하는 작업을 포함한다. 이 목표를 달성하기 위해, 육지와 바다를 연결하는 파이프라인 시스템을 설치할 것이다. 이 프로젝트의 핵심 목표는 시멘트 제조 과정에서 발생하는 이산화탄소의 상당 부분을 포획하고, 최고의 CO_2 순도를 달성하며, 에너지 소비를 최소화하고 기술적 리스크를 줄이는 데 있다. 이 프로젝트를 통해, 발생할 수 있는 온실가스 배출의 95%를 절감할 것으로 기대된다.[16]

〈그림 2〉 바다 및 해양에 탄소를 포집하고 저장하는 과정

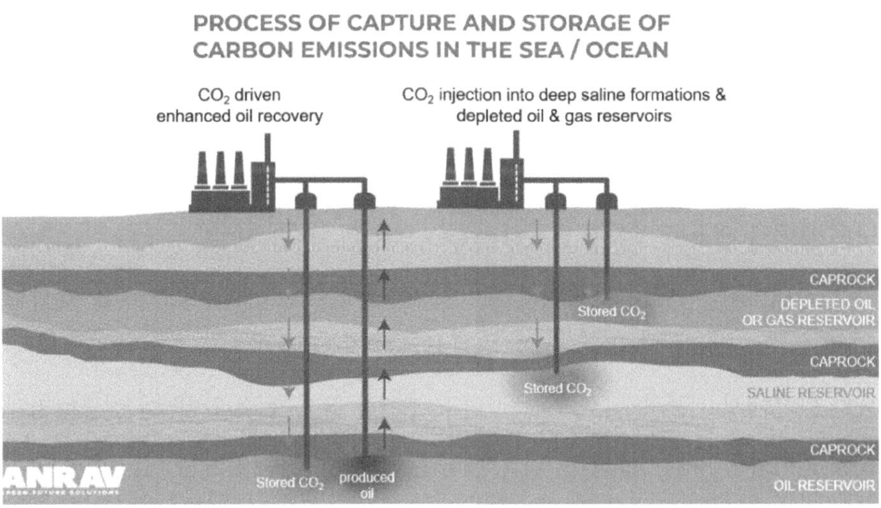

출처: Anrav.bg

16 Капитал, "Девня цимент и нейният капан за въглерод", https://www.capital.bg/biznes/promishlenost/2023/01/27/4442626_devnya_ciment_i_neiniiat_kapan_za_vuglerod/. (2024년 2월 15일 검색)

EU는 2050년까지 기후중립성을 달성하고 기후변화에 대응하기 위해, 시멘트 생산과 같은 탄소 배출 강도가 높은 산업의 탈탄소화를 필수적인 과제로 설정하였다. 이 맥락에서, ANRAV 솔루션은 동유럽 시멘트 산업의 탈탄소화 노력에 있어 모범적인 프로젝트로 자리 잡고 있으며, 유럽 산업 전략의 현대화 및 탈탄소화 목표와 일치한다. ANRAV는 아민 포집 기술을 활용하여 추가 열에너지 요구량을 현저하게 감소시키며, 이는 에너지 효율 정책 도구와도 부합한다.[17]

ANRAV 프로젝트는 산소연료 기술과 아민 기반 포집법을 결합한 새로운 방식으로 탄소 포집 기술을 선보일 예정이다. 이 혁신적인 방법을 통해 데브냐 시멘트 공장에서 생산되는 시멘트는 배출되는 CO_2의 99%를 효과적으로 잡아내어 저탄소 제품이 된다. 10년간 운영할 경우, 약 7.8메가톤의 CO_2를 줄일 것으로 예상되며, 이는 불가리아의 연간 배출량의 13%에 해당하는 수치이다.[18] 이 특별한 기술은 기존의 시멘트 제조 공정에도 적용이 가능하며, 매우 높은 포집 효율을 자랑한다. 과정은 다음과 같다. 산소로 연소시킨 소성로에서 나온 CO_2가 CO_2 처리 장치(CPU)로 보내진다. 여기서 일부 CO_2는 빠져나가게 되는데, 이때 빠져나간 CO_2(이른바 CPU 슬립스트림)는 아민 포집 유닛으로 이동한다. 이 아민 유닛은 시멘트 제조 공정에서 발생하는 CO_2와 CPU 슬립스트림에서 나온 CO_2를 함께 처리한다. 이렇게 단계별로 접근하면서, 결국에는 CO_2의 99%를 잡아낼 수 있게 된다. 이 하이브리드 기술 덕분에, 시멘트 공장은 클링커를 생산하는 중요한 단계에서 기존 소성로와 같은 연소 조건을 유지할 수 있다. 이는 클링커의 품질에 영향을 주지 않으면서 탄소 배출을 크게 줄일 수 있다는 의미이며, 이는

17 Global CCS Institute, “GLOBAL STATUS OF CCS 2022”, https://www.globalccsinstitute.com/consultancy/our-services/analysis/. (2024년 2월 15일 검색)

18 Атоминфо.бг, “Български циментов завод получи грант от ЕС за иновативен проект за улавяне и съхранение на въглерод”, https://atominfo.bg/?p=96232. (2024년 2월 15일 검색)

시멘트 제조 업체에게 매우 중요한 이점이다.[19]

ANRAV-CCUS 프로젝트는 중동부 유럽 지역에서 처음으로 시도되는 대규모의 이산화탄소 포집 및 저장 사업으로, 데브냐의 산업 지역을 기반으로 CCUS 기술의 전략적 발전을 추진한다. 이 프로젝트는 혁신적인 산소연료와 아민 포집 기술을 결합하여, 시멘트 제조 공정에 적용할 가능성을 탐구하고, 산업 밀집 지역에서 CCUS 클러스터를 구축하는 데 중점을 둔다. 데브냐 시멘트 공장에 설치될 예정인 ANRAV 포집 시설은 매년 최대 80만 톤의 CO_2를 안전하게 저장할 능력이 있으며, 이는 불가리아의 탈탄소화에 큰 기여를 할 것으로 기대된다.

ANRAV-CCUS 프로젝트는 EU의 기후중립 목표 달성에 중요한 역할을 할 것으로 기대되며, 중동부 유럽 지역의 산업 전략을 현대화하고 탈탄소화하는 데 상징적인 사례가 될 것이다. EU의 정책적 및 재정적 지원을 통해 프로젝트의 성공 가능성이 높아질 것이며, CCS 및 CCUS 기술의 발전을 통해 지속 가능한 미래를 향한 전 세계적인 노력에 기여하게 된다.

4. 맺음말: 한국에 주는 시사점과 과제

2023년 3월 공개된 EU의 탄소중립산업법, 즉 Net-Zero Industry Act(NZIA)은 CCS(탄소 포집 및 저장)를 '전략적 순제로 기술'로, CCUS(탄소 포집, 활용 및 저장)를 '순제로 기술'로 지정하였다. 이 법안은 관련 산업을 EU 역내에 유치하기 위한

19 ЕДИНЕН ИНФОРМАЦИОНЕН ПОРТАЛ НА ЕВРОПЕЙСКИТЕ СТРУКТУРНИ И ИНВЕСТИЦИОННИ ФОНДОВЕ, "Споразумение за партньорство България, 2014BG16M8PA001.5.0", https://www.eufunds.bg/bg/taxonomy/term/607. (2024년 2월 15일 검색)

인허가 절차 단축 등의 지원을 예정하고 있으며, 관련 기술 · 제품의 연간 수요의 40%를 EU 내에서 생산하는 것을 목표로 하여 시장 창출을 도모한다. 이는 EU가 탄소중립 목표 달성을 위한 기술적 해결책으로 CCS 및 CCUS의 중요성을 인식하고, 이를 적극적으로 지원하려는 의지를 반영한다.[20]

미국은 2022년 인플레이션감축법을 통해 CCUS 설비 설치 등 관련 프로젝트에 대한 세액 공제와 같은 지원을 강화하였다. 특히 CCS에 대해서는 탄소 1톤당 85달러(약 11만원)의 인센티브를 제공하여, 기술 개발 및 적용을 장려한다. 캐나다 역시 CCS 투자비의 50%, 대기 중에서 직접 탄소를 포집하는 기술인 DAC(Direct Air Capture) 투자비의 60%에 대해 세금을 공제해 주는 등, CCUS 기술의 채택과 확산을 지원하는 정책을 시행한다.[21]

반면, 우리나라는 CCS와 CCUS 관련 정책 지원을 총괄하는 책임 부처가 아직 명확히 정해지지 않은 실정이다. CCS는 산업통상자원부에서, CCUS는 과학기술정보통신부에서 담당하고 있어, 관련 정책 및 지원이 분절적으로 이루어지고 있다. 이는 탄소중립 목표 달성을 위한 국가적 노력의 효율성을 저해하고, CCUS 기술의 개발 및 상용화에 필요한 정책적 지원을 제공하는 데 있어 어려움을 초래할 수 있다.[22]

따라서, 우리나라는 CCUS 관련 정책을 효과적으로 추진하기 위하여 관련 부

---

20 European Commission, "The Net-Zero Industry Act: Accelerating the transition to climate neutrality", https://single-market-economy.ec.europa.eu/industry/sustainability/net-zero-industry-act_en. (2024년 2월 15일 검색)

21 Bakertilly, "Inflation Reduction Act Resource Center", https://www.bakertilly.com/page/inflation-reduction-act-energy-tax-credits?utm_source=googleads&utm_medium=paidsearch&utm_campaign=+Firm%3A+Inflation+Reduction+Act+%28+Firm+%29&utm_id=19075488676&utm_content=alwayson&gclid=Cj0KCQiAoKeuBhCoARIsAB4Wxtc3Pwwke1FPjVDS4hJyeUKkrW6IfmJuyVWCHE9Ws23vpOPJyqNsJQoaAlFPEALw_wcB. (2024년 2월 15일 검색)

22 Yun, S.-J. "The Ideological Basis and the Reality of Low Carbon Green Growth", *The Korean Association For Environmental Sociology*, Vol. 13, Seoul, Korea, 2009, pp. 219-222.

처 간의 협력을 강화하고, 총괄 책임 부처를 명확히 정하는 등의 제도적 개선이 필요하다. 또한, EU의 사례에서 볼 수 있듯이, CCUS 기술에 대한 정부 차원의 적극적인 재정적 지원 및 정책적 장려가 필요하다. 이를 통해 우리나라 또한 탄소중립 목표 달성을 위한 기술적 기반을 마련하고, 관련 산업의 육성 및 국제 경쟁력 강화에 기여할 수 있을 것이다.

대한민국의 CCUS 기술과 산업 발전을 위해서는 몇 가지 중요한 시사점이 제시된다.

첫째, 정책 지원 및 책임 부처의 명확화가 필요하다. 한국 정부는 CCUS 기술 개발 및 산업 육성에 대한 적극적인 정책 지원을 제공해야 하며, 세액 공제와 같은 인센티브 확대를 포함하여 CCUS 관련 정책을 총괄하는 명확한 책임 부처를 설정해야 한다. 이는 기술 발전을 촉진하고 국내외 경쟁에서의 우위를 점하는 네 중요하다. 둘째, CCUS 기술에 의한 온실가스 감축 효과를 객관적으로 산정 및 인증할 수 있는 방법론 구축과 평가·인증 체계의 확립이 요구된다. 이를 통해 CO_2 감축량과 탄소배출권을 연계할 수 있게 되며, 기업의 CCUS 기술 투자를 유인할 수 있는 지원제도의 구축이 필요하다. 셋째, 국제 협력 및 저장소 확보의 중요성이 강조된다. 탄소 저장소 부족 문제를 해결하기 위해 국가 간 협약 체결과 국제 해사 기구(IMO)와 같은 기관과의 협력이 필수적이다. 이와 더불어, 기술 개발 및 상용화에 주력해야 하며, CCUS 기술의 개발과 상용화를 통해 장기적인 탄소중립 목표 달성에 기여할 수 있다. 넷째, 높은 CCUS 비용과 관련하여, 탄소차액계약제도(CCfD:Carbon Contracts for Differences)와 같은 경제적 지원 제도를 도입하여 기업들에게 탄소중립 기술 투자에 대한 불확실성을 줄이고 경제적 지원을 제공해야 한다. 마지막으로, 한국 정부는 탄소중립 기술 및 산업을 명확히 지정하고 전폭적인 지원을 제공해야 한다. 이는 국내 CCUS 산업의 활성화와 함께 탄소중립과 경제 성장을 동시에 달성하기 위한 전략이 될 것이다.

이와 같은 과제들을 해결하기 위해서는 정부, 산업계, 연구 기관 간의 협력이 필수적이며, 지속 가능한 미래를 위한 적극적인 투자와 혁신이 요구된다. 국내 CCUS 산업 활성화를 위한 단일법 제정이 우선되어야 하며, 한국의 CCUS 기술 수준 향상과 국제적 경쟁력 강화를 위한 노력이 지속되어야 할 것이다.

참고문헌

이상헌. “한국사회의 지속가능성 제고를 위한 녹색전환 정책”. 『공간과 사회』 제30권. 1호 (March 2020).

Belani, Ashok and Gerard, Damien. *CARBON CAPTURE AND SEQUESTRATION – THE BUSINESS*. The Oxford Institute for Energy Studies. Issue 128 (May 2021).

Dziejarski Bartosz. “Current status of carbon capture, utilization, and storage technologies in the global economy: A survey of technical assessment”. *Fuel*. Vol. 342 (June 2023).

Huovila, Siikavirta, Rozado, Rökman, Tuominen, Paiho, and Hedman, Ylén. “Carbon-neutral cities: Critical review of theory and practice”. *Journal of Cleaner Production*. Vol. 341 (March 2022).

IEA. “Net Zero by 2050: A Roadmap for the Global Energy Sector”. IEA Publications. (October 2021).

Samaniego, Lorenzo, Toro, Merico, Jiménez and Rouse, Harrison. “Nature-based solutions and carbon dioxide removal”. United Nations publication (February 2022).

Yun, S.-J. “The Ideological Basis and the Reality of Low Carbon Green Growth”. *The Korean Association for Environmental Sociology*. Vol. 13, Seoul, Korea, 2009.

Bakertilly. “Inflation Reduction Act Resource Center”. https://www.bakertilly.com/page/inflation-reduction-act-energy-tax-credits?utm_source=googleads&utm_medium=paidsearch&utm_campaign=+Firm%3A+Inflation+Reduction+Act+%28+Firm+%29&utm_id=19075488676&utm_content=alwayson&gclid=Cj0KCQiAoKeuBhCoARIsAB4Wxtc3Pwwke1FPjVDS4hJyeUKkrW6IfmJuyVWCHE9Ws23vpOPJyqNsJQoaAlFPEALw_wcB (2024년 2월 15일 검색)

European Commission. “Autumn 2023 Economic Forecast: A modest recovery ahead after a challenging year”. European Economic Forecast. https://economy-finance.ec.europa.eu/economic-forecast-and-surveys/economic-forecasts/autumn-2023-economic-forecast-modest-recovery-ahead-after-challenging-year_en. (2024년 2월 15일 검색)

European Commission. “The European Green Deal”. https://commission.europa.eu/strategy-and-policy/priorities-2019-2024/european-green-deal_en. (2024년 2월 15일 검색)

European Commission. “The Net-Zero Industry Act: Accelerating the transition to climate neutrality”. https://single-market-economy.ec.europa.eu/industry/sustainability/net-zero-industry-act_en. (2024년 2월 15일 검색)

European Council. “Climate neutrality is about emitting less and absorbing more”. https://www.consilium.europa.

eu/en/5-facts-eu-climate-neutrality/. (2024년 2월 15일 검색)

Global CCS Institute. "GLOBAL STATUS OF CCS 2022". https://www.globalccsinstitute.com/consultancy/our-services/analysis/. (2024년 2월 15일 검색)

Heidelberg Materials. "EU backs Heidelberg Materials' pioneering CCUS project in Bulgaria". https://www.heidelbergmaterials.com/en/pr-2023-01-20. (2024년 2월 15일 검색)

IEA50. "Carbon Capture, Utilisation and Storage". https://www.iea.org/energy-system/carbon-capture-utilisation-and-storage. (2024년 2월 15일 검색)

State of Green. "Explaining carbon capture, utilisation, and storage (CCUS)". https://stateofgreen.com/en/news/explaining-carbon-capture-utilisation-and-storage-ccus/. (2024년 2월 15일 검색)

UN. "The Paris Agreement Related news Related Documents Related links What is the Paris Agreement?". https://unfccc.int/process-and-meetings/the-paris-agreement. (2024년 2월 15일 검색)

World Economic Forum. "What you need to know about the European Green Deal - and what comes next". https://www.weforum.org/agenda/2021/07/what-you-need-to-know-about-the-european-green-deal-and-what-comes-next/. (2024년 2월 15일 검색)

Атоминфо.бг. "Български циментов завод получи грант от ЕС за иновативен проект за улавяне и съхранение на въглерод". https://atominfo.bg/?p=96232. (2024년 2월 15일 검색)

ЕДИНЕН ИНФОРМАЦИОНЕН ПОРТАЛ НА ЕВРОПЕЙСКИТЕ СТРУКТУРНИ ИНВЕСТИЦИОННИ ФОНДОВЕ. "Споразумение за партньорство България, 2014BG16M8PA001.5.0". https://www.eufunds.bg/bg/taxonomy/term/607. (2024년 2월 15일 검색)

Капитал. "Девня цимент и нейният капан за въглерод". https://www.capital.bg/biznes/promishlenost/2023/01/27/4442626_devnya_ciment_i_neiniiat_kapan_za_vuglerod/. (2024년 2월 15일 검색)

제7장 유럽의 경제적 불평등과 코로나

강유덕

1. 머리말

코로나19 팬데믹이 장기화하면서 전 세계적으로 많은 경제적 변화가 나타났다. 2020년 세계 경제는 -3.1%의 경제성장률을 기록하며, 제2차 세계대전 이후 제일 심한 경기 침체를 겪었다.[1] 다른 경제위기와 달리 팬데믹에 의한 위기는 수요 침체뿐만 아니라 공급 측면의 충격을 불러일으켰다. 백신과 치료제가 없는 상황에서 팬데믹의 확산을 막기 위해서는 강력한 사회적 거리두기를 실시할 수밖에 없었고, 이에 따라 경제활동 자체가 큰 차질을 겪었다. 이러한 현상은 국제적 분업에 기반하여 형성된 글로벌 공급망에 큰 영향을 미쳤는데, 2020년 전 세계 무역은 전년 대비 10% 감소했다.[2] 2021년부터는 많은 국가들이 '위드 코로나' 정책을 펴면서 세계 경제가 반등, 회복세를 보였지만, 회복의 속도와 정도는 국가마다 상이하다. 코로나19 팬데믹에 대응하는 과정에서 많은 국가들은 재정

1 IMF, *World Economic Outlook* (October 2021), p. 112.

2 UNCTAD, *Key Statistics and Trends in International Trade 2021* (2021), p. 1.

과 통화에 있어 확장적 정책을 폈고, 그 결과 일정 부분 경기 침체를 억제하고, 금융시장을 안정화시킬 수 있었다. 반면에 부작용으로 국가채무는 전례 없는 수준으로 상승했고, 물가 상승의 압박에 시달리게 되었다. 엎친 데 덮친 격으로 러시아의 우크라이나 침공으로 촉발된 에너지 공급망의 교란은 고물가 현상과 함께 많은 국가들을 에너지 위기로 몰아넣었다.

코로나19 팬데믹은 국가 간에 존재하는 불평등을 더 심화시키는 결과를 낳았다. 선진국과 개발도상국은 위기 대응 능력과 경제 여건이 다르기 때문이다. 성장률의 회복이 일어나더라도 코로나19의 피해와 대응 정책에 따른 부작용은 향후 수년간 세계 경제에 불안 요인으로 작용할 가능성이 크다. 특히 국가별 경제 펀더멘털과 정책 역량, 거버넌스의 차이는 경제 회복 속도에 있어 큰 차이를 낳을 가능성이 크므로, 국가 간에 존재하는 불평등은 더 확대될 소지가 크다.[3]

문제는 코로나19 팬데믹의 장기화가 한 국가 내부에서도 경제적 불평등을 더욱 심화시키는 결과를 낳는 점이다. 특히 팬데믹에 의한 경제적 충격은 수요와 공급 측면을 모두 위축시킨다는 점에서 그 효과가 증폭될 수 있다. 전염병의 확산에 따라 전체 경제에서 내수 감소 현상이 발생하는 데 더해, 방역을 목적으로 한 사회적 거리두기 조치는 그 피해가 소득, 자산, 직업 등으로 구분한 사회 집단별로 다르게 나타날 수 있다. 온라인/비대면 근무가 가능한 업종은 경제활동에 제약이 적지만, 대면 접촉이 필수적인 서비스 업종은 경제활동이 위축될 수밖에 없으며, 그 결과 큰 폭의 소득 감소를 겪을 수밖에 없다. 또한 코로나19의 대응 과정에서 투입된 막대한 재정과 유동성은 주식, 부동산 자산 가격의 상승을 불러일으켜, 자산 양극화 현상을 심화시켰다. 결국 코로나19 사태는 팬데

3 World Bank, *Global Economic Prospects* (January 2022), p. 20.

믹의 충격과 대응 조치 양쪽에 걸쳐 경제적 불평등을 심화시킨다. 이러한 현상은 특정한 국가에만 국한되는 것이 아닌, 세계적 현상이다. 이에 국제통화기금(IMF)은 수차례에 걸쳐 코로나19 대응을 위해 소득세, 부유세와 같은 '연대부가세(Solidarity Surcharge)'를 활용하여 양극화 문제에 대처할 것을 제안한 바 있다.[4]

이러한 맥락에서 이 연구는 코로나19 사태에 따른 경제적 충격이 경제적 불평등에 미치는 영향을 39개 유럽 국가들을 대상으로 실증분석한다. EU 회원국(28개국)을 포함한 다수 국가를 대상으로 구축된 데이터를 활용하는 만큼 실증연구로써 일정 수준의 대표성을 확보할 수 있을 것으로 생각한다. 이 연구에서는 국가 단위의 거시데이터를 통해 코로나19 팬데믹 기간 중 불평등의 심화 현상을 확인한 후, 개인 차원의 미시데이터를 통해 이 기간에 발생한 경제적 충격이 기존의 경제적 불평등을 더 악화시켰는지를 실증적으로 분석한다.

머리말에 이은 이 연구의 목차는 다음과 같다. 먼저 코로나19 팬데믹으로 인한 경제적 피해를 살펴보고, 경제적 불평등에 미치는 영향을 선행연구와 이론적 논쟁을 통해 검토한다. 팬데믹이라는 보건위기가 기존에 존재하던 경제적, 사회적 불평등을 자극함으로써 경제위기 또는 사회위기로 변화하는 과정을 논의한다. 이어 국가 단위의 데이터를 통해서 코로나19 사태와 경제적 불평등 간의 관계를 분석한다. 이를 위해 코로나19 사태에 따른 경제적 충격과 불평등에 관한 국가 단위의 거시데이터를 검토하여 상관관계를 확인한다. 다음으로 미시데이터를 통해 코로나19 팬데믹이 경제적 불평등을 더 확대하는지를 분석한다. 이를 위해 개인 차원의 경제적 피해 정도를 종속변수로, 경제적, 사회적 불평등을 포착할 수 있는 지표들을 설명변수로 한 모델을 구성한 후, 회귀분석을 실시한다.

---

4 IMF, *Tax Issues: An Overview, Special Series on COVID-19* (April 2020), p. 2; IMF, *COVID-19 Recovery Contributions, Special Series on COVID-19* (April 2021), p. 7.

마지막으로 연구 요약과 함께 '포스트 코로나' 시대에 경제적 불평등 완화를 위한 정책적 시사점을 도출한다. 이 연구는 유럽 국가들을 대상으로 한 연구이지만, 많은 국가들을 포함한 데이터 기반 연구라는 점에서 한국의 상황에도 유용한 제안을 도출할 수 있을 것으로 기대한다.

2. 코로나19가 경제적 불평등의 악화에 미치는 영향

1) 코로나19 사태와 경제적 피해

코로나19 사태는 2020년 1-2월 동아시아 지역에서 발견된 이후 불과 1-2개월의 시차를 두고 유럽, 미주 대륙 등 전 세계로 확산하였다. 국제보건기구(WHO)는 2020년 3월 11일에 코로나19를 질병의 세계적인 대유행을 의미하는 '팬데믹(Pandemic)'으로 선언하였다. 1968년의 홍콩 독감, 2009년의 신종플루에 이은 세 번째 사례인데, 그 여파는 지난 백 년간 발생한 어느 질병보다 컸다. WHO에 따르면 2022년 12월 초까지 전 세계에서 6억 4,300만 명 이상이 확진 사례로 보고되었고, 사망자 수는 663만 명 이상에 이르렀다.[5] 가장 확진자 수가 많았던 지역은 유럽, 미주, 서태평양(동아시아 포함) 지역, 동남아시아 순서이다. 반면에 아프리카 대다수 국가를 비롯한 개발도상국의 통계 미비를 참작하면 저개발지역의 피해는 알려진 것보다 더 클 것이다.

5 World Health Organisation, "WHO Coronavirus (COVID-19) Dashboard", As of 5 December 2022 https://covid19.who.int/. (2022년 12월 11일 검색)

〈그림 1〉 유럽 주요국의 분기별 GDP 추이[6] (2019년 4분기=100)

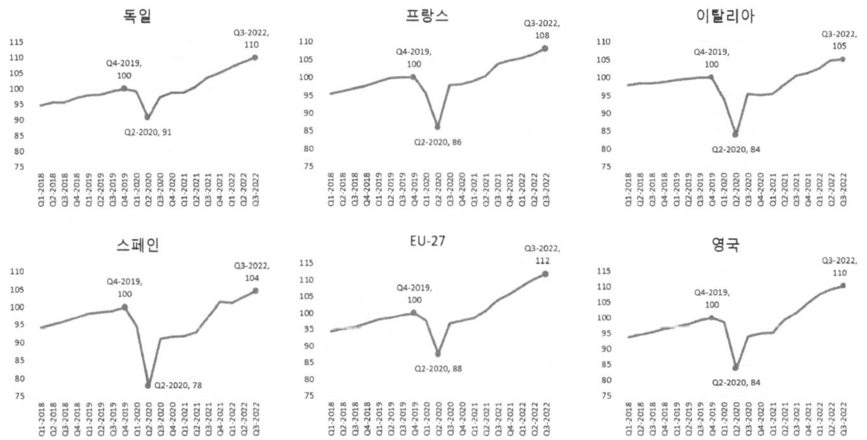

출처: OECD, OECD.Stat, https://stats.oecd.org/

초기에는 백신과 치료제가 존재하지 않았고, 의료 물자가 부족한 상황에서 거의 예외 없이 모든 국가는 방역을 위해 이동권을 제한하는 조치를 시행했다. 2020년 중 일시적이나마 국경 봉쇄를 시행한 국가의 수는 189개국에 이르렀고, 국내적으로는 이동 제한, 상업 시설의 영업 제한, 모임 금지와 같은 '사회적 거리두기(social distancing)'를 실시했다. 그 결과 국세무역은 급감했고, 경세활동의 제한에 따라 극심한 내수 침체를 겪게 되었다. 2020년 전 세계 경제는 -3.0%의 역성장을 경험했는데, 신흥국 및 개발도상국에 비해 선진국의 경기 침체가 더 컸다. 다른 지역에 비해 유럽 경제는 경기 침체 폭이 더 컸다. 2020년 EU 경제는 -5.9%의 경기 침체를 경험하였는데, 국가별로는 편차가 매우 컸다. 스페인과 이탈리아는 2020년 경제성장률이 -10.9%와 -9.0%였고, 영국은 -9.5%를 기록했다.[7] 이러한 차이는 팬데믹에 따른 보

6 (1) 분기별(계절조정) GDP, (2) 2019년 4분기 GDP를 100으로 고정한 후 계산
7 European Commission, *(Interim) Forecast European Economic Forecast* (Summer 2022), p. 45; IMF. *World Economic Outlook. Countering the Cost-of-Living Crisis* (October 2022), p. 128.

건상의 피해와 정책 역량의 차이와 관련이 있지만, 각 국가의 경제 · 산업구조에 따른 피치 못할 결과이기도 하다.

코로나19 팬데믹에 따른 경기 침체가 과거의 경제위기에 비해 더 큰 이유는 수요충격과 공급충격을 동시에 불러일으켰기 때문이다. 수요충격을 살펴보면 이동 제한을 포함한 광범위한 사회적 거리두기 조치는 내수 위축과 고용시장 악화를 불러일으켜 단기간에 큰 수요충격을 불러일으켰다. 거의 모든 국가에서 소비와 투자 등 내수는 악화하였고, 수출도 급감하였다. 대규모의 정부지출과 확장적 통화정책이 시행되었지만, 경기 침체를 다소 완화하는 데 그쳤다. 상대적으로 서비스업의 비중이 높은 선진국의 경우 경제활동이 더욱 위축되었다. 서비스업의 부진은 고용 악화→가계소득 감소→소비 부진의 악순환으로 이어졌는데, 특히 대면 서비스 업종이 가장 많은 타격을 입었다. 수요충격과 함께 공급충격이 동시에 발생한 이유는 팬데믹과 이에 대응하기 위한 사회적 거리두기의 결과 생산활동 자체가 차질을 빚었기 때문이다. 그 결과 글로벌 공급 체계가 훼손됨으로써 좀처럼 보기 어려운 전 세계적 차원의 공급충격이 발생했다. 국제무역과 투자를 통해 형성된 글로벌 공급망은 산업 특화를 기반으로 국가 간의 두터운 의존관계를 형성하였다. 산업별 생산 요충지(choke point)에서 발생한 생산활동의 차질은 해당 산업의 글로벌 공급망 전체에 충격을 주었다.

백신 접종이 이루어지면서 2021년부터 선진국을 중심으로 '위드 코로나' 정책이 이루어졌다. 〈그림 2〉에 나타난 바와 같이 2021년부터는 많은 국가들의 사회적 거리두기 조치를 완화하였고, 그 결과 경제활동이 재개되며 경기는 반등하기 시작했다. 2021년 세계 경제는 6.0% 성장을 기록하면서 전년도의 경기 침체를 지워나갔다. 선진국 경제는 5.2% 성장했고, 신흥국 및 개발도상국 경제는 7.2% 성장하면서 강한 복원력을 보였다. 경기 회복 추세는 2022년 2월 러시아의 우크라이나 침공으로 전 세계적인 에너지 위기가 확산되기 전까지 이어졌다. 반면에 경기회복력은 국가마다 상이하다. 팬데믹으로 인한 손실에 있어 큰 차이가 있으며, 경제 기반과 정책 역량에도 차이가 크기 때문이다. 무엇보다 팬데믹은 재정과 통화정책에 있어 무거운 짐을 남겼다. 많은 국가에서는 국가 채무 수준이 평시 기준 역대 최고 수준으로 증가했고, 저금리와 양적 완화 정책의 부작용으로 인해 고물가 문제에 직면하였다. 통화정책의 반전에 따른 부작용이 예상되면서 2013-2014년 미국의 자산매입축소(tapering) 당시 나타났던 개발도상국 금융시장의 불안 현상이 재현될 가능성도 있었다. 보건 분야에서도 팬데믹의 문제는 여전히 남아있다. 선진국과 개발도상국 간의 백신 접종률의 차이가 여전히 크며, 보건 역량에서도 큰 차이가 있기 때문이다.

〈그림 2〉 주요국의 사회적 거리두기 추이 비교(COVID-19 Stringency Index)[8]

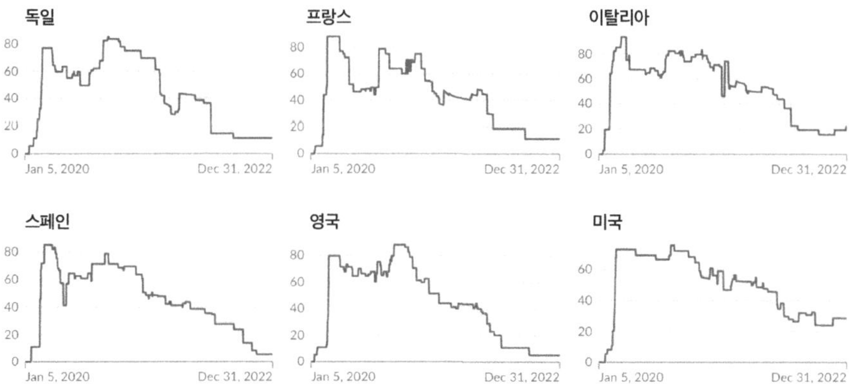

출처: Hale et al. (2021), Our World in Data, COVID-19: *Stringency Index* https://ourworldindata.org/covid-stringency-index#stringency-index. (2022년 12월 12일 검색)

---

8 엄격성 지수(Stringency Index)는 코로나19 확산 방지를 위해 채택된 8개 유형의 방지·폐쇄 정책과 1개의 보건 관련 조치를 종합하여 도출함.

2) 팬데믹과 경제적 불평등

팬데믹은 국가 간에 존재하는 불평등을 더 심화시킬 것으로 지적되었다.[9] 저소득 국가일수록 팬데믹에 대응 또는 적응하기 위한 준비가 부족할 수밖에 없기 때문이다. 우선 저소득 국가들은 의료 물자와 백신을 적절하게 확보할 수 없다. 또한 전염병 위기에 대응할 수 있는 공중보건 역량은 물론, 보건당국-일반 시민 간에 정보 전달의 경로가 제약될 수 있고, 교육 수준이 낮다는 점은 보건 지식의 시급한 확산이 필요한 상황에서 제약으로 작용한다. 또한 경제활동에 필요한 디지털 접근성이 제한된 경우가 많다. 아프리카 지역에 초점을 둔 연구에서는 일반적인 보건에 접근성이 낮은 사하라 이남 아프리카 지역이 팬데믹에 더 취약할 수밖에 없다는 점을 지적한다. 즉 국가 간에 보건 역량의 차이뿐만 아니라 교육, 인프라, 소득 등에 존재하는 불평등이 팬데믹으로 인해 더욱 증폭된다는 것이다.[10] 국제구호단체인 Oxfam의 보고서에 따르면 하루에 5.5달러 미만으로 생활하는 극빈층 인구는 전 세계적으로 5억 명에 이를 것으로 추산되었다.[11]

국내에서도 팬데믹은 기존의 불평등을 더 심화시킬 가능성이 매우 크다. 팬데믹에 따른 직간접적 피해가 사회집단별로 다르게 나타나며, 특히 경제적으로 취약한 계층에 더 집중될 수 있기 때문이다. 코로나19 확산 직후, 기존에 존재하는 불평등 현상이 팬데믹을 매개로 하여 분출될 것이라는 우려가 컸다. 사회적으로 취약한 계층이 더 많은 보건상의 위험에 노출이 되기 때문에 팬데믹이 '불평등

9 Faheem Ahmed, Na'eem Ahmed, Christopher Pissarides, and Joseph Stiglitz, "Why Inequality Could Spread COVID-19," *Lancet Public Health*, Vol. 5, No. 5 (May 2020).

10 Obasesam Okoi and Tatenda Bwawa, "How Health Inequality Affect Responses to the COVID-19 Pandemic in Sub-Saharan Africa," *World Development*, No. 135 (2020).

11 Oxfam, Inequality Virus (February 2021), p. 24; Andrew Sumner, Eduardo Ortiz-Juarez, and Chris Hoy, "Precarity and the Pandemic: COVID-19 and Poverty Incidence, Intensity, and Severity in Developing Countries," *WIDER Working Paper*, No. 2020/77 (2020).

바이러스(inequality virus)가 될 수 있다는 것이다.[12] 이와 같은 현상은 이미 과거의 스페인 독감(Spanish flu)과 다양한 독감 바이러스의 확산 사례에서 확인할 수 있다. 소득 수준이 낮을수록 전염병에 의한 사망률이 더 높다는 것은 실증적으로 잘 알려진 사실이다.[13] 평상시에도 소득이 높을수록 더 건강 상태가 더 좋은 경향을 보이는데, 영국의 사례를 살펴보면 소득 상위 10%의 인구는 하위 10% 인구에 비해 남성은 10년, 여성은 8년 더 수명이 길다고 알려져 있다.[14]

팬데믹 직후인 2020년 3월 영국에서 실시된 조사에 따르면 소득의 최하위층 가계는 코로나19에 감염될 가능성이 6배가 더 높으며, 감염 후 격리에서도 3배 더 많은 어려움을 겪는 것으로 나타났다.[15] 이와 같은 어려움은 경제적 소득은 물론 주거 형태의 차이에도 기인하는 바가 크다. 코로나19 감염 검사를 했을 때 확진율조차 소득이 높은 지역보다 낮은 지역에서 더 높은 것으로 나타났다.[16]

코로나19로 인해 불평등이 증폭되는 경로는 크게 세 가지로 구분할 수 있다. 첫째는 보건 경로로 보건 서비스에 대한 접근성의 차이로 발생한다. 둘째는 근무 형태에 따른 경로로 직업의 형태에 따라 발생한다. 세 번째는 소득 경로로 수요충격에 의한 일의 수요 자체가 줄어드는 것이며, 경제위기가 소득 불평등에 미치는 영향과 유사하다. 즉 코로나19 팬데믹은 기존의 사회적 불평등 현상과

---

12 *The Guardian*, "The Inequality Virus: how the Pandemic hit America's Poorest", April 9, 2020; Shehzad Ali, Miqdad Asaria and Saverio Stranges, "COVID-19 and Inequality: Are We all in this together?", *Canadian Journal of Public Health*, Vol 111, No. 3 (2020), p. 415.

13 Efrat Shadmi, "Multimorbidity and Equity in Health", *International Journal of Equity in Health*, Vol. 12, No. 59 (2013).

14 Richard Blundell, Monica Costa Dias, Robert Joyce, and Xiaowei Xu, "COVID-19 and Inequalities", *Fiscal Studies*, Vol. 41, No. 2 (2020), pp. 291-319.

15 Christina Atchison, Leigh Robert Bowman, Charlotte Vrinten, Rozlyn Redd, Philippa Pristerà, Jeffrey Eaton, and Helen Ward, "Perceptions and Behavioural Responses of the General Public during the COVID-19 Pandemic: A Cross-sectional Survey of UK Adults", *BMJ Open* Vol. 11, No. 1 (2021).

16 Stephanie, Schmitt-Grohé, Ken Teoh, and Martín Uribe, "COVID-19: Testing Inequality in New York City", *National Bureau of Economic Research*, No. w27019 (2020).

조응하여 이를 증폭시키면서 확산하였다. 일부 연구에 따르면 연령이 낮고, 소득 수준이 낮으며 자영업일수록 직업을 잃거나, 경제활동이 위축될 가능성이 큰 것으로 나타난다.[17] 연령과 소득 수준이 낮을수록 불황 시 해고가 상대적으로 수월한 비정규직일 가능성이 크며 자영업일수록 사회적 거리두기 조치에 따른 경제활동의 피해를 많이 입게 되기 때문이다. 이러한 직종에서는 직업을 잃을 가능성은 크지만, 전염병에 걸릴 가능성은 더 크다. 영국 의회의 보고서에 따르면 영국 내 흑인, 아시아계 등 소수인종 출신은 재택근무가 어렵고 더 많은 위험을 감수해야 하는 대면 서비스 업종에 종사하는 비중이 더 높으며, 따라서 코로나에 걸릴 가능성이 더 크다. 소수인종 출신이 인구에서 차지하는 비중은 11%인데

〈그림 3〉 코로나19 팬데믹에 의해 영업 중단된 분야의 임금 분포

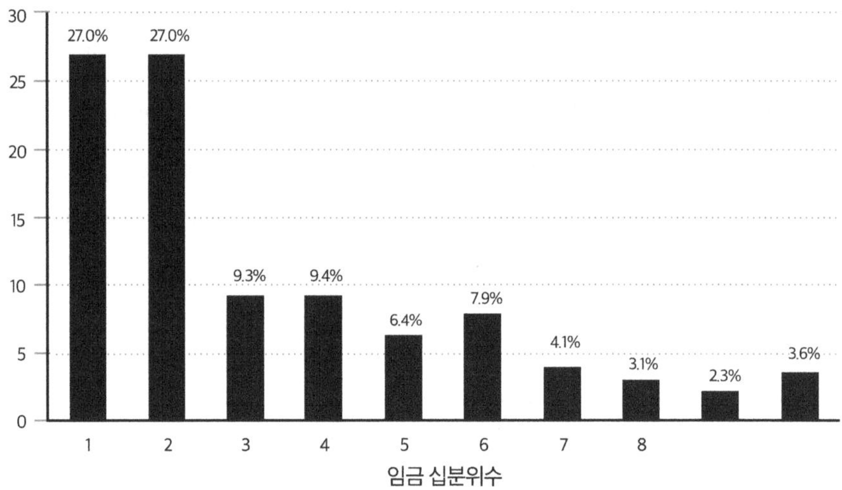

출처: U.S. Bureau of Labor Statistics, "How Many Workers are Employed in Sectors directly Affected by COVID-19 Shutdowns, Where do They Work, and How much do They Earn? (April 2020) https://www.bls.gov/opub/mlr/2020/article/covid-19-shutdowns.htm. (2022년 12월 12일 검색)

17 Brundell et al. (2020).

반해, 5명 중 1명꼴로 코로나19 관련 위험이 많은 업종에 종사하고 있다.[18] 코로나19 팬데믹 초기 미국에서의 조사에 따르면 영업 중단 등 어려움을 겪고 있는 분야에서 고용은 저임금 계층이 압도적으로 높은 것으로 나타났다(그림 3 참조). 소득 기준 하위 십분위 2개 그룹에 54%의 고용이 몰려있다.

한편 코로나19 팬데믹 기간 중 노동시장에 진입한 청년층의 경우 충격이 장기간에 걸쳐 영향을 미칠 수 있는데, 청년 실업이 순조로운 노동시장 진입을 저해하는 것과 유사한 영향을 미친다. 코로나19는 생산과 작업의 디지털 전환을 가속하였고, 그 결과 저숙련, 저임금 노동자들로 구성된 노동시장을 위협하고 있다. 재택근무 등 코로나19 시대의 새 표준(New Normal)이 정착되면서 팬데믹 이후에도 저숙련 노동자들의 일자리는 크게 줄어들 가능성이 크다.

반면에 팬데믹에 대한 정부의 대응과 지원은 불평등을 낮추는 방향으로 작용할 수 있다. 교육 수준이 낮은 수준 사람들이 더 많은 위험에 노출되는 것이 사실이지만, 정부가 대규모의 소득 지원 조치를 시행한다면 불평등의 정도는 감소할 수 있다.[19] 실제로 유럽 4개국(프랑스, 이탈리아, 독일, 스페인)을 대상으로 한 연구에서는 코로나19 초기에 소득 불평등이 악화하였지만, 이후에는 감소하는 모습을 보였다. 지니계수(Gini coefficient)를 통해 측정한 결과 중저위 소득층의 소득이 약간 상승하는 모습을 보였는데, 이는 정부의 소득 지원 정책에 따른 것으로 나타났다.[20]

---

18 UK Parliament, *Coronavirus: Lessons Learned to Date, Examining the Initial UK Response to the Covid Pandemic* (12 October 2021) p. 98.

19 Angus Deaton, "Covid-19 and Global Income Inequality", *National Bureau of Economic Research*, No. w28392 (2021).

20 Andrew E. Clark, Conchita d'Ambrosio and Anthony Lepinteur, "The Fall in Income Inequality during COVID-19 in Four European Countries", *The Journal of Economic Inequality*, Vol. 19, No. 3 (2021), pp. 489-507.

3. 코로나19 팬데믹에 따른 경제적 불평등 현상의 국제 비교

1) 경제적 불평등이 확대되는 통로

코로나19의 확산이 팬데믹으로 확대되고 극심한 경제 충격을 가져오자 기존의 경제적 불평등이 더 확대될 수 있다는 우려가 크게 제기되었다. 많은 국가들은 확장적 재정정책을 통해 대응했다. 코로나19 발생 이후 보건 조치와 가계 및 기업 지원을 위해 투입된 재정 지원은 2021년 3월 기준 17조 달러에 달했다.[21] 미국은 2020년에만 GDP의 16.7%에 달하는 재정 지원을 시행했고, 유로존은 GDP의 10%에 달하는 재정 확대 정책을 시행했다. 일본과 영국도 각각 GDP 대비 15.9%와 13.0%의 재정 지출을 시행했다.[22] 이러한 조치는 민간 분야의 내수 위축을 정부 수요의 창출을 통해 상쇄하는 것으로 수요충격에 대한 전통적인 정책이다. 반면에 불평등이 심화하는 것을 막을 수 있었는지에 대해서는 의문의 여지가 있다. Oxfam에 따르면 90% 이상의 국가는 부유층에 대한 세금을 인상하지 않았고, 저소득 및 중하위 소득의 국가 중 절반은 팬데믹 기간 중 보건 관련 지출을 오히려 줄인 것으로 나타났다. 코로나19 전후 데이터가 있는 107개 국가 중 49%의 국가는 2020년에 오히려 사회보장 지출을 줄인 것으로 나타났으며, 161개국 중 143개국은 팬데믹 기간 중 최상위 소득층에 대한 세금을 인상하지 않은 것으로 나타났다.[23]

코로나19 팬데믹은 여러 경로를 통해 기존의 경제적 불평등을 더 악화시킬 수 있다. 첫째, 저소득 노동자는 청소, 간호, 판매업, 경비 업무 등 필수 대면 서비스 업종

---

21 IMF, *IMF Fiscal Monitoring: A Fair Shot* (April 2021), p. 1

22 *Ibid.*, p. 5.

23 Jo Walker, Matthew Martin, Emma Seery, Nabil Abdo, Anthony Kamande, and Max Lawson, *The Commitment to Reducing Inequality Index 2022*, Oxfam and Development Finance International (October 2022), pp. 18-19.

에 종사하는 비중이 높으며, 그 결과 전염으로 인한 보건상의 위험에 더욱 노출된다(보건 경로). 둘째, 팬데믹에 따른 수요충격은 내수를 급격히 위축시키며 경제적 취약 계층의 고용 기회를 축소하고, 그 결과 소득을 감소시킨다(소득 경로). 소득 감소의 체감 효과는 소득상위 계층보다 하위계층에 더 클 수 있다. 셋째, 저소득 계층은 고소득 계층에 비해 숙박, 외식, 관광 등 팬데믹으로 영업이 중단, 제한되거나, 수요가 급감한 분야에서 더 많이 근무한다(방역 조치 경로). 사회적 거리두기 조치로 인해 경제활동을 제한받은 사례에 대해 적절한 보상과 지원이 이루어지지 않으면 경제적 불평등이 심화될 수 있다. 넷째, 고소득 노동자일수록 재택근무가 가능한 근무 환경이 갖춰진 데 반해 저소득 노동자일 경우 업무의 특성상 대면 업무가 필수적인 경우가 많고, 그 결과 위험을 무릅쓰고 일하거나, 경제활동 자체가 축소될 수 있다(근무 형태 경로). 팬데믹에 따라 경제적 불평등이 더 심화되는 것은 한 국가 내에서 발생할 수 있지만, 국가 간에도 같은 구도가 적용될 수 있다.

37개국을 대상으로 실시된 조사에 따르면 응답자의 77%가 팬데믹으로 인해 수입이 감소했고, 20%는 아예 수입이 없다고 답변했다. 저소득 가정의 경우 82%가 소득이 감소했다고 답변했지만, 그렇지 않은 가정에서는 소득이 감소한 비중이 70%로 상대적으로 더 적었다.[24]

2) 코로나19 팬데믹에 따른 경제적 피해와 불평등 확대

코로나19 팬데믹은 2020년 많은 국가에서 극심한 경기 침체를 가져왔다. 그 결과 개인의 경제적 상황은 크게 악화하였음이 자명하다. 반면에 국가 단위의 경기 침체(GDP의 역성장률)와 개인이 느끼는 경기 침체의 체감은 다를 수 있으며,

24 Save the Children, *Protect a Generation, The Impact of COVID-19 on Children's Lives* (2020), p. 59.

경제적 불평등이 심한 국가에서는 상대적으로 체감 효과가 더 클 소지가 있다. 〈그림 4〉는 Eurobarometer의 설문조사를 활용하여 팬데믹이 개인의 경제적 상황을 얼마만큼 악화시켰는지를 국가별로 파악하였다.[25] 37개국을 대상으로 한 조사 국가별로 매우 다른 결과를 확인할 수 있다. 우선 터키, 알바니아, 몬테네그로, 코소보에서는 응답자의 80% 이상이 심각한 손해를 입었다고 응답했지만, 네덜란드와 덴마크에서는 그 비중이 20% 미만이었고, 핀란드, 스웨덴, 노르웨이, 스위스에서도 그 비중이 상대적으로 낮았다. 주로 비(非)EU 회원국에서 경제적 피해가 심했다는 응답 비중이 높았지만, 서유럽 중 북부 유럽 국가에서는 손해를 입었다는 응답자의 비중이 작았다.

〈그림 4〉 코로나19 팬데믹에 의해 경제적 사정이 악화된 응답자 비중[26]

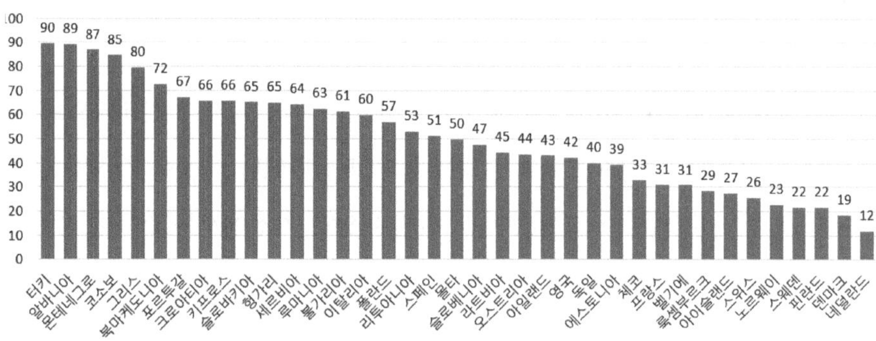

출처: Eurobarometer 94.3 (2021) ZA7780_v1-0-0.dta

---

25 코로나19 팬데믹으로부터 경제적 피해를 파악하기 위한 질문은 다음과 같다. "코로나바이러스 팬데믹은 개인적으로 당신에게 심각한 경제적 영향을 끼쳤는가? (The Coronavirus pandemic has serious financial consequences for you personally)" 이 질문에 대해 '매우 동의(totally agree)' 또는 '대체로 동의(tend to agree)'라고 답변한 응답자의 비중을 국가별로 도출하였다.

26 다음 문항에 대해 '매우 동의(totally agree)' 또는 '대체로 동의(tend to agree)'라고 답변한 응답자의 비중을 합산함. 문항은 이와 같음. The Coronavirus pandemic has serious financial consequences for you personally.

이 설문 결과는 거시 단위의 경제적 피해(GDP의 역성장) 또는 코로나19에 따른 보건상의 피해(확진/사망자 수)와 다소 다른 모습을 보여준다. 가령 팬데믹에 따른 GDP의 역성장은 주로 서유럽 국가(남부 유럽)에서 두드러졌던 데 반해 개인적 차원에서 평가한 경제생활의 악화는 동유럽 국가에서 더 컸던 것으로 나타났다. 〈그림 5〉는 2020년 실질 GDP 성장률과 팬데믹에 따른 개인의 경제적 피해 간의 상관관계를 나타내었다. 양 지표 간에는 약한 음의 상관관계가 형성되는데, 이와 같은 모습은 예상에 부합하는 것이다. 반면에 상대적으로 많은 국가들이 추세선을 벗어나 있다. [그룹 A]에 속하는 국가들은 팬데믹에 따른 국가 경제

〈그림 5〉 경기침체와 코로나19 팬데믹에 따른 개인의 피해[27]

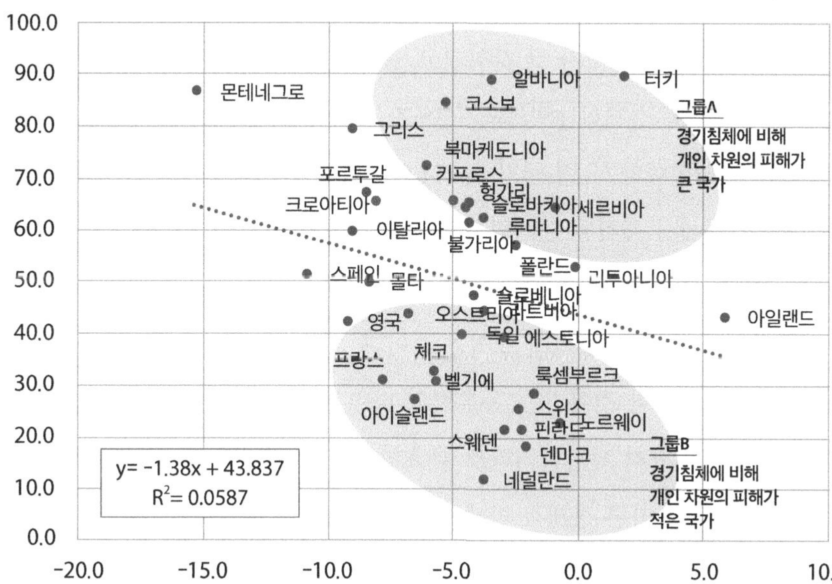

출처: World Bank, GDP (constant 2015 US$); Eurobarometer.

27 가로축은 2020년의 실질 GDP 성장률(%)을 나타내며, 세로축은 〈그림 4〉에서 설명된 코로나19 팬데믹에 따라 경제적 피해를 입은 응답자 비중을 의미함.

차원의 경기 침체(GDP 감소)에 비해 개인 차원의 피해가 상대적으로 더 크게 나타난 국가들이다. 반면에 [그룹 B]의 국가들은 경기침체(GDP 하락)에 비해 개인 차원에서 체감된 경제적 손실이 상대적으로 적었던 국가들이다. 그런데, 이와 같은 국가 구분은 동유럽과 서유럽이라는 지리적 구분과 중첩된다. 이와 같은 구도가 형성되는 이유는 코로나19 팬데믹에 따른 경제적 충격이 국가의 경제구조는 물론, 보건 역량, 정책 지원(사회보장제도), 기존의 사회적 불평등 구조 등이 조합되어 나타났다는 추측을 하게 한다.

그렇다면 코로나19 팬데믹에 따른 피해는 기존의 경제적 불평등과 어떠한 관계를 갖는지 확인해볼 필요가 있다. 〈그림 6〉에서는 우선 코로나19 팬데믹에 따른 피해를 확인하기 위해 경제 사정의 악화와 공적 사회보장 지출 간의 관계를 알아보았다. 사회보장제도가 잘 갖춰지고, 동 분야에 투입된 예산(GDP 대비)이 상대적으로 많을수록 경제적 불평등의 정도가 낮다는 점은 많은 실증연구를 통해서 잘 알려진 사실이다. 유럽 국가 중 OECD 회원국을 대상으로 한 〈그림 6〉에서는 개인 차원에서 체감된 팬데믹의 경제적 피해와 사회보장 지출 간에는 음(-)의 상관관계가 성립한다. 즉 사회보장 지출이 많은 국가일수록, 시민들이 팬데믹에 따른 경제적 피해를 더 적게 느끼는 것이다. 이 분석은 OECD 24개국(유럽 국가)을 대상으로 실시한 것이지만, 동유럽의 비EU 회원국 또는 기타 OECD 회원국(중남미 국가 포함)까지 확장하더라도 유효할 것으로 생각한다. 동유럽의 비EU 회원국은 팬데믹에 따른 경제적 피해가 크게 나타났고, 중남미의 OECD 회원국은 사회복지 지출의 비중이 작기 때문이다.

〈그림 6〉 코로나19 팬데믹에 따른 경제 사정의 악화와 사회보장 지출 간의 관계[28]

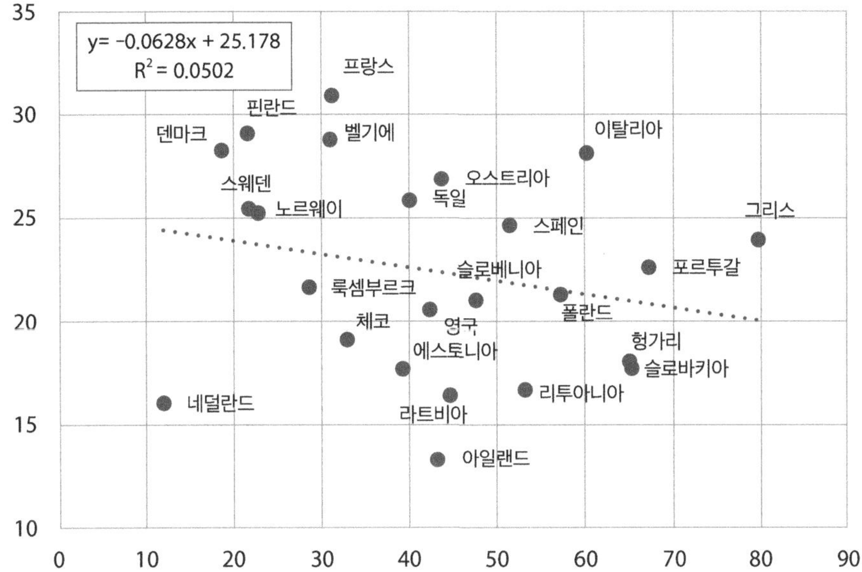

출처: Eurobarometer 94.3 (2021) ZA7780_v1-0-0.dta, Social Expenditure Database (SOCX)

그 다음 〈그림 7〉에서는 팬데믹에 따른 경제적 피해와 경제적 불평등을 의미하는 지니계수(Gini coefficient) 간의 관계를 살펴보았다. 경제적 피해와 지니계수 간에는 상대적으로 뚜렷한 양(+)의 상관관계가 성립한다. 즉 기존에 경제적 불평등이 심한 국가일수록 팬데믹에 따른 개인 차원의 경제적 피해가 큰 것으로 나타나는 것이다. 이러한 결과는 팬데믹에 따른 경제적 피해가 기존의 불평등을 매개로 증폭될 가능성이 크다는 것을 시사한다. 그렇다면 팬데믹은 불평등을 더 심화시키는가? 국가 단위의 거시데이터는 이와 같은 질문에 답하기에 적절하지 못할 수 있다. 많은 개인의 통계가 하나의 거시지표로 합산되는 과정에서 정보

28 가로축은 코로나19 팬데믹으로 인해 개인의 경제적 상황이 악화된 응답자의 비중을 의미함. 세로축은 GDP 대비 사회보장 지출의 비중을 의미함.

가 묻히거나, 서로 다른 방향의 데이터로 인해 상쇄될 소지가 있기 때문이다. 따라서 개인 차원의 미시데이터를 통해 보완적으로 살펴볼 필요가 있다.

〈그림 7〉 코로나19 팬데믹에 따른 경제사정의 악화와 경제적 불평등 간의 관계[29]

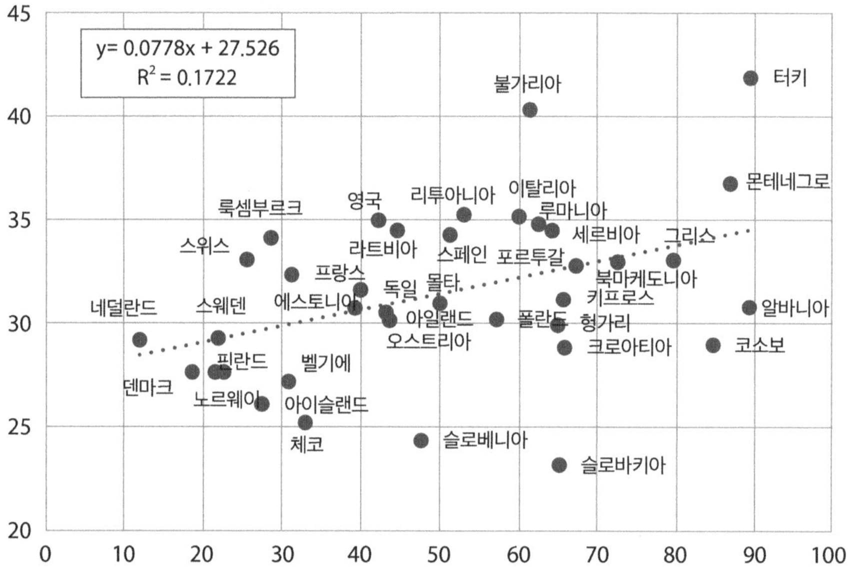

출처: Eurobarometer 94.3 (2021) ZA7780_v1-0-0.dta, World Bank, Gini Index.

4. 미시데이터를 사용한 실증분석

1) 가설 설정

이 연구에서는 개인 차원의 미시데이터를 활용하여 코로나19 팬데믹이 개인의 경제적 상황에 미친 영향을 분석하였다. 팬데믹에 따른 경제적 피해는 기존의 경제

29 가로축은 코로나19 팬데믹으로 인해 개인의 경제적 상황이 악화된 응답자의 비중을 의미함. 세로축은 지니계수를 의미함(2017~2019년).

적 불평등을 더 악화시킬 수 있다. 따라서 이 연구에서는 교육 및 소득 수준(사회적 지위) 등 개인의 특성에 따라 팬데믹으로 인한 경제적 피해가 어떻게 다르게 나타날 수 있는지를 파악하고자 하였다. 만약 경제적 피해가 개인의 특성과 무관하게 발생한다면 이 피해는 대칭적이며, 기존의 불평등을 악화시키지 않는 것이다. 반면에 특정 사회집단을 대상으로 팬데믹의 경제적 피해가 더 크게 나타나고, 그 집단이 이미 경제적 취약계층이라면 불평등이 더 심화되는 셈이 된다.

팬데믹에 따른 경제적 피해가 경제적 · 사회적 불평등에 미치는 영향을 분석하기 위해 다음과 같은 가설을 설정하였다.

가설 1. 팬데믹에 따른 경제적 피해는 연령, 성별 등 개인의 특성에 따라 다르게 나타날 수 있다. 연령이 낮고, 여성일수록 개인이 체감하는 경제적 피해가 더 클 것이다.
가설 2. 교육 수준이 낮을수록 팬데믹에 따른 경제적 피해를 더 크게 느낄 것이다. 교육 수준은 고용 여건과 소득 수준에 영향을 미칠 수 있으며, 보건 정보와 업무환경의 변화에 더 유연하게 대처할 수 있는 역량과 밀접하게 관련된다.
가설 3. 사회적 지위나 소득 수준이 낮을수록 팬데믹에 따른 경제적 피해를 더 크게 느낄 것이다.
가설 4. 디지털 기술(예: 인터넷)의 사용 능력에 따라 팬데믹에 의한 피해가 다르게 나타날 수 있다. 디지털 활용 능력이 높은 사람은 팬데믹으로 인한 경제적 피해를 적게 느낄 것이다.
가설 5. 수거 지역, 식업 또는 가정 형태에 따라 팬데믹에 따른 경제적 피해가 다를 수 있다.

가설 설정의 배경은 연구 목적 외에도 팬데믹에 따른 경제적 피해가 여러 경로를 통해 발생할 수 있다는 점을 고려한 것이다. 개인 차원에서의 경제적 손실은 수요충격에 따른 고용의 축소, 사회적 거리두기에 따른 경제활동의 제한에 기인하며 개인 차원에서는 건강의 악화 또는 이에 대한 우려도 영향을 미칠 수 있다. 상대적으로 고용 여건이 더 불리한 취약계층이 팬데믹 상황에 따른 피해가 더 클 것이다.

첫째, 연령과 성별을 설명변수로 선정한 이유는 나이가 적고, 여성일수록 고용시장에서의 다양한 차별에 직면할 가능성이 크기 때문이다. 가령 청년층일수록 비정규직 상황에 있을 가능성이 크고, 소득감소를 감내할 수 있는 축적된 자산이 적다. 청년층일수록 전염병에 의한 저항 능력이 커서 보건적 측면에서 유리한 처지에 있지만, 반대로 전염의 위험을 무릅써야 하는 업종에 종사할 가능성은 더 크다. 많은 국가에서 여성 고용률은 남성 고용률에 비해 낮고, 비정규직 또는 시간제 근무 등 고용 보호가 낮은 상태인 경우가 많다.

둘째, 많은 연구는 설명변수로써 교육 수준이 갖는 중요성을 강조해 왔다. 교육은 개인의 직업적 능력과 소득 수준에 직접적으로 연결된다. 또한 세계화와 경제위기에 따른 경제적 압력에 더 유연하게 대처할 수 있는 역량에도 긍정적인 영향을 미칠 수 있다.[30]

셋째, 팬데믹은 사회적 지위 또는 소득 수준이 낮은 그룹에 경제적 피해를 더 가중시킬 수 있다. 사회적 지위 또는 소득 수준이 중요한 설명변수인 이유는 경제적 불평등을 설명할 수 있기 때문이다. 소득 수준이 낮을 경우 팬데믹에 따른 경제적 충격을 더 크게 느낄 수 있다. 팬데믹에 따른 사회적 거리두기로 인해 경제활동이 제한되는 분야에 종사할 확률이 더 높기 때문이다. 또한 자산이 적은 이유로 경제활동이 위축된 상황을 감내할 수 있는 역량도 더 적을 가능성이 크다.

넷째, 디지털 기술의 활용 능력은 재택근무와 같은 업무처리 방식이 '새 표준'으로 전환되는 과정에서 적응하는 데 더 유리한 상황을 형성한다. 사회에 존재하는 '디지털 갭'이 개인의 직업능력에 영향을 미쳐 불평등의 원인이 될 수 점은 오래전에 지적된 바 있다. 특히 팬데믹은 업무의 디지털 전환이 단기간에 이루어질 수밖에 없는 외적 환경을 조성했다. 따라서 디지털 기술에 대한 적응이 빠를수록, 경제활동에 더 유리할 것이다.

---

30 Bram, Spruyt, Gil Keppens, and Filip Van Droogenbroeck, "Who Supports Populism and What Attracts People to It?", *Political Research Quarterly*, Vol. 69, No. 2 (2016), pp. 335-346.

마지막으로 팬데믹의 상황에서 직업에 따라 경제적 피해의 체감이 다를 수 있다. 특히 사회적 거리두기로 인해 근무 및 영업 활동의 제약이 있는 경우에는 경제적 피해가 더 클 수 있다. 공공부문 및 기업 피고용인의 경우 고용 보호로 인해 상대적으로 피해가 적지만, 자영업의 경우 내수 위축으로 인해 피해가 더 클 수 있으며, 특히 업무의 특성상 대면 접촉이 필요한 업무의 경우 더욱 그러할 것으로 예상된다.

2) 모델 및 데이터 설명

실증분석을 위한 데이터로는 2021년 6~7월에 조사가 이루어진 Eurobarometer의 설문조사 데이터를 사용하였다.[31] 이 설문조사의 대상 국가는 유럽의 39개국이며, 변수를 기준으로 정리한 결과 유효한 관측 수는 29,275명이다. 응답자 수는 독일이 1,283명으로 제일 많고, 응답자 수가 제일 작은 국가는 184명인 터키계 키프로스이다. 국가별 평균 응답자 수는 751명이다.

코로나19 팬데믹에 따른 경제적 피해를 나타내는 종속변수로는 팬데믹에 개인의 경제적 상황에 심각한 영향을 미쳤는지에 관한 질문에 대한 답변을 사용하였다.[32] 이 답변은 1~4의 연속 값을 갖는 서열변수이다. 설명변수로는 상술한 가설에 따라 개인적 특성 중 경제적 불평등의 요소를 반영할 수 있는 연령, 성별, 교육 수준, 사회적 지위, 직업, 가족 형태 등을 사용하였고, 추가로 서유럽/중동부 유럽, 국가에 대해 더미변수를 설정했다. 〈표 1〉은 종속변수와 설명변수를 요약하였다. 〈방정식 1〉을 통해 최소제곱법(OLS: Ordinary Least Squares) 분석을 시행했고, 종속변수가 서열

---

31 Eurobarometer 95.3 (2021) ZA7783 Date(s) of Data Collection: 14.06.2021 - 15.07.2021 https://search.gesis.org/research_data/ZA7783

32 질문은 다음과 같다. “코로나바이러스 팬데믹은 개인적으로 당신에게 심각한 경제적 영향을 끼쳤는가? (The Coronavirus pandemic has serious financial consequences for you personally)” 이에 대한 답변은 ‘전적으로 동의(totally agree)’, ‘대체로 동의(tend to agree)’, ‘대체로 비동의(tend to disagree)’, ‘전적으로 비동의(totally disagree)’로 구성되었다.

〈방정식 1〉

$$Economic_{ic} = c_1 + c_2 age_{ic} + c_3 gender_{ic} + c_4 education_{ic} + c_5 social_{ic}$$
$$+ c_6 bill_{ic} + c_7 internet_{ic} + c_8 residence_{ic} + c_9 job_{ic} + c_{10} family_{ic} + \mu_{ic} \ (\mu_{ic} = \mu_i + \epsilon_{ic})$$

변수인 점을 고려하여 순서형 로지스틱(ordinal logistic) 분석을 별도로 시행했다.

〈표 1〉 변수와 자료[33]

구분	변수	변수명	변숫값
종속변수	코로나19 팬데믹이 개인의 경제적 상황에 미친 영향(1)	Economicic	1~4 (1: 전혀 영향 없음, 4: 심각한 영향)
설명변수	연령	Ageic	1~6 (6: 고령)
	성별	genderic	male=1, female=0
	교육수준(기간)	Educationic	1~9 (9: 제일 긴 교육 기간)
	사회적 위치(2) (자신의 평가)	Socialic	1~5 (1: 노동 계층, 5: 상위 계층)
	공과금(bill) 납부에 어려움을 겪었는지 아닌지	Billic	1~3 (1: 전혀 없음, 3: 대부분의 경우)
	인터넷 사용 수준	Internetic	1~7 (1: 사용해 본 적이 없음, 7: 매일 또는 거의 매일 사용)
	주거지역	Residenceic	1~3 (1: 시골 또는 마을, 2: 중소 도시, 3: 대도시)

33 (1) 종속변수는 다음의 질문에 대한 답변 4개를 서열화하여 구성함.
질문: 코로나바이러스 팬데믹은 개인적으로 당신에게 심각한 경제적 영향을 끼쳤는가? (The Coronavirus pandemic has serious financial consequences for you personally)
답변: '전적으로 동의(totally agree)', '대체로 동의(tend to agree)', '대체로 비동의(tend to disagree)', '전적으로 비동의(totally disagree)'. '전적으로 동의'는 심각하게 악영향을 미쳤다는 것으로 '4'의 값으로, '전적으로 비동의'는 아예 영향이 없다는 것으로 '1'의 값으로 코딩하였음.
(2) '사회적 위치'는 응답자의 자가 평가에 따른 것으로 노동(하위) 계층, 중하위 계층, 중간 계층, 중상위 계층, 상위 계층으로 구성됨.

구분	변수		변수명	변숫값
설명변수	직업	실업자	Unemployedic	더미변수
		은퇴자	Retiredic	
		전문직 자영업	Professionalic	
		상공업 1인 자영업	Shop Owneric	
		일반 자영업	Businessic	
		고용된 전문직	Employed Professionalic	
		총 관리인	Gen. Manageric	
		중간 관리인	Mid. Manageric	
		숙련 노동자	Skilled workeric	
		미숙련 노동자	Unskilled workeric	
	가족형태	결혼	Marriedic	더미변수
		커플(동거)	Coupleic	
		미혼	Singleic	
		이혼(별거)	Divorcedic	
		미망인	Widowic	
	지역구분	EU 회원국, 서유럽(15), 중동부 유럽(11), EU 가입 후보국	EU28, West, CEEC, Candidate	더미변수

출처: Eurobarometer 95.3 (2021) ZA7783.

3) 실증분석 결과

미시데이터를 활용한 실증분석을 위해 합동 OLS 분석과 국가 고정 효과(fixed effect)를 사용한 분석, 그리고 종속변수에 대한 순서형 로지스틱(ordinal logistic) 회귀

분석을 실시하였다. 〈표 2〉는 합동 OLS 분석 결과를 요약하였고, 국가 고정 효과와 순서형 로지스틱 분석 결과는 부록에 포함시켰다. 분석은 조사 대상이 된 39개국 외에도 EU 회원국(28개), EU 회원국 중 서유럽 국가(15개국)와 중동부 유럽 국가(11개국), 그리고 EU 가입 후보국(7개국)으로 구분하여 실시하였다.

설명변수 중 대부분은 코로나19로 인한 경제적 형편의 악화에 대해 통계적으로 유효한 영향을 미치는 것으로 나타났는데, 특히 불평등을 반영하는 설명변수는 예상과 부합하는 방향의 계수 값을 가졌다. 첫째, 연령(age)은 모든 그룹에 있어 통계적으로 유효한 음의 계수 값을 가졌는데, 중동부 유럽이나 EU 가입 후보국보다는 서유럽에서 더 큰 영향력을 갖는 것으로 나타났다. 즉 연령이 낮을수록 경제적 상황이 더 악화된 것이다. 이와 같은 결과는 경기 침체가 일반적으로 청년 고용에 더 큰 영향을 미친다는 기존 연구의 결과에 상응하는 것이다.[34] 많은 국가에서 청년층은 노동시장 진입에 어려움을 겪거나 고용 보호가 상대적으로 약한 비정규직에 종사하는 경우가 많다. 따라서 신규 고용이 급감하고, 해고가 증가하는 경기 침체 시기에는 중장년층보다 더 어려움을 겪을 가능성이 크다. 숙박 및 여행, 판매, 건설 등 대면 서비스업에 청년층의 비율이 높은 점도 코로나19 팬데믹의 특수성을 고려할 때 설명변수로써 연령이 갖는 영향력을 증폭시켰을 것으로 생각한다. 둘째, 교육(education) 수준과 팬데믹에 따른 경제적 피해 간에는 음의 관계가 성립하는 것으로 나타났다. 교육 수준이 높을수록 경제적 피해가 더 적었다. 가설에서 설명한 바와 같이 교육수준은 경제적 충격에 더 유연하게 대처할 수 있는 역량을 형성하는 데 긍정적으로 작용하며, 소

34 Iulian Condratov, "Determinants of Youth Unemployment: a Survey of the Literature," *Ecoforum Journal*, Vol. 3, No. 2 (2014), p. 16; Giovanni S. F. Bruno, Misbah Choudhry Tanveer, Enrico Marelli, and Marcello Signorelli, "The Short-and Long-run Impacts of Financial Crises on Youth Unemployment in OECD Countries," *Applied Economics*, Vol. 49, Issue 34 (2017), pp. 3372-3394.

득 수준과 직접적으로 연관되어 있다. 이러한 점을 고려하면 코로나19 팬데믹의 피해는 교육(또는 소득) 수준을 바탕으로 형성된 사회적 불평등을 더 악화시키는 방향으로 작용한다. 셋째, 사회적 위치는 코로나19 팬데믹의 피해 정도에 밀접한 영향을 미치는 것으로 나타났다. 노동자 계층에 가까울수록 경제적 피해가 더 큰 것으로 나타나지만, 상위층은 그 피해가 적었던 것으로 나타났다. 이와 같은 사회적 위치와 경제적 피해 간의 상관관계는 모든 국가 그룹에서 같게 나타났는데, 서유럽에서 중동부 유럽보다 더 컸던 것으로 나타났다. 넷째, 공과금 납부에 어려움을 겪었던 경우, 팬데믹에 따른 피해가 더 컸던 것으로 나타났다. Eurobarometer가 주기적으로 조사해온 이 문항은 일반 시민의 경제적 상황이 개선/악화되는지를 판단할 수 있는 지표인데, 개인의 소득 수준을 가늠할 수 있는 지표이기도 하다. 소득 수준이 낮은 사람은 공과금 납부에 어려움을 겪을 수 있기 때문이다. 이 변수는 가장 높은 계수 값을 가졌고 모든 국가 그룹에 있어 일관된 계수 값을 유지했다. 서유럽에서 그 영향이 더 컸던 것으로 나타났다. 그 외에 성별(gender)의 경우 계수 값의 통계적 유의성이 없거나, 국가 그룹에 따라 다른 결과를 보였다. 서유럽에서는 남성이 더 경제적 피해가 컸던 반면, 중동부 유럽에서는 여성이 더 경제적 피해가 큰 것으로 나타났다. 팬데믹 기간 중 고용시장에서 성별에 따른 피해의 차이는 추가적인 연구가 필요한 부분이다. 고용시장에서 성별 불평등이 더 확대될 수 있음을 경고하는 문헌이 다수 있고, 실제로 이를 확인한 연구가 있기 때문이다.[35] 인터넷 사용 수준과 주거지(대도시, 중소 도시, 농촌) 관련 변수도 통계적으로 유의한 계수 값을 가졌는데, 해석에 있어 다소 어려움

35 McKinsey Global Institute, "COVID-19 and Gender Equality: Countering the Regressive Effects", July 15, 2020; IMF, *Gender Equality and COVID-19: Policies and Institutions for Mitigating the Crisis*, Special Series on COVID-19 (July 2021); 김소진, "재난불평등과 젠더, 그리고 팬데믹 이후의 과제", 『민주법학』, 제78호, pp. 179-203.

이 있다. 인터넷 사용 수준(빈도)이 높을수록, 그리고 대도시에 거주할수록 경제적 피해가 컸던 것으로 나타났다. 인터넷 사용 수준에 관한 변수는 값의 분포가 압도적으로 사용 수준이 높음(매일 사용)에 몰려있기 때문에 설명변수로써 유효성이 떨어진다고 생각한다.[36]

고정효과 분석과 순서형 로지스틱 분석의 경우에도 결과는 합동 OLS의 결과와 유사했다. 종합하면 경제적 불평등을 반영하거나 포착할 수 있는 설명변수(연령, 교육 수준, 사회적 위치, 공과금 납부)들은 모두 코로나19에 따른 경제적 피해에 대해 높은 설명력을 가졌는데, 모두 경제적 피해를 더 악화시키는 방향으로 작용했다. 즉 코로나19로 인해 경제적 불평등이 더 커진 것이다.

다음은 개인의 직업이 경제생활의 악화에 미치는 영향을 살펴보았는데, 결과는 〈표 3〉에 요약하였다. 〈표 2〉에 제시된 설명변수의 경우 그 계수 값과 통계적 유의성에 큰 변화가 없는 관계로 포함하지 않았다. 팬데믹에 따른 경제적 상황의 변화는 직업별로 매우 다르게 나타났고, 이분화된 경향을 보인다. 실업자와 전문직 자영업, 소상공인, 일반사업자의 경제적 피해가 더 큰 것으로 나타났지만, 고용 전문직, 총관리인이나 중간 관리인 등 고용된 직종과 은퇴자는 상대적으로 피해가 적은 것으로 나타났다. 실업자인 경우 코로나19 팬데믹이 진행되는 기간에 실직하거나, 구직 활동이 더 어려워진 것으로 이해할 수 있으며, 내수 위축과 사회적 거리두기에 따른 영업 활동 제한으로 인해 주로 자영업 종사자(전문직, 소상공인, 일반사업)의 경제활동이 감소하면서 소득이 줄어든 것으로 보인다. 반면에 고용주에 의해 고용된 종사자는 고용제도를 통해 고용 자체가 보호되고 일정 수준의 급여가 보장됨으로 인해 팬데믹 기간 중 상대적으로 소득 감소가 적

36 인터넷 사용 능력에 관한 더 적절한 변수가 있으면 활용이 가능할 것으로 예상한다.

〈표 2〉 실증분석 결과: 합동 OLS 분석[37]

	전체 국가	EU-28	서유럽-15	중동부 유럽-11	후보국-7
Age	-0.099*** (0.004)	-0.089*** (0.005)	-0.085*** (0.006)	-0.056*** (0.007)	-0.018** (0.009)
Gender	0.005 (0.011)	-0.011 (0.012)	0.052*** (0.016)	-0.058*** (0.019)	0.021 (0.024)
Education	-0.046*** (0.002)	-0.030*** (0.003)	-0.035*** (0.004)	-0.030*** (0.005)	-0.019*** (0.005)
Social	-0.069*** (0.006)	-0.092*** (0.007)	-0.090*** (0.010)	-0.040*** (0.011)	-0.041*** (0.014)
Bill	0.565*** (0.009)	0.538*** (0.011)	0.659*** (0.015)	0.385*** (0.016)	0.269*** (0.019)
Internet	0.010** (0.004)	0.010** (0.005)	0.026*** (0.007)	0.015** (0.007)	0.056*** (0.009)
Residence	0.046*** (0.007)	0.055*** (0.008)	0.057*** (0.010)	0.039*** (0.012)	-0.001 (0.014)
Constant	2.303*** (0.044)	2.203*** (0.049)	1.761*** (0.068)	2.351*** (0.073)	2.492*** (0.097)
Observations	29,274	21,999	12,108	9,241	5,104
R squared	0.202	0.171	0.235	0.089	0.062

었을 것으로 예상된다. 은퇴자도 경제 상황의 악화가 상대적으로 적었는데, 경제 활동 없이 연금 수입 또는 기존 자산을 통해 수입이 유지되었던 것으로 보인다. 숙련 노동자도 상대적으로 경제적 상황이 더 악화된 것으로 나타났다. 다만, 서유럽과 EU 가입후보국에서는 계수 값의 통계적 유의성이 없었고, 비숙련노동은 모든 국가 그룹에 있어서 계수 값이 통계적으로 유의하지 않았다.

37 (1) [전체 국가]는 조사 대상인 39개국을 의미함.
(2) Standard errors in parentheses. *** p〈0.01, ** p〈0.05, * p〈0.1

〈표 3〉 실증분석 결과: 직업별(합동 OLS 분석)[38]

	전체 국가	EU-28	서유럽-15	중동부 유럽-11	후보국-7
Unemployed	0.198*** (0.023)	0.208*** (0.029)	0.232*** (0.037)	0.194*** (0.044)	0.009 (0.038)
Retired	-0.245*** (0.018)	-0.225*** (0.020)	-0.216*** (0.026)	-0.212*** (0.033)	-0.150*** (0.046)
Professional	0.235*** (0.035)	0.234*** (0.040)	0.347*** (0.050)	0.047 (0.065)	0.180** (0.084)
Shop Owner	0.437*** (0.033)	0.507*** (0.038)	0.600*** (0.048)	0.344*** (0.062)	0.061 (0.063)
Business	0.198*** (0.039)	0.276*** (0.042)	0.444*** (0.056)	0.025 (0.063)	0.033 (0.134)
Employed Professional	-0.089*** (0.028)	-0.010 (0.031)	0.096** (0.048)	-0.230*** (0.041)	-0.108 (0.077)
Gen. Manager	-0.109*** (0.041)	-0.088* (0.047)	0.016 (0.055)	-0.172** (0.087)	-0.136 (0.108)
Mid. Manager	-0.156*** (0.020)	-0.109*** (0.022)	-0.053* (0.027)	-0.147*** (0.037)	-0.147*** (0.053)
Skilled worker	0.092*** (0.020)	0.131*** (0.023)	-0.016 (0.034)	0.152*** (0.031)	0.043 (0.040)
Unskilled worker	-0.013 (0.033)	-0.005 (0.039)	0.012 (0.050)	0.040 (0.061)	0.022 (0.063)
Observations	29,274	21,999	12,108	9,241	5,104
R-squared	0.222	0.194	0.264	0.109	0.068

마지막으로 가족 형태가 경제적 상황의 변화에 미치는 영향을 살펴보았고, 그 결과는 〈표 4〉에 요약하였다. 가족 형태를 나타내는 더미변수는 여러 개를 한 모

38 (1) [전체 국가]는 조사 대상인 39개국을 의미함.
(2) Standard errors in parentheses. *** p<0.01, ** p<0.05, * p<0.1

델에 포함하면 다중공선성(Multicollinearity) 문제가 발생하기 때문에 한 개씩 모델에 포함해 분석하였다. 〈표 3〉에 요약된 직업별 분석의 경우와 마찬가지로 개인의 특성에 관한 변수는 계수 값의 결과가 유사하여 생략하였다. 경제적 피해가 많은 가족 형태는 '결혼' 가정이지만 그 외의 가족 형태는 상대적으로 경제적 피해가 적었던 것으로 나타났다. 현재의 데이터만으로는 확인할 수 없지만, 결혼 가정의 경우 피부양자인 자녀가 있을 확률이 높다는 점, 따라서 소득의 악화가 더 증폭되어 체감될 수 있다는 점을 참작할 필요가 있다.

〈표 4〉 실증분석 결과: 가족 형태별(합동 OLS 분석)[39]

	모델 (1)	모델 (2)	모델 (2)	모델 (2)	모델 (2)
Married	0.187*** (0.011)				
Couple		-0.222*** (0.018)			
Single			-0.100*** (0.016)		
Divorced				-0.103*** (0.021)	
Widow					-0.085*** (0.023)
Observations	29,274	29,274	29,274	29,274	29,274
R-squared	0.210	0.206	0.203	0.203	0.203

39 (1) [전체 국가]는 조사 대상인 39개국을 의미함.
(2) Standard errors in parentheses. *** p〈0.01, ** p〈0.05, * p〈0.1

이상의 결과를 요약하면 코로나19 팬데믹 기간 중 경제 사정의 악화는 경제적 취약계층에 있어서 더 심하게 나타났다고 볼 수 있다. 즉 팬데믹이 기존의 경제적 불평등을 더 악화시킨 것이다. 이러한 결과는 경제위기 발생 시 나타나는 보편적 현상이며, 방역 조치로써 사회적 거리두기가 실시되는 팬데믹 상황의 독특한 특징이기도 하다. 연령과 교육 수준이 낮고, 사회적 위치와 소득 수준이 낮은 그룹은 경제위기 발생 시 기존의 취약점이 더 드러나기 쉽다. 따라서 적절한 사회보장제도와 취약층을 위한 특별한 지원 조치가 없으면 기존의 경제적 불평등은 경제위기를 계기로 더 심화될 가능성이 크다. 팬데믹에 따른 사회적 거리두기 조치는 대면 접촉이 필수적인 서비스 업종의 경제활동 자체를 제한했다. 따라서 이 직종에 속한 사람들의 수입은 감소할 수밖에 없다. 반면에 이 업종에는 소득이 낮은 직업이 집중되어 있기 때문에 경제적 불평등을 심화시킬 소지가 크다. 특히 미국, 유럽과 같이 다인종으로 구성된 이민 사회에서는 대면 접촉 서비스업에 종사하는 이민자의 비중이 높은바, 사회적 차별의 문제로 확대될 소지가 있다. 따라서 경기 침체의 상황 속에서 팬데믹의 특수성을 감안한 지원 정책이 필요하다.

5. 맺음말

코로나19 바이러스의 확산은 근현대사에서 유례를 찾기 어려운 세계적인 보건위기를 불러일으켰고, 제2차 세계 대전 이후 가장 큰 경기 침체를 초래하였다. 대부분의 경제위기가 수요충격에서 비롯되는 데 반해, 코로나19 팬데믹은 강력한 사회적 거리두기 조치로 인해 경제활동 자체를 제한했고, 이에 따라 공급충격을 불러일으켰다. 2021년 이후 세계 경제는 팬데믹의 직접적인 피해로부터는 회복하고 있지만, 그 여파는 여전히 진행 중이다.

코로나19 사태의 가장 큰 문제점은 기존에 수면 아래 있던 사회적 갈등 및 불평등의 요소들을 터져 나오는 계기가 되었다는 데 있다. 즉 사회적, 국제적 갈등의 직접적인 원인이라기보다는 이미 존재했던 갈등을 자극함으로써 갈등이 위기로 표출되기 쉬운 상황을 조성했다. 특히 다양한 불평등의 문제는 팬데믹과 경기 침체를 계기로 더 부각되기 쉽다. 많은 국가들이 팬데믹에 대응하기 위한 대책으로 취약계층에 대한 생계 지원을 강화한 것은 이러한 부작용을 막기 위한 것이다.

이러한 문제의식을 바탕으로 이 연구는 코로나19 팬데믹이 경제적 불평등을 더욱 악화시켰는지를 유럽 국가들을 대상으로 실증적으로 분석하였다. 분석 결과 코로나19 팬데믹 기간 중 사회적으로 취약한 그룹이 경제 상황의 악화를 더 많이 체감하는 것으로 나다났다. 연령이 낮고, 교육 수준과 사회적 지위가 낮으며, 이미 경제적 어려움을 겪고 있는 그룹에서 체감 경기의 악화가 더 명확하게 나타난 것이다. 즉 팬데믹 기간 중 나타난 경제생활의 악화는 사회적 취약 그룹에서 더 강하게 나타난 비대칭적 성격을 갖는다. 직업을 기준으로 살펴본 결과 실업자와 자영업에 종사하는 경우 경제적 피해를 더 크게 체감한 것으로 나타났지만, 관리직 이상의 피고용인은 상대적으로 피해가 적었던 것으로 나타났다. 이와 같은 결과는 경기 침체와 사회적 거리두기 조치가 고용 기회를 축소하고, 영업 손실을 가져오기 때문으로 보인다. 피고용인의 경우 고용 보호 혜택을 누릴 수 있으며, 경기 변동에 따라 임금 변화가 적은 점 등이 상대적으로 경제적 피해가 적었던 원인으로 생각된다. 종합하면 팬데믹은 다양한 경로를 통해 불평등을 확대함으로써 사회적 안정성을 해치는 방향으로 작용한 것이다. 다만 국가별로 그 효과가 크게 다른 점은 정책을 통해 변화를 긍정적인 방향으로 통제, 유도할 수 있다는 희망을 안겨준다.

이 연구는 유럽 국가들을 대상으로 실시한 것이지만 많은 수의 국가들을 대상으로 한 실증연구인 만큼 일정 수준의 대표성을 확보했다고 생각한다. 따라서 코로나19 사태와 관련된 국내 문제를 논의하는데 시사점을 줄 수 있다. 지난 수십 년의 기간 중 한국 경제는 다른 국가에 비해 빠르게 성장해 왔으나, 성장과 평등의 양립이 어렵듯 경제적 불평등 문제를 안고 있다. 특히 1997년의 동아시아 외환위기, 2008년의 글로벌 금융위기와 같은 대규모의 경제위기는 이후 경제적 불평등이 더욱 악화되는 계기로 작용한 바 있다. 경기 침체 기간 중 사회취약계층은 상대적으로 더 많은 경제적 피해를 겪었고, 이후 진행된 다양한 형태의 구조 조정은 불평등을 더 확대하는 결과를 가져온 경우가 많았다. 코로나19 팬데믹도 마찬가지 결과를 가져올 가능성이 크다.

이미 진행된 일부 국내 연구들은 국내 소득 불평등이 더 심화되었다는 조심스러운 결과를 내놓고 있다.[40] 선진국을 중심으로 코로나19가 확산되던 2020년 한국은 상대적으로 적은 경제적 피해를 입었지만, 이는 보건정책을 비롯한 효과적인 사회적 거리두기 조치의 결과로 볼 수 있다. 코로나19의 장기화로 정보통신·비대면·바이오 업종은 큰 수혜를 보았지만, 관광·외식·공연 등의 서비스 산업과 자영업자들은 큰 피해를 보았다. 또한 부동산으로 대표되는 자산 가격이 급등하면서 경기 불황 속에 자산시장만 호황을 누렸고, 2021년에는 이른바 K자

---

40 이현주·정은희·김문길·전지현, 『가구소득에 대한 코로나바이러스감염증-19의 영향과 정책과제』, 연구보고서(수시) 2020-01, 한국보건사회연구원 (2020); 송상윤, "코로나19가 가구소득 불평등에 미친 영향," 『BOK 이슈노트』, 2021-9호 (2021년 5월 11일); 박경현·이혜민·민성희·강민조·김수진·최예슬, 『코로나19 팬데믹 이후 불평등 심화와 균형발전 정책과제』, 기본 21-30, 국토연구원 (2022).

형 회복이 나타나고 있다는 우려가 제기된 바 있다.[41] 이에 '코로나 상생 국민지원금' 등 소득 수준에 따른 재난지원금이 지급되었고, 영업 중단에 따른 피해를 보상하기 위해 영세자영업자 특별지원금이 마련되었다. 반면에 이러한 정책은 경제적 불평등이 악화되는 것을 막기 위한 거시적 목표보다는 생계 지원의 실무적 차원에서 이루어졌다. 준비 과정에서 형평성 문제 등이 거론되면서 정치적 논란의 대상이 된 점은 아쉬움으로 남는다.[42] 이와 같은 제도는 코로나19 사태의 장기화 속에 경제적 양극화가 심화되는 것을 다소 완화할 뿐 충격의 잔상은 오랜 기간 계속될 가능성이 크다.

이 연구 결과를 활용하여 제시할 수 있는 정책 방향은 다음과 같다. 첫째, 코로나19 사태는 대부분의 국가에서 경제적 불평등을 악화시키는 방향으로 작용하는바, 불평등이 확산되는 경로를 파악하고, 이를 억제하기 위한 세밀한 정책이 필요하다. 이와 같은 정책은 질병, 실업, 노령 등 전통적 분야뿐만 아니라, 고령화와 빈곤, 교육, 다문화, 일-가정의 양립 등 다양한 이슈에 걸쳐 전개될 필요가 있다. 둘째, 코로나19 사태로 인한 불평등의 확산은 소득 불평등의 양상으로 나타나지만, 그 기저에는 청년 실업, 교육, 생계 문제 등이 자리 잡고 있다. 따라서 일시적인 재정 지원을 넘어서 불평등의 구조적 원인을 해소하려는 노력이 필요하다. 셋째, 사회보장제도의 범위를 확충하고, 효율성을 높이려는 노력이 필요하다. 사회보장제도가 잘 구축된 국가들은 경기 침체에 직면하더라도 개인 차원에서 체감하는 경제적 피해가 상대적으로 적다는 점에 주목할 필요가 있다. 마지막으로 팬데믹으로 인한 소득 불평등 현상

41 『한겨레』, "[사설] 성장률 4.2%로 높였지만, 'K자 회복' 개선이 관건," 2021년 6월 28일, https://www.hani.co.kr/arti/opinion/editorial/1001249.html (2022년 12월 11일 검색); 정대영, "격화하는 'K자 양극화', 특혜 낮추고 재기 도와야 할 때", 『시사저널』, 1731호, 2022년 12월 17일, https://www.sisajournal.com/news/articleView.html?idxno=211531. (2022년 12월 11일 검색)

42 『경향신문』, "사설: 당정, 코로나로 민생 무너지는데 또 재난지원금 논란인가", 2021년 7월 14일, https://m.khan.co.kr/opinion/editorial/article/202107142041015. (2022년 12월 11일 검색)

이 고착화되지 않도록 유의할 필요가 있다. 팬데믹이 가져온 변화는 일시적인 소득 감소에 그친 것이 아니라 구조적 성격이 가능성이 크다. 소비 패턴과 근무 방식 등 사회적 주체 간의 상호 관계 형성에 큰 변화가 있기 때문이다. 디지털 기술의 가속화로 인한 노동시장의 새로운 변화도 또 다른 불평등을 불러일으킬 수 있는 원인이 될 수 있다. 따라서 보편적인 사회보장제도를 강화함으로써 전통적인 불평등 문제에 대처하는 한편, 개인의 역량과 고용가능성을 강화하는 새로운 정책 패러다임을 추구할 필요가 있다.

참고문헌

『경향신문』. “사설: 당정, 코로나로 민생 무너지는데 또 재난지원금 논란인가”. 2021년 7월 14일. https://m.khan.co.kr/opinion/editorial/article/202107142041015. (2022년 12월 11일 검색)

김소진. “재난불평등과 젠더, 그리고 팬데믹 이후의 과제”. 『민주법학』. 제78호. pp. 179-203.

박경현 · 이혜민 · 민성희 · 강민조 · 김수진 · 최예슬, 『코로나19 팬데믹 이후 불평등 심화와 균형발전 정책과제』. 기본 21-30. 국토연구원 (2022).

송상윤. “코로나19가 가구소득 불평등에 미친 영향”. 『BOK 이슈노트』. 2021-9호 (2021년 5월 11일).

이현주 · 정은희 · 김문길 · 전지현. 『가구소득에 대한 코로나바이러스감염증-19의 영향과 정책과제』. 연구보고서(수시) 2020-01. 한국보건사회연구원 (2020).

정대영. “격화하는 ‘K자 양극화’, 특혜 낮추고 재기 도와야 할 때”. 『시사저널』. 1731호. 2022년 12월 17일. https://www.sisajournal.com/news/articleView.html?idxno=211531. (2022년 12월 11일 검색)

『한겨레』. “[사설] 성장률 4.2%로 높였지만, ‘K자 회복’ 개선이 관건”. 2021년 6월 28일. https://www.hani.co.kr/arti/opinion/editorial/1001249.html. (2022년 12월 11일 검색)

Ahmed, Faheem. Na'eem Ahmed, Christopher Pissarides and Joseph Stiglitz. “Why Inequality Could Spread COVID-19”. *Lancet Public Health*. Vol. 5. No. 5 (May 2020).

Ali, Shehzad, Miqdad Asaria and Saverio Stranges. “COVID-19 and Inequality: Are We all in this together?” *Canadian Journal of Public Health*. Vol 111. No. 3 (2020), pp. 415-416.

Atchison, Christina, Leigh Robert Bowman, Charlotte Vrinten, Rozlyn Redd, Philippa Pristerà, Jeffrey Eaton and Helen Ward. “Perceptions and Behavioural Responses of the General Public during the COVID-19 Pandemic: A Cross-sectional Survey of UK Adults”. *BMJ Open*. Vol. 11. No. 1 (2021).

Blundell, Richard, Monica Costa Dias, Robert Joyce and Xiaowei Xu. “COVID-19 and Inequalities”. *Fiscal Studies*. Vol. 41. No. 2 (2020), pp. 291-319.

Bruno, Giovanni S. F., Misbah Choudhry Tanveer, Enrico Marelli and Marcello Signorelli. “The Short-and Long-run Impacts of Financial Crises on Youth Unemployment in OECD Countries”. *Applied Economics*. Vol. 49. Issue 34 (2017), pp. 3372-3394.

Deaton, Angus. “Covid-19 and Global Income Inequality”. *National Bureau of Economic Research*. No. w28392 (2021).

Clark, Andrew E., Conchita d'Ambrosio and Anthony Lepinteur. “The Fall in Income Inequality during COVID-19 in Four European Countries". *The Journal of Economic Inequality*. Vol. 19. No. 3 (2021), pp. 489-507.

Condratov, Iulian. "Determinants of Youth Unemployment: a Survey of the Literature". *Ecoforum Journal*. Vol. 3. No. 2 (2014), p. 16.

European Commission. *(Interim) Forecast European Economic Forecast* (Summer 2022).

IMF. Tax Issues: *An Overview, Special Series on COVID-19* (April 2020).

IMF. *COVID-19 Recovery Contributions, Special Series on COVID-19* (April 2021).

IMF. *IMF Fiscal Monitoring: A Fair Shot* (April 2021).

IMF. *Gender Equality and COVID-19: Policies and Institutions for Mitigating the Crisis. Special Series on COVID-19.* Fiscal Affairs (July 2021)

IMF. *World Economic Outlook* (October 2021).

IMF. *World Economic Outlook. Countering the Cost-of-Living Crisis* (October 2022).

Hale, Thomas, Noam Angrist, Rafael Goldszmidt, Beatriz Kira, Anna Petherick, Toby Phillips, Samuel Webster, Emily Cameron-Blake, Laura Hallas, Saptarshi Majumdar and Helen Tatlow. "A Global Panel Database of Pandemic Policies (Oxford COVID-19 Government Response Tracker)". *Nature Human Behaviour*. Vol. 5 (2021), pp. 529–538.

McKinsey Global Institute. "COVID-19 and Gender Equality: Countering the Regressive Effects". July 15, 2020.

OECD. *OECD.Stat*. https://stats.oecd.org/

Okoi, Obasesam and Tatenda Bwawa. "How Health Inequality Affect Responses to the COVID-19 Pandemic in Sub-Saharan Africa". *World Development*. No. 135 (2020).

Oxfam. *Inequality Virus* (February 2021).

Save the Children. *Protect a Generation, The Impact of COVID-19 on Children's Lives* (2020).

Shadmi, Efrat. "Multimorbidity and Equity in Health". *International Journal of Equity in Health*. Vol. 12. No. 59 (2013).

Spruyt, Bram, Gil Keppens and Filip Van Droogenbroeck. "Who Supports Populism and What Attracts People to It?". *Political Research Quarterly*. Vol. 69. No. 2 (2016), pp. 335–346.

Stephanie, Schmitt-Grohé, Ken Teoh, and Martín Uribe. "COVID-19: Testing Inequality in New York City". *National Bureau of Economic Research*. No. w27019 (2020).

Sumner, Andrew, Eduardo Ortiz-Juarez, and Chris Hoy. "Precarity and the Pandemic: COVID-19 and Poverty Incidence, Intensity, and Severity in Developing Countries". *WIDER Working Paper*. No. 2020/77 (2020).

The Guardian. "The Inequality Virus: how the Pandemic hit America's Poorest". April 9, 2020.

UNCTAD. *Key Statistics and Trends in International Trade 2021* (2021).

UK Parliament. *Coronavirus: Lessons Learned to Date, Examining the Initial UK Response to the Covid Pandemic* (12 October 2021).

Walker, Jo, Matthew Martin, Emma Seery, Nabil Abdo, Anthony Kamande, and Max Lawson. *The Commitment to Reducing Inequality Index 2022, Oxfam and Development Finance International* (October 2022).

World Bank. *Global Economic Prospects* (January 2022).

Eurobarometer. *Eurobarometer 95.3* (2021) ZA7783. Date(s) of Data Collection: 14.06.2021 – 15.07.2021, https://search.gesis.org/research_data/ZA7783. (2022년 12월 11일 검색)

Our World in Data. "COVID-19: Stringency Index". https://ourworldindata.org/covid-stringency-index#stringency-index. (2022년 12월 12일 검색)

U.S. Bureau of Labor Statistics. "How Many Workers are Employed in Sectors directly Affected by COVID-19 Shutdowns, Where do They Work, and How much do they Earn? (April 2020) https://www.bls.gov/opub/mlr/2020/article/covid-19-shutdowns.htm. (2022년 12월 12일 검색)

World Health Organisation. "WHO Coronavirus (COVID-19) Dashboard". As of 5 December 2022 https://covid19.who.int/. (2022년 12월 11일 검색)

부록

〈표 5〉 실증분석 결과: 고정효과 분석(국가)[1]

	전체 국가	EU-28	서유럽-15	중동부 유럽-11	후보국-7
Ageic	-0.045***	-0.051***	-0.064***	-0.029***	-0.016*
	(0.004)	(0.004)	(0.006)	(0.007)	(0.009)
Genderic	0.017*	0.017	0.056***	-0.036*	0.024
	(0.010)	(0.012)	(0.015)	(0.018)	(0.024)
Educationic	-0.005**	-0.005*	-0.009**	-0.003	-0.008
	(0.002)	(0.003)	(0.004)	(0.005)	(0.005)
Socialic	-0.068***	-0.062***	-0.063***	-0.041***	-0.070***
	(0.006)	(0.007)	(0.009)	(0.011)	(0.014)
Billic	0.394***	0.436***	0.486***	0.385***	0.243***
	(0.009)	(0.011)	(0.015)	(0.016)	(0.019)
Internetic	0.043***	0.044***	0.042***	0.043***	0.041***
	(0.004)	(0.004)	(0.006)	(0.007)	(0.009)
Residenceic	0.038***	0.040***	0.034***	0.057***	0.019
	(0.006)	(0.007)	(0.010)	(0.012)	(0.015)
Constant	1.873***	1.749***	1.617***	1.860***	2.601***
	(0.042)	(0.048)	(0.067)	(0.074)	(0.098)
Observations	29,274	21,999	12,108	9,241	5,104
R-squared	0.092	0.103	0.127	0.078	0.049
국가 수	39	28	15	11	7

1 (1) [전체 국가]는 조사 대상인 39개국을 의미함.
(2) Standard errors in parentheses. *** $p<0.01$, ** $p<0.05$, * $p<0.1$

〈표 6〉 실증분석 결과: 순서형 로짓[2]

	전체 국가	EU-28	서유럽-15	중동부 유럽-11	후보국-7
Ageic	-0.190*** (0.008)	-0.173*** (0.009)	-0.170*** (0.013)	-0.111*** (0.014)	-0.027 (0.020)
Genderic	0.011 (0.021)	-0.020 (0.025)	0.111*** (0.034)	-0.120*** (0.038)	0.021 (0.052)
Educationic	-0.089*** (0.005)	-0.058*** (0.006)	-0.070*** (0.007)	-0.060*** (0.010)	-0.051*** (0.011)
Socialic	-0.148*** (0.013)	-0.198*** (0.014)	-0.200*** (0.020)	-0.092*** (0.022)	-0.108*** (0.031)
Billic	1.120*** (0.019)	1.072*** (0.023)	1.327*** (0.033)	0.787*** (0.033)	0.574*** (0.042)
Internetic	0.029*** (0.008)	0.027*** (0.009)	0.067*** (0.014)	0.032** (0.014)	0.128*** (0.020)
Residenceic	0.093*** (0.013)	0.114*** (0.016)	0.104*** (0.022)	0.088*** (0.024)	-0.017 (0.031)
/cut1	-1.107*** (0.087)	-0.991*** (0.099)	-0.130 (0.142)	-1.440*** (0.150)	-1.547*** (0.213)
/cut2	0.456*** (0.087)	0.655*** (0.099)	1.558*** (0.143)	0.345** (0.149)	-0.036 (0.209)
/cut3	2.020*** (0.088)	2.255*** (0.101)	3.099*** (0.147)	2.046*** (0.151)	1.739*** (0.211)
Observations	29,274	21,999	12,108	9,241	5,104

2 (1) [전체 국가]는 조사 대상인 39개국을 의미함.
(2) Standard errors in parentheses. *** p〈0.01, ** p〈0.05, * p〈0.1

〈표 7〉 변수의 기술통계량

변수	관측 수	중간값	표준편차	최솟값	최댓값
Economic	29,275	2.41	1.04	1	4
Age	29,275	4.09	1.50	1	6
Gender	29,275	0.48	0.50	0	1
Education	29,275	6.20	2.60	1	9
Social	29,275	2.54	0.96	1	5
Bill	29,275	1.44	0.64	1	3
Internet	29,275	6.45	1.49	1	7
Residence	29,274	1.98	0.81	1	3

〈표 8〉 변수 간의 상관관계

	(1)	(2)	(3)	(4)	(5)	(6)	(7)	(8)
(1) Economic	1.0000							
(2) Age	-0.1764	1.0000						
(3) Gender	-0.0077	0.0075	1.0000					
(4) Education	-0.1881	-0.1514	0.0222	1.0000				
(5) Social	-0.1936	-0.0298	0.0134	0.3604	1.0000			
(6) Bill	0.4104	-0.1341	-0.0164	-0.2337	-0.2854	1.0000		
(7) Internet	-0.0263	-0.3389	-0.0058	0.3731	0.245	-0.097	1.0000	
(8) Residence	0.0121	-0.0505	0.0003	0.1297	0.0926	-0.0324	0.0868	1.0000

지은이들

김면회

베를린자유대학교(FUB) 정치학 박사
한국외국어대학교 정치외교학과 교수

저·역서 및 논문 『단일유럽법(SEA)·유럽연합조약(TEU)』(번역·해제, 2023), 『미완의 독일통일』(공저, 2022), 「독일 통일과 유럽연합(EU) 출범의 변증법적 관계 탐구」(2023) 외

김봉철

영국 런던대 킹스칼리지(King's College London) 법학 박사
한국외국어대학교 국제학부 교수, HUFS Jean Monnet Centre of Excellence 공동소장

저·역서 및 논문 『60 Years of EU-Korea Relations, 1963-2023』(공저, 2023), 『Lectures on Korean FTA and Law』(공저, 2022), 「EU 통상법의 역외적용에 관한 최근의 변화와 대응 방향」(공저, 2023) 외

강유덕

프랑스 파리정치대학(Sciences Po, Paris) 경제학 박사
한국외국어대학교 Language & Trade 학부 교수

저·역서 및 논문 『유럽경제공동체(EEC) 설립조약, 유럽원자력공동체(Euratom) 설립조약』(공역·해제, 2023), 『The Routledge Handbook of Europe-Korea Relations』(공저, 2021), 「보호무역주의의 원인에 관한 정치-경제학적 실증연구 : Eurobarometer의 거시 데이터를 통한 분석」(2023) 외

김일곤

한국외국어대학교 정치학 박사
한국외국어대학교 EU연구소 인문사회연구사업단 전임연구원

저·역서 및 논문 『유럽석탄철강공동체(ECSC) 설립조약』(번역·해제, 2022), 『주요국 사용자단체의 현황과 역할 비교분석』(공저, 2020), 「유럽의 전환 실험과 전략적 함의 : 유럽 그린 딜(EGD)을 중심으로」 (2023) 외

박상준

한국외국어대학교 정치학 박사
한국외국어대학교 EU연구소 인문사회연구사업단 전임연구원

저·역서 및 논문 『유럽경제공동체(EEC) 설립조약, 유럽원자력공동체(Euratom) 설립조약』(공역·해제, 2023), 『사회적 유럽 선언』(번역, 2021), 「기후 위기와 유럽노동조합연맹의 인식 : 사회생태적 계약을 중심으로」(2023) 외

이영주

한국외국어대학교 정치학 박사
한국외국어대학교 EU연구소 인문사회연구사업단 전임연구원

저·역서 및 논문 「정치 인구학을 통해 본 EU 인구 위기와 그 영향」(2023), 「중앙은행디지털화폐(CBDC) 발행 논의의 전개와 디지털 유로화(Digital Euro) : 유럽중앙은행(ECB)의 입장 및 디지털 유로화 발행의 의미를 중심으로」(2022) 외

이하얀

불가리아 국립 소피아대학교 정치학 박사
한국외국어대학교 EU연구소 인문사회연구사업단 전임연구원

저·역서 및 논문 『통합전환 이후 동유럽인의 삶·도시·문화』(공저, 2023), 『러시아-우크라이나 전쟁과 중동부유럽 주요국의 지정학적 위기 대응 전략』(공저, 2022), 「불가리아의 러시아 에너지 무기화에 대한 에너지 독립 전략과 시사점 분석」(2023) 외

신의찬

한국외국어대학교 국제지역학 박사
한국외국어대학교 EU연구소 책임연구원

저·역서 및 논문 『Korean trade law : its role and outlooks in global market』(공저, 2022), 「한국과 유럽 사이의 무역에 적용되는 법률 변화 가능성과 시사점」(공저, 2023), 「Establishing EU Norms as a Global Actor: Application of New Concepts in FTAs」(공저, 2023) 외

한국외국어대학교 EU연구소 신사회계약인문사회총서 03

대전환 시대 유럽의 새로운 길

위기와 갈등을 넘어

초판 인쇄 2024년 03월 14일
초판 발행 2024년 03월 21일

지은이 김면회 · 김봉철 · 강유덕 · 김일곤 · 박상준 · 이영주 · 이하얀 · 신의찬
발행인 박연관
기획 신선호
편집장 장혜정
도서편집 박미현
디자인 최재영
인사행정 이근영
재무회계 김문규
전자책·사전 이지현
캐릭터 변혜준
발행처 한국외국어대학교 지식출판콘텐츠원
02450 서울특별시 동대문구 이문로 107
전화 02)2173-2494~7
FAX 02)2173-3363
홈페이지 http://press.hufs.ac.kr
전자우편 press@hufs.ac.kr
출판등록 제6-6호(1969. 4. 30)
인쇄·재본 구)파일투프린트 02)2285-0020

ISBN 979-11-7199-237-9 [93330] **정가** 24,000원

* 잘못된 책은 교환하여 드립니다.

HU:NE 은 한국외국어대학교출판부의 어학도서, 사회과학도서, 지역학도서 Sub Brand이다. 한국외대의 영문명인 HUFS, 현명한 국제전문가 양성(International+Intelligent)의 의미를 담고 있으며, 휴인(携引)의 뜻인 '이끌다, 끌고 나가다'라는 의미처럼 출판계를 이끄는 리더로서, 혁신의 이미지를 담고 있다.